CLV

Nancy Leigh DeMoss

Lügen, die wir Frauen glauben

... und die Wahrheit, die uns frei macht

Christliche Literatur-Verbreitung e.V.
Postfach 11 01 35 · 33661 Bielefeld

Nancy Leigh DeMoss leitet die Rundfunksendung »Revive Our Hearts«, die täglich von über 250 Rundfunkstationen überall in den USA ausgestrahlt wird. Sie ist Herausgeberin der Zeitschrift *Spirit of Revival* bei *Life Action Ministries*, Michigan, und ist als Rednerin und Autorin tätig.

Die Bibelzitate sind der Schlachter Übersetzung – Version 2000, © Genfer Bibelgesellschaft, entnommen.

1. Auflage 2009

Published by Moody Publishers, 820 N. LaSalle Blvd., Chicago, Illinois, 60610.
Originaltitel: Lies Women Believe

CLV · Christliche Literatur-Verbreitung
Postfach 11 01 35 · 33661 Bielefeld
CLV im Internet: www.clv.de
(früher erschienen im hänssler Verlag)

Übersetzung: Marlies Stubenitzky
Satz: CLV
Umschlag: typtop, Andreas Fett, Meinerzhagen
Druck und Bindung: GGP Media GmbH, Pößneck

ISBN 978-3-86699-211-5

Inhalt

Dank

Dieses Buch ist wie jedes größere Werk eine Gemeinschaftsarbeit. Ich bin vielen lieben Freunden und Kollegen verpflichtet, die sich mit mir bemüht haben, es zu verfassen. Den folgenden verdanke ich besonders viel:

Dem Team von *Moody Press*: Es war eine Freude, mit euch zu arbeiten. Ihr hattet als Erste die Idee, diese Gedanken zu veröffentlichen. Ohne euer Zureden wäre dieses Buch vielleicht nie geschrieben worden. Und danke an Anne Scherich für die Hilfe bei den allerletzten Verbesserungen.

Lela Gilbert: Du verstehst mich genau. Danke, dass du mir den Weg vorgezeichnet hast, mutig bei der Wahrheit zu bleiben, und dass du mir geholfen hast, manche von diesen schwierigen Themen zu durchdenken und auszudrücken, die uns beiden am Herzen liegen.

Dr. Bruce Ware: Deine Wahrheitsliebe steckt an. Ich bin dankbar, dass Gott mir durch deine sorgfältige theologische Prüfung und deine äußerst hilfreichen Gedanken geistlichen Schutz und Rückendeckung gegeben hat.

Becca Craven, Del und Debra Fehsenfeld, Sandra Hawkins, Janet Johnson und Monica Vaught: Danke für eure vielfältige Unterstützung, auch bei der Quellensuche und mit Vorschlägen für das Manuskript. Eure Hilfe war absolut nötig.

Den Frauen der Mitarbeiter von *Life Action Ministries*: Ich weiß nicht mehr, wie oft ihr mich mit Briefen und Telefonanrufen ermutigt, mich besucht und nach meinem Befinden gefragt oder ein Essen gebracht habt, während ich mich zum Schreiben zurückgezogen hatte. Euer Verhalten ist ehrenvoll für das Christentum und spiegelt die Schönheit der göttlichen Wahrheit.

Meinen lieben Fürbittern: Was für ein Segen, dass ihr auf meine Seele aufpasst. Danke, dass ihr mitten in der Schlacht um mich gestanden und mich gehalten habt. Euer Beten hat mir Mut gegeben und mir geholfen, der Wahrheit treu zu bleiben.

Zum Schluss: Die ganze Ewigkeit wird nicht ausreichen, um dir, Herr Jesus, meinen Dank auszudrücken. Du bist die Wahrheit, die mich frei gemacht hat, und ich liebe dich von ganzem Herzen!

Vorwort

Nancy Leigh DeMoss hat den Mut gehabt, mit ihrem Feingefühl und ihrem scharfen Blick die Tiefe weiblicher Illusionen und Selbsttäuschungen, Hoffnungen und Ängste, Misserfolge und Kümmernisse auszuloten, von denen so viele vermeidbar wären ohne die Lügen, die vor dreißig oder mehr Jahren verbreitet worden sind: »Du kannst alles haben«, »Lass dich nicht von Mitleid einfangen«, »Alles, was Männer können, können wir besser« usw.

Aber die Lügen haben natürlich viel früher angefangen. Die Frau, die Gott dem ersten Mann, Adam, gegeben hat, hörte auf die Flüsterstimme: »*Sollte Gott gesagt haben?*« Eva hörte der Schlange im Paradies zu. Und ihr Mann? Anstatt sie vor den Lügen zu schützen, die da verbreitet wurden, sagte er im Prinzip: »Wenn mein Prinzesschen das will, dann soll mein Prinzesschen das haben.« So kam die Sünde in die Welt und durch die Sünde der Tod. Eva wollte nicht, was Gott ihr gegeben hatte. Sie nahm sich, was er ihr nicht gegeben hatte. Das heißt im Prinzip: »Mein Wille geschehe.«

Gott sei Dank, wir sind erlöst. Ein Engel besuchte ein einfaches Landmädchen in Nazareth und brachte ihr eine erschreckende Nachricht: Maria sollte die Mutter von Gottes Sohn werden. Das brachte sie in große Schwierigkeiten, aber trotzdem nahm sie die Aufforderung an. »Ich bin die Dienerin des Herrn«, sagte sie. »Möge alles, was du gesagt hast, wahr werden und mir geschehen.«

Ich bete darum, dass Gottes Geist Sie leitet, wenn Sie dieses sehr notwendige Buch lesen. »Das Wesen des echten Lebens mit Christus«, schreibt die Verfasserin, »ist keine Frage des Bekenntnisses oder der Leistung, sondern eine Verwandlung: ›Wer mit Christus lebt, wird ein neuer Mensch. Er ist nicht mehr derselbe, denn sein altes Leben ist vorbei. Ein neues Leben hat begonnen!‹«

Elisabeth Elliot

Einführung

Evas Stimmung muss auf dem Tiefpunkt gewesen sein: Gott hatte sie aus dem Paradies vertrieben, sie trug Kleider aus Tierfellen. Ihr Mann war böse auf sie, und sie würde bald die Mutter des ersten ermordeten Kindes werden – und die seines Mörders dazu.

Allein.

Besiegt.

Versager.

Wie hart muss es gewesen sein, mit Adam aus Eden in eine Welt zu gehen, in der man ums bloße Überleben kämpfen musste. Unvorstellbar hart, ein Paradies zu kennen und dann gesagt zu bekommen, dass man es verlassen muss.

Was hat sich Eva in diesem Moment wohl am meisten gewünscht?

Was hätten *Sie* sich gewünscht?

Ich glaube, Eva wünschte sich aus tiefstem Herzen, sie könnte diesen Augenblick direkt vor dem Anbeißen der Frucht zurückholen – als sie noch den Arm nach den Zweigen des Baumes der Erkenntnis des Guten und Bösen ausstreckte, als es noch einen Ausweg gab.

Sie sehnte sich schmerzlich danach, es noch einmal versuchen zu können – oder es gleich beim ersten Mal richtig gemacht zu haben.

Uns geht es wie Eva.

Wir alle haben Niederlagen und Versagen, Sorgen und Aufregung erlebt. Wir alle kennen Selbstsucht, Gereiztheit, Wut, Neid und Bitterkeit.

Manchmal ist unser Versagen vielleicht nicht so extrem wie Evas. Es kommt nicht zur allgemeinen Katastrophe. Vielleicht sind es nur »kleine« Ausrutscher. Aber daran sieht man doch, wie weit wir innerlich von der richtigen Haltung entfernt sind. Wie gern möchten wir es noch einmal versuchen und in Harmonie und Frieden leben!

Immer wenn ich eine Frauenkonferenz leite, bitte ich jede Frau, eine Gebetskarte auszufüllen, damit die Gebetsgruppe über das Wochenende für sie beten kann. Nach der Konferenz nehme ich die Karten mit nach Hause und lese sie selbst durch. Schon mehr als einmal habe ich beim Lesen dieser Karten um so viele Christinnen, deren Leben in Scherben liegt, vor Schmerz geweint:

- Frauen, deren Ehe an einem seidenen Faden hängt;
- Frauen, die sich große Sorgen um ihre Kinder machen;
- Frauen, die von früherem Versagen und Verletzungen ganz entkräftet sind;
- Frauen in schweren inneren Kämpfen;
- Frauen, die in Zweifel und Verwirrung über ihr geistliches Leben verstrickt sind …

Diese Frauen leben wirklich. Ihre Schicksale sind real. Viele von ihnen sind schon ihr Leben lang in einer Gemeinde – manche auch in Ihrer. Vielleicht ist eine davon die Sonntagsschullehrerin Ihres Kindes. Manche gehen jede Woche zum Bibelkreis. Bei den meisten würde man nie vermuten, was in diesen Frauen vorgeht. Wenn man sie fragt, wie es ihnen geht, lächeln sie und sagen: »Gut.«

Solche Frauen haben den Anstoß zu diesem Buch gegeben.

Bitte bedenken Sie, dass das nicht Aussagen von Einzelnen sind. Ich rede hier nicht von einigen wenigen »krankhaften Extremfällen«. Ich habe genug solche Fälle erlebt, um dieses Buch damit zu füllen.

In unserer Gesellschaft grassiert eine Epidemie von »seelischem Unwohlsein« – nicht nur bei Frauen »draußen« in der Welt, sondern bei uns in der Gemeinde.

Um einen großen Teil der Christinnen zu charakterisieren, denen ich in den letzten Jahren begegnet bin und mit denen ich gesprochen habe, würde ich mindestens eines von den folgenden Worten gebrauchen: *kaputt; erschöpft; ausgebrannt; kampfunfähig; verwirrt; wütend; frustriert; entmutigt; besiegt; deprimiert; beschämt; seelisch labil; verklemmt; unsicher; einsam; verängstigt; selbstmordgefährdet.*

Sie wären wahrscheinlich sehr überrascht zu hören, wie viele unter den Teilnehmerinnen an jeder christlichen Frauenkonferenz schon daran gedacht haben, sich das Leben zu nehmen –

manche erst in den letzten Wochen oder Monaten davor. Ich bin mir sicher, dass irgendeine Frau, die diesen Absatz liest, selbst am Ende ihrer Möglichkeiten ist. Vielleicht Sie. Vielleicht haben Sie das Gefühl, es lohne sich einfach nicht mehr zu leben. Lassen Sie mich einfach nur dieses sagen: »Es gibt Hoffnung!« Vom Lesen dieses Buches werden Ihre Probleme nicht verschwinden. Aber ich glaube, es wird Sie auf jemanden hinweisen, der Ihnen wirklich helfen kann. Ich bitte Sie herzlich: Lesen Sie weiter!

Gefangenschaft ist auch so ein Wort, das mir einfällt, wenn ich an die christlichen Frauen von heute denke. Die überwiegende Mehrheit der Frauen, die ich kennenlerne, sind gefangen. Oft geben sie selbst zu, dass sie nicht frei sind. Viele Frauen leben zum Beispiel unter einer Last von Schuldgefühlen und Selbstverurteilung. Sie können die Gnade und Liebe Gottes nicht frei genießen.

Viele sind an ihre Vergangenheit gebunden. Ob sie selbst oder andere es durch ihr Versagen verschuldet haben – was sie erlebt haben, hängt ihnen wie ein schweres Gewicht um den Hals. Sie schleppen es ein Leben lang mit, wohin sie auch gehen.

Andere sind von dem gefangen, was die Bibel »Menschenfurcht« nennt. Die Angst vor Ablehnung, die Angst vor dem, was die Leute denken, und eine Sehnsucht nach Anerkennung hält sie fest. Noch andere sind Gefangene ihrer Gefühle, Sklavinnen von Sorgen, Angst, Depressionen und Selbstmitleid.

Eine der größten Abhängigkeiten, von denen Frauen sprechen, betrifft das Essen. Das habe ich von Frauen aller Größen mit den unterschiedlichsten Figuren gehört. Manche können nicht aufhören zu essen; andere können sich nicht überwinden zu essen. Beide sind gefangen.

Ich will nicht sagen, alle Frauen seien schwerbehindert (obwohl wir uns alle in manchen Augenblicken so vorkommen!). Aber ich behaupte, dass die Christinnen im Ganzen gesehen Schwierigkeiten haben – große Schwierigkeiten –, die nicht mit oberflächlichen Lösungen und Mittelchen zu beheben sind.

Wenn wir die Bibel betrachten, erkennen wir wieder, dass Gott nicht wollte, dass es so sein sollte. Die Jesusworte im Johannesevangelium machen uns klar, dass Gott etwas Besseres für uns hat:

Der Dieb kommt nur, um zu stehlen, zu töten und zu verderben; ich bin gekommen, damit sie das Leben haben und es im Überfluss haben.
Johannes 10,10

Würden Sie sagen – wenn Sie Ihre Situation betrachten –, das sei das Leben in ganzer Fülle, das Jesus uns geben will? Oder versuchen Sie nur, sich durchzuschlagen und zu überleben?

Ich frage nicht, ob Sie keine Schwierigkeiten haben. Manche von den strahlendsten, fröhlichsten Frauen, die ich kenne, leben in sehr schwierigen, belastenden Ehen. Manche haben am Grab eines Sohnes oder einer Tochter geweint. Bei einigen hat man Krebs festgestellt oder sie betreuen ein Elternteil mit Alzheimer. Aber irgendwie haben sie mitten in den Problemen und Schmerzen eine Lebensquelle gefunden, die es möglich macht, dass sie heil, mit Frieden und Zuversicht durch die Tiefe gehen.

Wie ist das bei Ihnen? Geht es Ihnen wie einer von den Frauen, von deren Schicksal ich oben berichtet habe? Sind Sie in bestimmten Bereichen gefesselt?

Und wenn ich Ihnen sage, dass Sie nicht unglücklich, frustriert und gefangen sein müssen, sondern *frei; fröhlich; zufrieden; liebevoll; strahlend; zuversichtlich; liebenswürdig; voll Frieden; seelisch stabil* sein können – möchten Sie gern eine solche Frau sein?

Vielleicht erleben Sie schon die Gnade und den Frieden Gottes an sich selbst. Aber höchstwahrscheinlich kennen Sie andere Frauen, die sagen, sie hätten eine Beziehung zu Christus, und doch in Ketten leben. Wüssten Sie gern, wie Sie ihnen den Weg zur Freiheit zeigen können?

Es geht nicht um eine Zauberformel, durch die die Probleme verschwinden; ich kenne keinen Abkürzungsweg zu einem bequemen Leben und verspreche nicht, dass es keine Schmerzen und Schwierigkeiten mehr geben wird. Das Leben ist schwer – darum kommen wir nicht herum. Ich spreche davon, durch das wirkliche Leben *durchzukommen* – durch Dinge wie Ablehnung, Verluste, Enttäuschungen, Verletzungen und sogar den Tod – und dabei frei zu sein und wirklich Freude zu haben.

Jetzt sagen Sie: »Das will ich! Das will ich für mich und wünsche es mir für Frauen, die ich kenne. Wie fängt man das an?«

Jahrelang habe ich mit Frauen gelitten, ihre Lasten und Schwierigkeiten mitgetragen und in der Bibel nach tragfähigen Antworten gesucht und bin zu einem einfachen, aber grundlegenden Schluss über den Ursprung der meisten Probleme gekommen, die uns umtreiben:

Man hat Sie und mich belogen.
Wir sind betrogen worden.

Ich lade Sie ein, auf den nächsten Seiten mit mir dahin zurückzugehen, wo all unsere Schwierigkeiten angefangen haben: in den Garten Eden, die erste Heimat Adams und Evas, eine vollkommene, ideale Welt. Was ist in dieser Umgebung passiert, das zwangsläufig noch heute das Leben jeder einzelnen Frau beeinträchtigt?

Ich möchte Ihnen zeigen, dass der Anfang aller Probleme in der Weltgeschichte *eine Lüge* war. Eva hat auf diese Lüge gehört, sie geglaubt und entsprechend gehandelt. Jede Schwierigkeit, jeder Krieg, jede Verletzung, jede zerbrochene Beziehung, jeder seelische Schmerz – das alles geht auf *eine einzige Lüge* zurück.

Wie das bei Lügen so ist, hat die erste Lüge sich ausgebreitet und andere nach sich gezogen. Eva hat die Lüge geglaubt, und seitdem sind wir, Evas Töchter, ihrem Beispiel gefolgt: Eine Lüge nach der anderen haben wir angehört, geglaubt und danach gehandelt. (In diesem Buch werden Sie öfter nachempfundene Einträge aus »Evas Tagebuch« finden. Sie sollen uns anregen nachzudenken, für welche Lügen Eva in verschiedenen Lebenssituationen vielleicht anfällig war. Vielleicht hat »Evas Tagebuch« stellenweise sogar Ähnlichkeit mit Ihrem.)

Die Lügen, die Frauen zu allen Zeiten begegnet sind, sind nicht zu zählen. Aber bestimmte Lügen scheinen den Frauen unserer Zeit besonders zuzusetzen. Das Ziel dieses Buches ist es, diese Lügen als das zu entlarven, was sie wirklich sind. Manche Lügen, die wir angehen werden, werden so selbstverständlich »von allen« geglaubt, dass es Ihnen vielleicht schwerfällt, sie als Lügen zu erkennen. Aber die »besten« Lügen sehen der Wahrheit am ähnlichsten. Die »neuesten« Lügen sind die ältesten.

Ich möchte nicht nur ein paar von den Lügen aufzeigen, die Christinnen am häufigsten glauben, sondern auch dem die Maske abreißen, der uns da belügt. Satan gibt sich als »Engel des Lichts« aus (2. Korinther 11,14). Er verspricht uns Glück und tut, als ginge es ihm um unsere ureigensten Interessen. Aber er will betrügen und zerstören. Er ist entschlossen, Gott zu entthronen, indem er uns gegen Gott auf seine Seite zieht. Ich möchte, dass Sie erkennen, wie Satan vielleicht ein paar von den hinterhältigsten Lügen (oder Halbwahrheiten) gebraucht hat, um Sie und die Menschen, die Sie lieben, zugrunde zu richten.

Aber es reicht noch nicht, den »Vater der Lüge« (vgl. Johannes 8,44) und seine Listen zu identifizieren. Ich möchte Ihnen zeigen, wie mächtig Gottes Wahrheit ist und dass Glaube und Handeln nach der Wahrheit unser Weg zur Freiheit ist – nicht zum bloßen Überleben oder zum Rückzug aus der Welt, sondern zu echter, wunderbarer Freiheit mitten in dieser gefallenen, verdorbenen, kranken Welt.

Als ich vor ein paar Tagen spazieren ging und über verschiedene Bibelstellen nachdachte, ließ Gott mir die letzten beiden Verse des Jakobusbriefs einfallen:

Brüder, wenn jemand unter euch von der Wahrheit abirrt,
und es führt ihn einer zur Umkehr, so soll er wissen:
Wer einen Sünder von seinem Irrweg zur Umkehr führt, der wird
eine Seele vom Tod erretten und eine Menge Sünden zudecken.
Jakobus 5,19.20

Ich spürte sofort, dass Gott mir mit dieser Bibelstelle den Auftrag und die Zielsetzung für dieses Buch gab. Millionen von Christinnen sind betrogen worden und von der Wahrheit abgekommen. Ich habe Gott gebeten, dieses Buch zu gebrauchen, um manchen von diesen Frauen zu helfen und sie aus der Gefangenschaft zu befreien, damit sie seine Gnade und Vergebung und das Leben in ganzer Fülle erleben können.

Manches, was ich sagen will, wird auf Widerstand stoßen. Ich versuche nicht, »politisch korrekt« zu sein oder nur ein paar nette Gedanken aufzuschreiben, die jedem einleuchten. Ich bin überzeugt, dass nur eine radikale Operation – das heißt eine ganz neue Ausrichtung unseres Denkens – die Wurzel der Krankheit erreichen und uns heil machen kann. Die Wahrheit tut manchmal weh und ist meist unbeliebt. Aber wenn ich Ihnen die Wahrheit vorenthielte, die Sie frei machen kann – das wäre lieblos und unbarmherzig.

Zwei Berichte bestätigen die Macht von Gottes Wahrheit:

»Ich bin frei! Ich hatte schon die Hoffnung aufgegeben, dass das möglich wäre, aber Gott hat mich aus jahrelanger Gefangenschaft vollkommen frei gemacht.«

Das sagte eine junge Ehefrau bei einer privaten Zusammenkunft zum Anfang ihres Berichtes, was Gott in ihrem Leben getan hatte. Sie erzählte mir, dass sie seit ihrem dreizehnten Lebensjahr an eine bestimmte böse Angewohnheit gefesselt war:

»Ich habe immer wieder versucht aufzuhören und alles getan, was ich konnte – auch die Bibel gelesen, gebetet und mich einer Freundin anvertraut –, aber ich habe es nie geschafft. Immer wenn es passierte, bekannte ich meine Sünde und bat Gott um Vergebung, aber ganz tief innen wusste ich, dass ich wieder versagen würde. Ich konnte es einfach nicht lassen.«

Diese Frau glaubte schon seit Jahren an Christus. Sie und ihr Mann waren aktiv in einer christlichen Arbeit. Sie liebt Jesus wirklich und sucht seine Nähe, spricht zu anderen von ihrem Glauben und engagiert sich sozial. Aber die ungeheure Enttäuschung und das Schuldgefühl hatte sie nie ablegen können.

Sehr lebhaft schilderte sie den Prozess, der zu der ersehnten Befreiung führte:

»Endlich fand ich den Mut, eine freundliche ältere Christin um Rat zu fragen. Sie schlug mir vor, Gott zu fragen, was für Lügen ich geglaubt hatte. Ich war ehrlich überzeugt, ich glaubte keine Lügen, aber als ich dann anfing darum zu beten, öffnete Gott mir die Augen und zeigte mir, dass ich in zwei wichtigen Fragen betrogen worden

war. Diese Lügen hatten mich über zehn Jahre lang gefangen gehalten! Sobald ich die Wahrheit erkannte, bereute ich, dass ich die Lügen geglaubt hatte, und bat Gott, den Platz wiedereinzunehmen, den ich dem Teufel in diesem Bereich meines Lebens überlassen hatte.«

Ihr Gesichtsausdruck sprach Bände. »Seitdem«, sagte sie, »bin ich völlig frei von dieser Sünde, die mich so fest im Griff hatte. Außerdem gibt Gott mir auch in anderen Bereichen Kraft genug, in denen ich früher leicht zu verleiten war. Ich kann dir unmöglich beschreiben, welche Freude und Freiheit ich seitdem erlebe. Die Wahrheit hat eine unglaubliche Macht!«

Ein anderes Mal erlebte ich selbst die Macht der Wahrheit, als ich mit einer Frau sprach, die unrechte Gefühle für einen ihrer Gemeindepfarrer hegte. Als mir die Lage klar wurde, rief ich sie im Büro an, weil ich nicht wusste, inwieweit ihr Mann informiert war. Weil sie die Empfangsdame einer Firma war, wusste ich, dass wir vielleicht nicht viel Zeit zum Reden hatten. Ich stellte mich vor, sprach das Thema gleich an und begann mit einem Vergleich:

»Wenn ich mitten in der Nacht aus dem Fenster schaute und sähe, dass das Haus meiner Nachbarn brennt, dann würde ich hinrennen und alles Mögliche tun, um sie aufmerksam zu machen und in Sicherheit zu bringen. Wenn nötig, würde ich laut schreien und an die Tür hämmern. Ich würde nicht nachdenken, ob sie sich ärgern, weil ich sie mitten in der Nacht aufwecke. Ob ich sie beleidige, wäre mir völlig egal.«

Dann sagte ich zu der Frau: »Ich muss Ihnen sagen, Sie sind in einem brennenden Haus; Sie sind in akuter Gefahr. Dies ist eine lebensgefährliche Situation, darum ist es mir gleich, was Sie von mir denken oder ob Sie gekränkt sind. Ich werde alles tun, was ich kann, um Ihnen zu zeigen, in welcher Gefahr Sie sind, und Ihnen zu helfen, aus dem brennenden Haus zu kommen, bevor es zu spät ist.«

Unter Tränen bat ich die Frau zu erkennen, was in Wahrheit in ihrem Leben vorging. Ich flehte sie an, sofort rigorose Maßnahmen zu ergreifen, um sich aus der gefährlichen Lage zu befreien, in die sie sich begeben hatte.

Während wir sprachen, ließ Gott dieser Frau ein Licht aufgehen. Was in den nächsten Tagen passierte, kann ich mir nicht anrechnen: »Denn Gott ist es, der in euch sowohl das Wollen als auch das Vollbringen wirkt nach seinem Wohlgefallen« (Philipper 2,13). Aber wie schön war es zu sehen, wie diese gute Frau die Wahrheit annahm und ihre Wünsche dem Willen Gottes für sich, ihre Ehe und Familie unterordnete! Nacheinander traf sie mehrere schwere Entscheidungen, und Gott gab ihr den Mut, weiterzugehen trotz ihrer Gefühle, gegen alte Gewohnheiten und gegen tief eingewurzelte (aber falsche) Denkmuster. Sie fing an, in Gottes Licht zu leben. Und dieses Licht eröffnete ihr eine ganz neue Art zu leben: den Weg der Freiheit und des Segens.

So wirkt die Wahrheit, und das wünsche ich Ihnen, liebe Leserin.

Der Weg, den wir miteinander gehen wollen, wird vielleicht nicht einfach sein. Es kann schwierig sein – auch schmerzhaft –, die Bereiche zu erkennen und auszuschalten, in denen Sie betrogen und gefesselt sind. Aber ich kenne einen »guten Hirten«, der Sie sehr liebt, der sein Leben für Sie hergegeben hat. Er wird Sie an die Hand nehmen und Sie auf grüne Weiden und zu stillen Gewässern führen, wenn Sie es nur zulassen.

So steht nun fest in der Freiheit, zu der uns Christus befreit hat,
und lasst euch nicht wieder in ein Joch der Knechtschaft spannen!
Galater 5,1

Kommt her zu mir alle, die ihr mühselig und beladen seid,
so will ich euch erquicken!
Nehmt auf euch mein Joch und lernt von mir,
denn ich bin sanftmütig und von Herzen demütig;
so werdet ihr Ruhe finden für eure Seelen!
Denn mein Joch ist sanft und meine Last ist leicht.
Matthäus 11,28-30

Teil 1:

Grundlagen

Prolog

Liebes Tagebuch,

mir schwirrt der Kopf. Ich weiß gar nicht, wo ich beginnen soll. Der Tag hat so wunderschön angefangen – wie alle Tage, die wir bisher erlebt haben. Wie immer standen Adam und ich früh auf, um mit Gott einen Spaziergang zu machen. Diese Spaziergänge waren für uns immer das Schönste am Tag.

Heute Morgen sagte eine Zeit lang niemand etwas. Wir freuten uns einfach darüber, zusammen zu sein. Am Ende setzten wir uns alle unter einen großen schattigen Baum fast mitten im Garten. Wir dankten Gott, dass er so gut ist. Wir sagten ihm, wir wünschten uns nur, ihn glücklich zu machen und bei ihm Glück zu finden. Es war so eine schöne Zeit – das war es immer, wenn wir zu dritt zusammen waren.

Ich weiß nicht, wie ich erklären soll, was dann passierte. Ganz plötzlich hörten wir eine Stimme, die wir noch nie gehört hatten. Ich drehte mich um, und da war das schönste Geschöpf, das ich je gesehen hatte. Es schaute mich direkt an. Dann sprach es mich auch an. Es gab mir das Gefühl, wichtig zu sein, und da wollte ich hören, was es zu sagen hatte.

Ich weiß nicht, was in dem Moment mit Gott passierte. Nicht dass er uns verlassen hätte. Ich glaube, ich habe irgendwie vergessen, dass er da war. Eine Zeit lang habe ich sogar vergessen, dass Adam da war. Es war, als ob ich mit diesem verwirrenden, geheimnisvollen Geschöpf allein wäre.

Das folgende Gespräch hat sich mir unauslöschlich eingeprägt. Es hat mir Fragen gestellt – Fragen, über die ich noch nie nachgedacht hatte. Dann bot es mir Dinge an, die ich noch nie gehabt hatte. Ich hatte auch nie gedacht, ich würde sie brauchen. Unabhängigkeit – von Gott und von Adam. Ansehen – ich hatte Gott und Adam immer bewundert; jetzt sagte dieses Geschöpf, sie würden mich bewundern. Wissen – Geheimnisse zu kennen, die nur Gott kennt. Und die Erlaubnis, die Früchte von dem Baum mitten im Garten zu essen.

Erst habe ich nur zugehört und geschaut. Innerlich habe ich hin und her überlegt. Adam hatte mich oft daran erinnert, dass Gott gesagt hatte, die Früchte von diesem Baum dürften wir nicht essen. Das Wesen schaute mir immer in die Augen und redete mit der gleichen sanften Stimme. Ich merkte, dass ich ihm glaubte. Es kam mir so richtig vor. Schließlich gab ich nach. Ich streckte die Hand aus, erst zögernd, dann entschlossen. Ich nahm eine, aß davon. Gab sie Adam. Er aß. Wir aßen zusammen – erst ich, dann er.

Danach verschwimmt alles. Gefühle tief in mir, die ich noch nie gehabt habe. Eine Art Wachheit – als ob ich ein Geheimnis wüsste, das ich nicht wissen sollte. Hochgefühl und Depression zugleich. Befreiung. Gefängnis. Aufsteigen. Fallen. Zuversicht. Angst. Ich schäme mich, verstecke mich. So darf er mich auf keinen Fall sehen.

Allein – ganz allein. Verloren. Betrogen.

Kapitel 1

Die Wahrheit … oder die Folgen

»Werden Sie Weltklasse-Violinist. Sofort.«
»Klavier spielen lernen … in einem Augenblick!«
»Gesundheit sofort – nur einschalten!«
(Werbung für ein Küchengerät)
»In 10 Minuten 10 Pfund abnehmen! Es geht so einfach,
das schaffen Sie im Schlaf!«
»So beruhigend – das Richtige für Ihre Gesundheit.«
(Werbung für ein beliebtes Auto)
»Besser aussehen und sich jünger fühlen! Nur ein paar Minuten
täglich: der Schlüssel zu mehr Gesundheit und Glück.«
(Werbung für ein Sauerstoffzelt. Preis: ca. 3500 Euro)

Unsere Gesellschaft ist voller Betrug. Er ist überall, wie man an diesen unsinnigen Behauptungen der Werbung sieht. Manchmal durchschaut man die Täuschung leicht (z. B. bei der Behauptung, man könne sofort Weltklasse-Geiger werden). Aber leider ist der Betrug meist nicht so leicht zu erkennen.

Der Betrug in der Werbung spricht unsere natürlichen menschlichen Wünsche an. Wir *möchten* glauben, die unerwünschten Pfunde könnten auf irgendeine wundersame Weise wirklich in zehn Minuten einfach verschwinden – ohne Schweiß, ohne Verzicht, ohne Kosten, Mühe und Unannehmlichkeit. Darum kaufen wir die Pillen, die Trinkdiät und die Trainingsgeräte, die man uns anpreist.

Die erste Werbekampagne überhaupt hat ein raffinierter Fachmann geplant. Sein Ziel war es, Adams und Evas Bild von Gott zu ändern. Satan wollte einen Keil zwischen Gott und seine Geschöpfe treiben. Er nahm richtig an, dass die beiden Menschen alles ablehnen würden, was wie ein direkter Angriff auf Gott aussehen würde. Also musste er sie unmerklich täuschen, sie betrügen und durch ein Versprechen verführen, das vernünftig, wünschenswert und nicht eindeutig gegen Gott gerichtet schien.

Satan betrog Eva durch eine geschickte Vermischung von direkten Lügen, Halbwahrheiten und als Wahrheit getarnten Täuschungen. Zuerst machte er sie unsicher, was Gott wirklich gesagt hatte (»Sollte Gott wirklich gesagt haben …?«; 1. Mose 3,1).

Als Nächstes brachte er sie dazu, unachtsam mit Gottes Wort umzugehen und anzunehmen, Gott hätte etwas gesagt, was er in Wirklichkeit nicht gesagt hatte. Gott hatte gesagt: »Von dem Baum … sollst du nicht *essen*« (1. Mose 2,17). Aber Eva behauptete, er habe gesagt: »*Rührt* sie auch nicht *an*« (1. Mose 3,3; Hervorhebungen von mir).

Satan betrog Eva, indem er ihr Zweifel eingab, ob Gottes Motive wirklich Güte und Liebe waren. »Sollte Gott wirklich gesagt haben, dass ihr von keinem Baum im Garten essen dürft?«, fragte er (1. Mose 3,1). Der Hintergedanke war: »Hat Gott eure Freiheit eingeschränkt? Er will wohl nicht, dass es euch gut geht.«

In Wirklichkeit hatte Gott gesagt: »Von jedem Baum des Gartens *darfst* du nach Belieben essen« (1. Mose 2,16; Hervorhebung von mir) – außer einem.

Die Wahrheit ist, dass Gott großzügig gibt.

In dem ganzen riesigen Garten hatte Gott nur ein »Verbotsschild« angebracht: »… von dem Baum der Erkenntnis des Guten und Bösen sollst du nicht essen …«. Außerdem war diese einzige Einschränkung, die Gott ihnen auferlegt hatte, zu ihrem Wohl gedacht, damit sie auf lange Sicht glücklich und geschützt blieben. Gott wusste, dass sie sterben würden, wenn sie von diesem Baum essen würden. Ihre Beziehung zu ihm würde zerstört, und sie würden Sklaven des Teufels, der Sünde und ihrer Eigensucht.

Im nächsten Schritt ihres Betrugs belog die Schlange Eva über die Folgen der Entscheidung, Gott nicht zu gehorchen. Gott hatte gesagt: »… an dem Tag, da du davon isst, musst du gewisslich sterben« (2,17). Satan setzte dagegen: »Keineswegs werdet ihr sterben« (3,4). Er leugnete rundweg ab, was Gott vorher gesagt hatte.

Um Eva zum Ungehorsam zu verleiten, versprach ihr der Teufel allen möglichen Nutzen, wenn sie nur die verbotene Frucht äße (3,5). Er behauptete, eine ganze Welt von Wissen und Erfahrung würde sich ihr eröffnen (»… werden euch die Augen geöffnet …«). Er versicherte ihr, sie würde wie Gott sein – das heißt, sie könnte dann ihr eigener Gott sein (»… und ihr werdet sein wie Gott …«).

Schließlich versprach er, sie könne dann selbst entscheiden, was recht und unrecht ist (»… und werdet erkennen, was gut und böse ist«). Gott hatte Adam und Eva schon gesagt, was recht und was unrecht ist. Aber Satan sagte im Prinzip: »Das ist seine Meinung; ihr habt ein Recht auf eine eigene Meinung. Ihr könnt für euch selbst bestimmen, was recht und unrecht ist.«

Der Betrug gelang, weil Satan Eva dazu brachte, nach dem zu entscheiden, was sie sah und was ihre Gefühle und ihr Verstand ihr als richtig vorstellten, obwohl es dem widersprach, was Gott den beiden schon gesagt hatte:

Und die Frau sah, dass von dem Baum gut zu essen wäre, und dass er eine Lust für die Augen und ein begehrenswerter Baum wäre, weil er weise macht; und sie nahm von seiner Frucht und aß …
1. Mose 3,6

Eva biss an. Aber statt des versprochenen Nutzens hatte sie den Mund voll Würmer: Scham, Schuldgefühle, Angst und Entfremdung. Man hatte sie belogen; sie war betrogen worden.

Der Pastor Thomas Brooks drückt es so aus:

»Satan verspricht das Beste, gibt aber das Schlimmste; er verspricht Ehre und gibt Schande; er verspricht Vergnügen und gibt Schmerz; er verspricht materiellen Nutzen und gibt Verlust; er verspricht Leben und gibt Tod.«[1]

Von da an bis jetzt betrügt uns der Teufel, um unsere Sympathie zu gewinnen, unsere Entscheidungen zu beeinflussen und unser Leben zu zerstören. Auf die eine oder andere Weise geht jedes Problem, das wir in dieser Welt haben, auf Betrug zurück: Wir haben etwas geglaubt, was einfach nicht stimmt.

Satan hält uns das verlockende Versprechen vor, »wirklich zu leben«; aber er weiß, dass die, die sein Angebot annehmen, ganz sicher sterben (Sprüche 14,12).

Warum lassen wir uns dann von ihm täuschen? Warum fallen wir auf die Verlockung herein? Ein Grund ist, dass Satan gewöhnlich nicht in Form einer Schlange erscheint; nein, er verkleidet sich als Bestseller in der New York Times, als beliebte Zeitschrift, Film, Fernsehshow oder als einer der beliebtesten Schlager. Er kann auch als Freund oder Verwandter auftreten, der Ihnen einen guten Rat gibt, als Psychotherapeut oder sogar als christlicher Schriftsteller, Prediger oder Seelsorger.

Unabhängig von der jeweiligen Quelle können wir uns darauf verlassen: Immer wenn wir Informationen bekommen, die sich mit Gottes Wort nicht vertragen, ist es mit Sicherheit der Teufel, der versucht, uns zu täuschen und zu vernichten. Was wir da lesen oder hören, hört sich vielleicht richtig an, man hat ein gutes Gefühl dabei, es ist einleuchtend. Aber wenn es Gottes Wort widerspricht, *ist* es nicht richtig. Wenn wir nur sehen könnten, dass die verbotene Frucht, die so reif aussieht und im ersten Moment so süß schmeckt, am Ende immer zu Tod und Zerstörung führt!

Die Strategie des Betrugs

Betrug war entscheidend in Satans Plan und ist es immer noch. Jesus sagt uns, dass es das wahre Wesen des Teufels ist, zu betrügen:

Der (Teufel) war ein Menschenmörder von Anfang an
und steht nicht in der Wahrheit, denn Wahrheit ist nicht in ihm.
Wenn er die Lüge redet, so redet er aus seinem Eigenen,
denn er ist ein Lügner und der Vater derselben.
Johannes 8,44

Wir wissen nicht genau, aus welchen Gründen der Teufel die Frau als Ziel seiner Täuschung aussuchte. Zweimal im Neuen Testament weist der Apostel Paulus darauf hin, dass es die Frau war, die sich betrügen ließ: »... so wie die Schlange Eva verführte mit ihrer List« (2. Korinther 11,3); »und Adam wurde nicht verführt, die Frau aber wurde verführt und geriet in Übertretung« (1. Timotheus 2,14).

Manche Theologen glauben, Eva sei irgendwie so geschaffen

worden, dass sie anfälliger für Täuschung sei – sie sei von Natur leichter »versuchbar« oder »verführbar« gewesen. Andere meinen, weil Gott sie ihrem Mann unterstellt hat, sei sie, als sie den Schutz dieser geistlichen Obhut verließ, leichter zu betrügen gewesen.

Wie dem auch sei: Wichtig ist, dass wir als Frauen nach dem Sündenfall besonders leicht Satans Betrug zum Opfer fallen. Man muss bedenken, dass er nicht zuerst den Mann angesprochen hat. Ganz bewusst kam er zur Frau und täuschte sie. Die Frau leitete ihren Mann zum Ungehorsam an. Beide zusammen brachten die ganze Menschheit in Sünde (aber Adam als Oberhaupt trägt letztlich die Verantwortung). Ich meine, diese Vorgehensweise hat Bedeutung, und aus einem bestimmten Grund sucht sich der Teufel bis heute Frauen für seinen Betrug aus. Das gehört zu seiner Strategie: Er weiß: Wenn wir als Frauen ihm die Lügen glauben, beeinflussen wir die Männer um uns zum Bösen. Unsere eigenmächtigen Entscheidungen geben dann ein Beispiel, dem spätere Generationen folgen.

Manchmal täuscht uns der Teufel direkt – wie bei Eva. Aber manchmal gebraucht er auch andere Menschen für seinen Betrug.

Im fünften Kapitel des Epheserbriefs (Vers 6) warnt Paulus: »Lasst euch von niemand mit leeren Worten verführen!« Mehrfach fordert er die Christen auf, einander die Wahrheit zu sagen. Wenn wir miteinander nicht ehrlich sind, nehmen wir dem Teufel seine Arbeit ab und tun sie selbst. An seiner Stelle betrügen und zerstören wir uns gegenseitig.

In der Bibel wird erwähnt, dass sogar geistliche Autoritäten uns täuschen können – die Menschen, denen die Aufgabe anvertraut ist, die Gemeinde zu hüten und den Christen die Wahrheit weiterzugeben. Leider missbrauchen viele Gemeindeleiter ihre Berufung und ihre Anhänger und sagen ihnen nicht die Wahrheit. Durch den Propheten Hesekiel spricht Gott solche führenden Christen an, die die Menschen betrügen:

Weil ihr das Herz des Gerechten mit Betrug kränkt, den ich doch nicht gekränkt haben will, dagegen die Hände des Gottlosen stärkt, damit er sich ja nicht von seinem bösen Weg bekehrt und am Leben bleibt …

Hesekiel 13,22

Ich glaube, diese Beschreibung passt genau auf vieles, was heute in der christlichen Gemeinde vorgeht. In fast jeder christlichen Buchhandlung, vielen christlichen Zeitschriften, vielen christlichen Radio- und Fernsehsendungen und häufig unter bekannten christlichen Psychologen findet man »führende Christen«, die ihre Gefolgschaft betrügen. Ich denke, in den meisten Fällen wollen sie gar niemanden täuschen – sie merken vielleicht nicht einmal, dass sie Falsches verbreiten. Aber genau das passiert.

Oft »stärken sie die Hände der Gottlosen«, indem sie ihnen nahelegen, sie bräuchten nicht umzukehren. Menschen, die das gar nicht betrifft, weil sie eigensinnig und ungehorsam leben und es nicht ändern wollen, versprechen sie Gottes Segen und Gnade. Ihre Lehren helfen

- Wut (»gesunder Ausdruck Ihrer wahren Gefühle«),
- Selbstsucht (»fordernden Leuten muss man Grenzen setzen«),
- unverantwortliches Verhalten (»Sie können nicht anders, weil andere Sie so tief verletzt haben«) und
- Untreue (»Sie dürfen sich scheiden lassen und jemand anderen heiraten; Gott ist der Gott der zweiten Chance«)

zu rechtfertigen. Zugleich »betrüben sie das Herz der Gerechten« mit Schuldgefühlen, wenn diese

- persönliche Verantwortung übernehmen (»Sie sind mitschuldig«),
- Dienstbereitschaft zeigen (»lassen Sie sich nicht von anderen ausnutzen«) und
- ihre Versprechen halten (»Gott verlangt nicht, dass Sie in dieser Ehe bleiben«).

Öffnen Sie die Augen

Leider haben sich die meisten Menschen – auch Christen – gedankenlos so vielen Täuschungen ausgesetzt, dass sie gar nicht mehr merken, dass sie betrogen werden. Das eben macht den Betrug aus: Er macht uns blind dafür, dass wir getäuscht worden sind.

Eines der Ziele dieses Buches ist es, Frauen aufzurufen, die

Augen zu öffnen und immer mehr zu erkennen, was um sie her vorgeht – sich den Betrug bewusst zu machen, der unsere weltliche und christliche Gesellschaft überall durchdringt. Ein großer Teil unserer Lebensweise gründet sich auf Denkmuster, die einfach nicht wahr sind. Das Ergebnis ist ein Haus, das auf Fließsand steht: Eine Lüge führt zur anderen und so weiter.

Unglücklicherweise akzeptieren die meisten Menschen ohne nachzudenken, was sie hören und sehen. Wir hören Musik, lesen Bücher und Zeitschriften, sehen Filme, nehmen Rat an und reagieren auf Werbung, ohne uns wichtige Fragen zu stellen:

- »Was wird da gesagt?«
- »Ist das wahr?«
- »Betrügt man mich mit einem Denkmuster, das der Wahrheit widerspricht?«

Satans Versprechen an Eva war sehr verlockend: »... werden euch die Augen geöffnet, und ihr werdet sein wie Gott und werdet erkennen, was gut und böse ist« (1. Mose 3,5). Wer könnte einem so ungewöhnlichen Angebot widerstehen?

Die verbotene Frucht war »gut zu essen (und) eine Lust für die Augen und ein begehrenswerter Baum ..., weil er weise macht« (Vers 6). Meinen Sie, Eva wäre auf das Angebot hereingefallen, wenn das nicht so überzeugend gewirkt hätte? Hätte Eva daran gedacht, Gott nicht zu gehorchen, wenn die Frucht faul und von Maden durchlöchert gewesen wäre? Natürlich nicht. Die Versprechen des Teufels sind darum so verlockend und so trügerisch, weil sie so richtig erscheinen.

Das Problem ist, dass Eva nicht versucht hat zu erkennen, was wirklich passierte. Sie hat sich nicht die Zeit genommen, Wahrheit und Irrtum zu unterscheiden, und nicht an die Kosten und die Folgen dessen gedacht, was sie tun wollte. Hätte Eva sich die hässlichen, schmerzhaften, tödlichen Folgen ihrer Entscheidung vorstellen können – für sich selbst, ihre Beziehung zu Gott und ihre Ehe, ihre Kinder und Enkelkinder und (durch die Sünde ihres Mannes, der sich ihr angeschlossen hat) für jeden Menschen, der auf diesem Planeten leben würde –, meinen Sie, dann hätte Eva auf Satans Lüge gehört und Gott nicht gehorcht? Ich bezweifle es.

Aber wir haben genau dasselbe Problem. Ich habe festgestellt, dass sehr wenige Christen sich die Folgen ihrer Entscheidungen ernsthaft überlegen. Wir leben einfach, reagieren auf die Menschen, Umstände und Einflüsse um uns her, essen, was wir im Augenblick möchten, kaufen die neuesten Geräte aus der Werbung, machen die neuesten Modemaschen mit und nehmen die Lebensweise, Werte und Prioritäten unserer Bekannten an. Das sieht alles so gut aus, erscheint so einleuchtend, kommt uns so harmlos vor. Aber am Ende landen wir in falschen Beziehungen, haushoch verschuldet, wütend, enttäuscht, gefangen und ausgeliefert. Man hat uns betrogen. Wir sind auf eine Lüge hereingefallen.

Ein unvergessliches Beispiel dieser Art Betrug war für mich, als eine junge Mutter von sieben Kindern mir erzählte, sie habe sich mit einem Mann eingelassen, den sie im Internet kennengelernt hatte. Sie dachte daran, ihren Mann wegen dieses anderen Mannes zu verlassen. Als wir uns eines Abends trafen, gab sie zu, dass ihr Handeln falsch war. »Aber«, sagte sie, »er ist so gut zu mir und meinen Kindern.«

Zwei Stunden lang bat ich sie, zu erkennen, dass dieser Mann sich nicht wirklich für sie oder ihre Kinder interessierte; sonst würde er nicht ihre Ehe zerstören. Wenn er sie wirklich liebte, würde er sie nicht dazu verleiten, gegen Gottes Gesetz zu verstoßen. Ich warnte sie, dass sie der Weg, den sie beschritten hatte, mit Sicherheit zugrunde richten würde, auch wenn er jetzt so wünschenswert schien. Ich versuchte ihr klarzumachen, dass man sie getäuscht und dass sie keine andere Hoffnung hatte, als die Wahrheit zu glauben und anzunehmen.

Der Weg von der Täuschung zur Gefangenschaft

In den folgenden Kapiteln wollen wir ein paar von den verbreitetsten und unheilvollsten Lügen näher betrachten, die Frauen glauben. Aber zuerst wollen wir sehen, wie man uns betrügt und wie der Betrug zur Unfreiheit führt.

Im Allgemeinen gerät niemand über Nacht in solche Abhängigkeit. Man wacht nicht eines Morgens auf und bemerkt, dass man esssüchtig oder unkontrollierbar jähzornig ist. Es ist ein Prozess, der zur Unfreiheit führt. Er beginnt immer damit, dass wir *auf eine Lüge hören*.

So hat im Garten Eden alles angefangen. Eva hat den Lügen *zugehört*, die Satan ihr erzählte. Ich bin mir sicher, sie hatte keine Ahnung, wohin diese Lügen sie und ihre Familie am Ende führen würden. Vielleicht schien es ihr gar nicht besonders gefährlich, der Schlange nur *zuzuhören*: sie ausreden zu lassen; zu erfahren, was sie sagen wollte. Zuhören an sich ist ja kein Ungehorsam. Aber – und da liegt das Problem – Ansichten anzuhören, die Gottes Wort widersprechen, brachten Eva auf trügerischen Boden. Es brachte sie zum Ungehorsam, und der führte zum geistlichen und körperlichen Tod.

Auf etwas zu hören, was nicht wahr ist, ist der erste Schritt auf dem Weg zu Unfreiheit und Tod. Darum meine ich, dass es sehr wichtig ist, genau darauf zu achten, was wir an Gedanken und Assoziationen in uns aufnehmen.

Ich bin das älteste von sieben Kindern, und ich danke Gott, dass er meine Eltern davon überzeugt hat, die Einflüsse zu kontrollieren, die sie in unsere Familie einließen, solange wir aufwuchsen.

Meine Eltern stammten nicht aus christlichen Familien. Sie lernten Christus erst kennen, als sie schon junge Erwachsene waren. Als sie uns Kinder aufzogen, konnten sie viele wunderbare Informationsquellen und Seminare noch nicht nutzen, die Eltern heute zur Verfügung stehen. Trotzdem gab Gott ihnen die Einsicht und den Mut, ihre Kinder in einem geistlichen »Gewächshaus« aufwachsen zu lassen. Sie bemühten sich bewusst, uns vor Einflüssen zu schützen, die uns schaden könnten, und uns dagegen mit einer Atmosphäre zu umgeben, die uns geistliche Nahrung bot. So wurde unsere Seele in der Jugend gut geschützt. Schon früh lernten wir, Sünde zu erkennen und zwischen Gut und Böse zu unterscheiden.

Diese Art der Erziehung leuchtete uns nicht immer ein, als wir Kinder waren. Aber heute bin ich Gott sehr dankbar, dass meine Eltern den Mut hatten zu sagen: »Wir werden unsere Kinder nicht wissentlich von den Lügen beeinflussen lassen, die in dieser Welt verbreitet werden.« Sie wünschten sich ernsthaft, dass wir lernten,

Gott, sein Wort und sein Wesen zu lieben, dass Gottes Wahrheit uns innerlich stärkte und wir sie für uns selbst annahmen. Als sie uns dann aus der behüteten Umgebung in die Außenwelt entließen, wollten sie, dass wir weiter bei der Wahrheit blieben und alles Unwahre und Betrügerische erkannten und ablehnten.

Auch als Erwachsene halte ich es noch für notwendig, auf meine Denkweise zu achten: sorgfältig darauf zu sehen, welche Anregungen ich in mich aufnehme, und das abzuweisen, was widergöttliche Gedanken fördert. Das trügerische Weltbild der Gesellschaft begegnet uns auf so vielen Wegen: durch Fernsehen, Zeitschriften, Filme, Musik, Freunde, Einkaufszentren, Kataloge und vieles mehr. Wenn wir diese äußeren Einflüsse ständig in uns aufnehmen, formen sie unsere Ansichten, was im Leben wertvoll, schön und wichtig ist.

Es gibt keine harmlosen Lügen. Wir können uns nicht der falschen, wirklichkeitsfernen Denkweise der Gesellschaft aussetzen, ohne Schaden zu nehmen. Evas erster Fehler war nicht, dass sie die Frucht aß. Ihr erster Fehler war, auf die Schlange zu hören.

Auf Ratschläge oder Denkweisen zu hören, die Gottes Wahrheit nicht entsprechen, ist der erste Schritt zur Bildung von falschen Ansichten, die uns am Ende gefangen nehmen. Wenn wir der Lüge zugehört haben, ist der nächste Schritt in die Gefangenschaft, dass wir *uns mit der Lüge beschäftigen.*

Erst hören wir sie an; dann denken wir darüber nach. Wir überlegen, was der Feind da gesagt hat. Wir grübeln darüber. Wir reden in Gedanken mit dem Feind. Wir betrachten die Möglichkeit, dass er vielleicht doch recht hat. Das ist, wie wenn man ein Feld oder einen Garten bestellt. Zuerst wird der Boden vorbereitet: Wir öffnen uns einem Einfluss, der Gottes Wort widerspricht. Dann wird gesät: Wir hören auf die Lüge. Als Nächstes wird die Saat begossen und gedüngt: Wir beschäftigen uns mit der Lüge.

Wenn wir uns erlauben, uns in Gedanken mit Dingen zu beschäftigen, die nicht wahr sind, werden wir früher oder später *die Lüge glauben.*

An dieser Stelle beginnt die ausgestreute Saat einzuwurzeln und zu wachsen. Erst hat Eva der Werbekampagne der Schlange zugehört, dann darüber nachgedacht und weiter mit ihr darüber gesprochen. Schon bald glaubte sie, was sie ihr als wahr anbot – obwohl es eindeutig im Gegensatz zur Wahrheit stand, die Gott schon gesagt hatte. Als Eva die Lüge dann glaubte, fehlte nur noch ein kleiner Schritt.

Wenn Sie die Lüge anhören, über sie nachdenken und sie glauben, werden Sie früher oder später *auf die Lüge hin handeln*.

Die Saat ist gesät, begossen, gedüngt und eingewurzelt; jetzt beginnt sie Frucht zu tragen: die Frucht der Täuschung. Überzeugungen bestimmen das Verhalten. Unwahres zu glauben, führt zu gegen Gott gerichtetem Verhalten. An der Art, wie wir leben, zeigt sich, was wir glauben. Umgekehrt beruht unser Verhalten ausnahmslos auf dem, was wir für wahr halten – nicht was wir zu glauben *behaupten*, sondern was wir *wirklich* glauben.

Wichtig ist zu bedenken, dass jede böse Tat in unserem Leben mit einer Lüge anfängt. Wir hören die Lüge an; wir denken darüber nach; am Ende handeln wir entsprechend.

Und dann passiert Folgendes: Einmal lehnen wir die Wahrheit in einer scheinbar »ganz kleinen Sache« ab und verstoßen gegen Gottes Wort. Aber in der nächsten ähnlichen Situation merken wir, dass uns der Verstoß leichter fällt, und danach geht es noch leichter. Wir tun es nicht nur einmal, sondern wieder und wieder und wieder – bis sich die Gewohnheit eingeschliffen und ein falsches Verhaltensmuster gebildet hat. Ehe wir es merken, sind wir unfrei.

Ein Gefängnis aus Sünde ist entstanden. Der Teufel hat den Köder ausgeworfen, wir haben ihn geschluckt, und jetzt hat er uns an Land gezogen und zu seiner Beute gemacht.

Beachten Sie, wie das Ganze angefangen hat:

Jeder Lebensbereich, in dem wir unfrei sind, kann auf eine Lüge zurückgeführt werden.

Ein Samenkorn wird gesät; es wird bewässert und gedüngt; es bildet Wurzeln und trägt Früchte – nicht nur eine Frucht, sondern eine ganze Ernte. Die Ernte ist Gefangenschaft, Zerstörung und Tod.

Der Weg aus der Abhängigkeit in die Freiheit

Die meisten von uns sind in bestimmten Lebensbereichen unfrei, weil wir auf Lügen gehört, sie geglaubt und danach gehandelt haben. Wie können wir in diesen praktischen Lebensfragen der Gefangenschaft entkommen und zur Freiheit aufbrechen? Die folgenden drei Schritte sollten wir uns merken, wenn wir die Lügen, die uns gefangen halten, und die Wahrheit, die uns frei macht, näher betrachten.

1. *Abhängigkeiten oder falsche Verhaltensmuster erkennen.* Es ist gut möglich, dass Sie manche von diesen Zwängen schon kennen. Aber andere sind vielleicht nicht so offensichtlich. Bitten Sie Gott, Ihnen bestimmte Stellen zu zeigen, an denen Sie nicht frei sind. In der Bibel steht: »Denn wovon jemand überwunden ist, dessen Sklave ist er auch geworden« (2. Petrus 2,19). Wo liegen bei Ihnen die Gebiete, auf denen Sie nicht frei als Kind Gottes leben?

Gibt es körperliche Zwänge (zu reichliches Essen, eine Essstörung, Süchte)? Gefühlszwänge (Unruhe, Angst, Depressionen, chronische Gefühlsstörungen), sexuelle Zwänge (Masturbation, Pornografie, Gier, verbotene Beziehungen, Homosexualität) oder finanzielle Zwänge (Verschwendungssucht, Habgier, Geiz)? Leiden Sie unter unrechten Angewohnheiten (Wutausbrüche, Lügen)? Sind Sie an das Bedürfnis nach Anerkennung, extreme Schüchternheit, zu vieles Reden, unmäßiges Fernsehen oder Klatschromane gebunden? Gott lässt Ihnen vielleicht noch andere Abhängigkeiten einfallen.

Wenn Sie diese Bereiche erkennen, versuchen Sie nicht einfach, sie auszuschalten. Vielleicht haben Sie sogar schon versucht, mit diesen Verhaltensweisen fertig zu werden, es aber nicht geschafft und schon fast aufgegeben. Wenn Sie giftige Früchte loswerden wollen, die in Ihrem Garten wachsen, reicht es nicht, hinzugehen und alle Früchte abzupflücken. Dann wachsen einfach neue nach. Um die gefährlichen Früchte loszuwerden, muss man den ganzen Strauch mit den Wurzeln ausreißen. Darum ist der nächste Schritt so wichtig.

2. *Die Lüge(n) erkennen, die der Abhängigkeit oder dem Verhaltensmuster zugrunde liegt/liegen.* Welche Lügen haben Sie angehört, geglaubt und danach gehandelt, die Sie abhängig gemacht haben? Die Antwort auf diese Frage ist vielleicht nicht gleich sichtbar; Wurzeln sind im Allgemeinen in der Erde versteckt, und Lügen sind von Natur aus trügerisch. Gott muss uns helfen zu erkennen, was wir geglaubt haben, obwohl es nicht wahr ist.

Auf den folgenden Seiten werden 40 Lügen genannt, die bei vielen Christinnen eingewurzelt sind und in ihrem Verhalten Früchte getragen haben. Bitten Sie Gott, Ihnen zu zeigen, welchen Lügen des Teufels Sie aufgesessen sind – das können die aufgeführten oder andere sein, die Ihnen einfallen –, und Ihnen zu helfen, sich neu zu orientieren und sie nicht mehr zu glauben. Wenn Sie nun erkannt haben, welche bestimmten Lügen Sie geglaubt haben, was dann?

3. *Die Lüge(n) durch die Wahrheit ersetzen.* Satan ist ein mächtiger Gegner. Seine Hauptwaffe ist Betrug. Seine Lügen sind wirkungsvoll. Aber es gibt etwas, was noch mächtiger wirkt als die Lügen des Teufels: Das ist die Wahrheit. Sobald wir die Lügen erkennen, die uns gefesselt haben, und Gott um Vergebung bitten, dass wir sie geglaubt haben, haben wir eine starke Waffe, um die Täuschung unwirksam zu machen: die Wahrheit.

Jeder Lüge muss man die entsprechende Wahrheit entgegensetzen. Wo wir auf Lügen gehört, uns damit beschäftigt, sie geglaubt und danach gehandelt haben, müssen wir anfangen, auf die Wahrheit zu hören, über sie nachzudenken, sie zu glauben und entsprechend zu handeln. So kommen wir mit der Kraft des Heiligen Geistes aus der Abhängigkeit in die Freiheit. Jesus sagt: Es ist die Wahrheit, die uns frei macht (Johannes 8,32).

Teil 2:

Lügen, die wir Frauen glauben …

Kapitel 2

Lügen über Gott

Liebes Tagebuch,

ich bin ganz durcheinander. Gestern früh war mir vieles noch so sicher. Jetzt weiß ich nicht, wem – oder was – ich glauben soll. Ich habe nie Grund gehabt zu bezweifeln, dass Gott mich lieb hat. Ich hatte tausend Gründe zu glauben, dass er gut ist. Ich habe mich nie gefragt, ob er uns die Wahrheit sagt. Ich habe ihm vertraut. Und geglaubt, was er sagte.

Jetzt kommt es mir aus irgendeinem Grund so vor, als wäre er nicht derselbe Gott, der jeden Abend mit uns ging und mit uns redete. Wenn er so gut ist, warum hat er mich dann nicht daran gehindert, mit der Schlange zu reden oder die Frucht zu essen? Warum hat er die Frucht so appetitlich gemacht? Warum hat er überhaupt den Baum da hingesetzt? Und warum war es ihm wichtig, ob wir von dieser Frucht essen?

Er scheint so weit weg zu sein. Ich habe Angst vor ihm. Er hat gesagt, wir würden sterben, wenn wir von diesem Baum äßen. Ich finde, das ist eine furchtbar strenge Bestrafung. Eigentlich nicht fair – besonders wenn es das erste Mal passiert ist. Heute hat er uns gesagt, wir müssen aus Eden weg. Warum kann er uns nicht noch eine Chance geben? Interessiert es ihn überhaupt, was mit uns passiert?

Die ganze Sache ist völlig verfahren. Kann Gott nicht etwas tun?

Wenn wir jetzt anfangen, einen Teil der Lügen zu nennen, die Frauen glauben, möchte ich Ihnen versichern, dass diese Liste keineswegs vollständig ist. Der Teufel ist ein Meister des Betrugs und sein Lügenvorrat ist unendlich. Ich möchte nur ein paar von den Lügen ansprechen, die Frauen in den Gemeinden heute am häufigsten glauben. Mir scheint, gerade diese Lügen liegen vielen Zwängen zugrunde, die es unter Christinnen gibt. (Im Weiteren habe ich immer wieder Berichte eingefügt, die ich von Frauen bekommen habe. Sie zeigen, welche Folgen diese Frauen tragen mussten, weil sie die Lügen geglaubt haben.)

Natürlich glaubt keine Frau alle diese Lügen. Wahrscheinlich werden Sie merken, dass Sie dazu neigen, bestimmte Lügen (oder Varianten davon) zu glauben. Satan weiß, wo Sie am anfälligsten für Täuschungen sind, und an dieser Stelle greift er an.

Ihre erste Reaktion auf manche solcher Lügen wird vielleicht sein: »*Das* glaube ich nicht.« Es gehört zum Plan des Teufels, uns blind dafür zu machen, dass wir uns bestimmte Lügen angeeignet haben: Wir sollen glauben, weil wir die Wahrheit *wissen, glaubten* wir sie auch. Im Lauf der Jahre habe ich unzählige Male Frauen beraten, die sich sicher waren, sie glaubten, dass Gottes Wort wahr ist. Aber ihre Lebensweise – ihre Entscheidungen und Prioritäten, ihre Reaktion auf Schmerzliches – zeigt, dass sie doch nicht von der Wahrheit überzeugt sind. Denn unsere Überzeugung zeigt sich nicht darin, was wir wissen oder behaupten zu glauben, sondern in unserem alltäglichen *Handeln*. Wenn wir also diese Lügen durchgehen, reicht es nicht zu fragen: »Glaube ich diese Lüge?« Jede von uns muss sich auch fragen: »*Verhalte* ich mich so, als glaubte ich diese Lüge?«

Mehrere von diesen Täuschungen sind besonders schwer zu durchschauen, weil sie Halbwahrheiten sind, nicht einfach direkte Lügen. Das macht sie noch raffinierter und gefährlicher. Denn eine Halbwahrheit nimmt Sie genauso gefangen wie eine ganze Lüge.

Wir werden nicht jede Lüge so gründlich behandeln, wie es ihr zukäme. Über viele von diesen Themen gibt es schon ganze Bücher. Ich will nicht umfassend erklären, was in Einzelfällen zum großen Problem wird, sondern einen großen Überblick über die Denkweise geben, die sich meiner Meinung nach katastrophal auf das Leben und die Familien von Christinnen auswirkt.

Manche Themen, die wir behandeln wollen, sind heiß umstritten, auch in christlichen Kreisen. Es kann Fälle geben, in denen Sie sich sagen: »Ich glaube, das ist gar keine Lüge.«

Dann bitte ich Sie, sich nicht an ein paar Einzelfragen zu stören, in denen Sie vielleicht wirklich anderer Meinung sind. Ich zeige hier nur, wie ich die Bibel verstehe. Ich bin in keiner dieser Fragen die höchste Autorität. Nur Jesus und sein Wort sind »die Wahrheit«. Mein Ziel ist nicht, dass Sie alles richtig finden, was ich sage.

Ich möchte Sie anregen, die Wahrheit herauszufinden, die uns in Gottes Wort offenbart worden ist, und alle Bereiche Ihres Lebens im Licht dieser Wahrheit zu überprüfen und zu beurteilen.

Ich habe mich entschlossen, zuerst Lügen zu behandeln, die Frauen über Gott glauben, weil nichts mehr Einfluss auf uns hat als das, was wir über Gott glauben. Hannah Whitall Smith schreibt in ihrem geistlichen Lebensbericht *Die Selbstlosigkeit Gottes*:

»In Ihrem geistlichen Leben hängt alles davon ab, was für einen Gott Sie anbeten. Denn der Charakter des Gläubigen wird immer vom Wesen dessen geprägt, was er anbetet: Wenn es ein grausamer, rachsüchtiger Gott ist, wird auch der Gläubige so sein, aber wenn es ein liebevoller, sanfter, vergebungsbereiter, selbstloser Gott ist, dann wird der Gläubige langsam, auf wunderbare Weise in sein Bild umgestaltet.«[1]

Was wir über Gott glauben, das prägt unsere ganze Weltanschauung. Wenn wir falsch von Gott denken, haben wir auch ein falsches Bild von allem anderen. Was wir über Gott glauben, bestimmt auch unsere Lebensweise. Wenn wir Ansichten über Gott haben, die nicht wahr sind, werden wir irgendwann auf diese Lügen hin handeln und in Abhängigkeit geraten.

1. »Gott ist doch nicht wirklich gut, sonst würde er ...«

Diese Lüge glauben nur wenige Frauen bewusst. Die meisten von uns würden nie *sagen*: »Gott ist doch nicht wirklich gut.« Das wissen wir besser. Mit unserem Verstand und religiösen Wissen ist uns klar, dass Gott gut ist. Aber bei vielen von uns lauert tief im Innern versteckt der Verdacht, Gott sei vielleicht in Wirklichkeit doch nicht gut – jedenfalls sei er nicht gut *zu mir* gewesen.

Ich glaube, auf dieser Lüge beruhen viele von unseren falschen Vorstellungen über Gott. Im Grunde ist das die Lüge, mit der Satan damals im Garten Eva verführt hat. Gott hatte das Paar gesegnet und ein ganzes Paradies geschaffen, damit sie darin glücklich wären. Er hatte ihnen erlaubt, von den Früchten aller Bäume zu essen – außer einem.

Wenn Sie Zweifel an Gottes Güte haben, lesen Sie noch einmal die ersten zwei Kapitel des ersten Buches Mose. Da sehen Sie einen persönlichen, großzügigen, guten Gott. Alles, was er geschaffen hat, war gut – denn es war ein Abbild seiner Güte.

Als der Teufel die Frau verleiten wollte, sich gegen Gott zu stellen, flößte er ihr zuerst Zweifel ein, ob Gott gut wäre: »Sollte Gott wirklich gesagt haben, dass ihr von keinem Baum im Garten essen dürft?« (1. Mose 3,1). Damit deutete er an: »Gott kann nicht gut sein – sonst hätte er euch nichts verweigert, was ihr euch wirklich wünscht.«

Wenn wir in Hektik, Enttäuschung oder schmerzliche Ereignisse geraten, wenn wir Menschen verlieren, die wir lieben, wenn die Dinge nicht so laufen, wie wir gehofft oder geplant haben, stiftet Satan uns zu der Frage an: »Ist Gott wirklich gut? Wie kann er das dann zulassen?« Oder: »Warum gönnt er mir diese (gute) Sache nicht?« In dieser gefallenen Welt, in der wir Kriege, Völkermord, Hungersnöte und Naturkatastrophen erleben, versucht der Betrüger, Gott ins schlechte Licht zu setzen: »Wie konnte Gott den Holocaust zulassen, wenn Gott wirklich gut ist? Oder die Hungersnot in Äthiopien? Oder das Massaker in der Schule von Columbine?«

Sobald wir Gottes Güte anzweifeln, fühlen wir uns im Recht, wenn wir seinen Willen ablehnen und selbst über Gut und Böse entscheiden.

Aber in Wahrheit *ist* Gott gut – ob seine Entscheidungen uns gut erscheinen oder nicht. Ob wir es fühlen oder nicht: Er ist gut. Ob es für mich oder für Sie persönlich so aussieht oder nicht – er ist und bleibt gut.

Den Tag, an dem mir diese Wahrheit zum ersten Mal Schutz und Halt geboten hat, werde ich nie vergessen. Ich war an meinem 21. Geburtstag zum Wochenende nach Hause gefahren, um meine Eltern und meine sechs Geschwister zu besuchen. Am Samstagnachmittag brachten mich meine Eltern zum Flughafen. Ich wollte nach Virginia fliegen, wo ich in einer Ortsgemeinde arbeitete.

Als ich in Lynchburg landete, rief meine Mutter mich an und sagte mir, dass mein Vater einen Herzanfall gehabt hatte und sofort zu Gott abberufen worden war. Es hatte keine Vorwarnung gegeben – keine Zeit für endgültigen Abschied. Mit 40 Jahren blieb meine Mutter mit sieben Kindern zwischen acht und 21 Jahren zurück.

In den nächsten Tagen und auch in den folgenden Wochen und Monaten weinten wir viel. Jeder von uns hatte eine enge Beziehung zu diesem außergewöhnlichen Ehemann und Vater gehabt. Alle, die Art DeMoss kannten, spürten den ungeheuren Verlust, als er diese Welt verließ.

Aber in dem Augenblick, als ich erfuhr, dass mein Vater heimgegangen war, tat Gott mir etwas besonders Freundliches: Er erinnerte mich an die Wahrheit. Vor irgendeinem anderen bewussten Gedanken, noch ehe die Tränen kamen, ließ er mir einen Vers einfallen, den ich vor wenigen Tagen gelesen hatte. Der Inhalt des Verses ist etwa: »Gott ist gut, und alles, was er tut, ist gut« (vgl. Psalm 119,168).

Einundzwanzig Jahre lang hatte mein Vater mir diese Wahrheit eingeprägt. Jetzt, in diesem entscheidenden Moment, erwies sich die Wahrheit als starker innerer Schutz. Ich habe meinen Papa schmerzlich vermisst – jetzt, nach über zwanzig Jahren, vermisse ich ihn manchmal immer noch. Als Erwachsene habe ich ihn nie gekannt. Über so vieles würde ich gern mit ihm reden. Aber ich wusste in diesem Augenblick und ich weiß jetzt, dass Gott gut ist und auch alles, was er tut, gut ist. Hannah Whitall Smith hat das schön ausgedrückt:

»Sehr viel in Gottes Handeln sieht für den Betrachter nicht wie Güte aus. Aber der Glaube setzt sich vor solche Rätsel hin und sagt: ›Gott ist gut, und darum muss auch alles, was er tut, gut sein, gleich wie es aussieht. Ich kann warten, bis er es mir zeigt.‹«[2]

2. »Gott liebt mich nicht«

Diese Lüge hängt oft mit der vorigen zusammen. Auch hier würden nur wenige zugeben, dass sie das glauben. Im Kopf wissen wir, dass wir glauben sollen, dass Gott uns liebt. Aber bei vielen Frauen ist das, was sie intellektuell wissen, nicht dasselbe, was sie als wahr *empfinden*. Darin liegt für uns ein Problem: Wir trauen dem, was wir als wahr empfinden, mehr als dem, was wir wissen. (Darauf kommen wir noch zurück, weil es für die Art, wie wir als Frauen funktionieren, fundamental ist.)

Wir schauen unsere Beziehungen an: eine Ehe ohne Liebe; ein ehemaliger Partner, der uns ablehnt; erwachsene Kinder, die nie anrufen oder zu Besuch kommen; fast vierzig und noch kein Partner in Sicht – und unser Gefühl sagt: »Niemand liebt mich – nicht einmal Gott. Vielleicht liebt er die Welt, vielleicht auch alle anderen, aber mich liebt er in Wirklichkeit nicht. Sonst fühlte ich mich nicht so einsam und ungeliebt.« Das würden wir nie laut sagen – aber das *empfinden* wir als wahr. So wird eine Lüge in unser Denken gesät. Wir beschäftigen uns damit, bis wir glauben, sie sei wahr. Früher oder später verhalten wir uns nach dem, was wir wirklich glauben, und dann sind wir gefangen.

Vielleicht ist es Ihnen ähnlich gegangen wie »Victoria«:

> *»Ich komme aus einer etwas schwierigen Familie, in der wenig Wärme ist; da war Liebe immer an Bedingungen geknüpft. Daher war es sehr schwer für mich zu glauben, dass Gott mich wirklich bedingungslos lieben kann. So verurteilte ich mich selbst für jeden Fehler und jede Sünde – nicht dass man Sünde ignorieren sollte –, aber ich glaubte, Gott würde mir nicht vergeben.«*

Es ist keine Kleinigkeit, wenn uns die Lüge, Gott würde uns nicht lieben, bestimmen kann. Die Folgen wiegen sehr schwer und beeinträchtigen alle anderen Lebensbereiche und Beziehungen. Wenn wir diesen winzigen Samenkörnern erlauben, in uns Wurzeln zu schlagen, wachsen sie und tragen ungeahnte Mengen von Früchten.

Die Wahrheit ist: Gott liebt uns doch. Ob wir uns geliebt fühlen oder nicht, ganz gleich, was wir getan haben oder wo wir herkommen – er liebt uns mit unendlicher, unbegreiflicher Liebe.

Gott liebt mich – nicht weil ich ihn liebe, seit ich vier Jahre alt war, nicht weil ich ihm Freude machen möchte, nicht weil ich Vorträge halte und Bücher schreibe. Er liebt mich, weil er Liebe *ist*. Seine Liebe zu mir hängt nicht von etwas ab, was ich irgendwann für ihn getan hätte oder tun könnte. Sie hängt nicht von meiner

Leistung ab. Ich bin seine Liebe nicht wert und könnte sie nie verdienen.

In der Bibel steht, *dass er mich schon geliebt hat,* als ich noch seine Feindin war. Da sagen Sie: »Wie konnten Sie Gottes Feindin sein, als Sie noch ein kleines Kind waren?« Nach der Bibel war ich von Geburt an sündig, also ohne Beziehung zu Gott, und hätte für immer von ihm getrennt bleiben müssen (Römer 5,6-10). Trotz dieser Entfremdung hat er mich geliebt und seinen Sohn für mich sterben lassen. Er liebt mich schon seit ewigen Zeiten und wird mich in alle Ewigkeit lieben. Nichts, was ich tun könnte, würde seine Liebe zu mir mindern; nichts würde sie stärker machen.

Melana Monroe ist eine Freundin, die einen langen, schweren Kampf gegen Brustkrebs führen musste. Neulich schrieb sie in einem Brief, wie es kam, dass sie durch die Reaktion ihres Mannes auf die doppelseitige Brustoperation ein tieferes Verständnis für die unglaubliche Liebe Gottes gewann:

> *»Wir weinten und zitterten, als er das erste Mal meinen Verband abnahm, und ich war so hässlich, vernarbt und kahl. Ich war sehr traurig, dass ich für ihn nie wieder eine vollständige Frau sein konnte. Steve umarmte mich fest und sagte mit Tränen in den Augen: ›Melana, ich liebe dich. So bin ich einfach.‹ In diesem Augenblick sah ich Christus in meinem Mann. Wir als seine Braut sind auch vom Krebs zerfressen – von der Sünde –, wir sind vernarbt, verstümmelt und hässlich, aber er liebt uns, weil er so ist. Wir machen Christus nicht durch Schönheit auf uns aufmerksam; nur sein eigenes Wesen zieht ihn zu uns.«*

Hannah Whitall Smith fordert uns auf, die ungeheure Größe, die Höhe und Tiefe und Einmaligkeit von Gottes Liebe zu betrachten:

»Nimm alle zärtlichste Liebe zusammen, von der du weißt, die tiefste, die du je gefühlt hast, und die stärkste, mit der dich je ein Wesen überschüttet hat, und nimm dazu alle Liebe aller liebenden Menschen auf der Welt und multipliziere sie mit der Unendlichkeit, dann wirst du vielleicht anfangen, einen kleinen Schimmer von dem zu bekommen, was Gottes Liebe ist.«[3]

3. »Gott ist genau wie mein Vater«

Bei uns Frauen ist die Sicht von Gott oft stark von den Männern geprägt, die wir kennen – besonders von unseren Vätern. Diese Männer können unsere Wahrnehmung von Gott positiv oder negativ prägen. Ich bin sehr dankbar für das Glück, einen liebevollen, fürsorglichen Vater gehabt zu haben, der an Gott glaubte. Das macht es mir leichter, meinem himmlischen Vater zu vertrauen und seine Liebe anzunehmen.

Aber manche Frauen haben ganz gegenteilige Erfahrungen. Vielleicht war Ihr Vater distanziert oder gar nicht da, dominierend, hart, gewalttätig oder unfähig, Liebe zu zeigen. Dann zucken Sie vielleicht zusammen bei dem Gedanken, Gott sei Ihr »Vater«, ähnlich wie diese folgenden Frauen:

»Ich hatte einen Stiefvater, der mich grausam behandelte, und es ist sehr schwer zu glauben, dass Gott anders ist als er.«

»Mein Vater ist Christ und ein guter Mensch, aber ich habe nie viel Bestätigung von ihm gehört. Wenn ich ihm zum Beispiel beim Streichen half, fragte ich oft: ›Ist das so in Ordnung?‹, und hoffte zu hören: ›O, das sieht ja richtig gut aus!‹ Aber er sagte nur: ›Vielleicht schaffst du es auch ohne … (irgendetwas)?‹ Vielleicht habe ich deswegen immer gedacht, Gott liebte mich nicht bedingungslos und sei schwer zufriedenzustellen.«

Wenn Ihr Vater – oder ein anderer Mann, dem Sie vertrauten – Sie verletzt hat, kann es schwer für Sie sein, Gott zu vertrauen. Vielleicht haben Sie sogar Angst vor ihm oder sind wütend auf ihn. Dann müssen Sie mir glauben, wenn ich Ihnen sage, dass Gott keinem Mann gleicht, den Sie je gekannt haben. Der klügste und freundlichste menschliche Vater ist nur ein blasses Abbild unseres Vaters im Himmel. Der biblische Gott ist unendlich viel wunderbarer und reiner und liebevoller als der wunderbarste Vater. Darum ist es so wichtig, dass wir unser Bild von Gott nicht von anderen Menschen bestimmen lassen, denn sie sind im besten Fall eine mangelhafte Wiedergabe von Gott.

Wenn Sie wissen wollen, wie Gott wirklich ist, müssen Sie sich in der Bibel informieren; sie zeigt deutlich, wie er ist. Sie müssen Jesus kennenlernen, denn der Sohn »ist die Ausstrahlung seiner (Gottes) Herrlichkeit und der Ausdruck seines (Gottes) Wesens« (Hebräer 1,3).

Der biblische Gott ist ein mitfühlender, zärtlicher, barmherziger Vater. Das bedeutet nicht, er gäbe uns alles, was wir wollen; kein vernünftiger Vater gibt seinen Kindern alles, was sie wollen. Es heißt nicht, wir könnten alles verstehen, was er tut; dazu ist er viel zu groß. Es heißt auch nicht, er ließe uns keine Unannehmlichkeiten aushalten – manchmal fügt er uns sogar selbst Schmerzen und Unannehmlichkeiten zu. Warum? Weil er uns lieb hat. Weil wir ihm nicht gleichgültig sind. Weil er Verantwortung für uns übernommen hat. Im Hebräerbrief heißt es: »... er (Gott) aber (züchtigt uns) zu unserem Besten, damit wir seiner Heiligkeit teilhaftig werden« (12,10).

Unabhängig von unseren Gefühlen und Gedanken bleibt die Tatsache bestehen, dass er ein guter Vater ist, der seine Kinder aufrichtig liebt; diesem Vater können wir unser Leben anvertrauen. Hannah Whitall Smiths Schriften sagen viel darüber aus, was daraus folgt, wenn wir Gottes väterliches Wesen kennen und ihm vertrauen:

»Menschen, die wissen, dass Gott ihr Vater ist, kennen keine innere Unruhe und kein Unbehagen.

... Was ein guter menschlicher Vater nicht täte, tut auch Gott nicht, der ja unser Vater ist; und was ein guter menschlicher Vater tun sollte, tut Gott als unser Vater mit absoluter Sicherheit.

Christus hat uns den Namen ›Vater‹ bekannt gemacht, damit wir erfahren, dass der Vater uns liebt, wie er seinen Sohn liebt. Wenn wir das glauben würden, könnten wir dann noch ängstliche oder rebellische Gedanken haben? Wären wir nicht unter allen denkbaren Umständen überzeugt, dass Gott der Vater auf die bestmögliche Weise für uns sorgt und all unseren Mängeln abhilft?«[4]

4. »Gott ist nicht wirklich ausreichend«

»Jesus, du allein bist genug«: Es ist eine Sache, dieses Lied zu singen, wenn wir im Gottesdienst sitzen. Aber wenn wir aus der Gemeinde in den brutalen Alltag kommen, glauben wir dann wirklich, dass er *alles* ist, was wir brauchen? Wie bei den ersten drei Lügen würden wir kaum den Mut aufbringen, diese Worte zu flüstern; nur wenige glauben die Lüge bewusst. Aber unsere Lebensweise zeigt, dass sie uns in Wirklichkeit doch bestimmt.

Wenn es darauf ankommt, sind wir nicht überzeugt, dass Gottes Wort wirklich ausreicht, um unsere Probleme zu lösen. O ja, für jeden anderen Menschen reicht es; aber zu *meinen* Belangen, *meinen* Bedürfnissen, *meinen* Beziehungen und *meiner* Lage sagt es nichts. Ich brauche Gottes Wort *und* diese acht Bücher aus der christlichen Buchhandlung. Ich brauche Gottes Wort *und* Kassetten, Konferenzen und Seelsorger.

Natürlich brauche ich Gott. Aber außer ihm brauche ich *auch* gute Freunde. Ich brauche *auch* Gesundheit. Ich brauche *auch* einen Mann. Ich brauche *auch* Kinder. Ich brauche *auch* eine Arbeit mit gutem Gehalt. Ich brauche Gott und *dazu* ein Haus mit Mikrowelle, Wäschetrockner und Garage, frisch gestrichen …

Glauben Sie wirklich, wenn Sie Gott haben, dass er Ihnen genug gibt? Oder geht es Ihnen eher so:

»›Gott gibt mir nicht wirklich genug‹: Ich wusste nicht, dass ich diese Lüge glaubte, bis ich merkte, wie sehr ich mich auf andere Dinge und Menschen verließ. Ich dachte, ich vertraute Gott ganz, und sagte meinem Mann immer wieder, wir brauchten uns nur auf Gott zu verlassen, aber dann lief ich zu meinen Freundinnen und redete mit ihnen über unsere Ehe oder unser Geld.«

»Wenn es Probleme in unserer Ehe gab, tröstete ich mich mit Essen. In 40 Ehejahren habe ich über 18 Kilogramm zugenommen.«

»Ich habe die Wahrheit, dass meine Beziehung zu Jesus meine Wünsche befriedigt, nicht akzeptiert. Durch meine Lebensweise habe ich meiner Umgebung gezeigt, dass ich ›Dinge‹ brauche, um glücklich zu

sein. Ich habe viel kritisiert und geklagt und war meistens gereizt. Ich habe nach der Lüge gelebt.«

Glauben wir wirklich, dass Gott uns genug gibt, oder erwarten wir von anderen Dingen oder Menschen, dass sie die Leere in uns ausfüllen: vom Essen, Einkaufen, von Freunden, Hobbys, Urlaub, unserem Beruf oder unserer Familie?

5. »Gottes Ordnung schränkt mich zu sehr ein«

Immer und immer wieder steht in der Bibel, dass Gottes Gebote zu unserem Wohl und Schutz da sind. Gehorsam ist der Weg zur Freiheit. Aber der Teufel setzt uns die Idee in den Kopf, Gottes Gebote seien lästig, unvernünftig und unfair, und wenn wir ihm gehorchten, würden wir unglücklich. Im Garten Eden hat er Eva dazu gebracht, nur noch die eine Einschränkung zu sehen, die Gott ihr gesetzt hatte. Die Devise des Betrügers ist: »Mach, was du willst; niemand hat ein Recht, dir etwas zu befehlen oder zu verbieten.«

Wenn wir ehrlich sind, geht es vielen von uns wie »Sarah«:

»Ich fand, wenn man mir etwas verbot, nähme man mir die Freude und überhaupt alles Gute weg. Ich aß alles, worauf ich Lust hatte, immer wenn ich Lust darauf hatte und so viel ich nur wollte, weil ich mich durch Verbote bestraft fühlte.«

Ich habe mich oft gefragt, warum das Essen für so viele Frauen eine so große Rolle spielt. Ich bin mir sicher, das hat etwas mit dem Sündenfall zu tun. Denn was war die allerererste Sünde? Zu viel zu essen. Die einzige Einschränkung, die Gott Eva beim Essen auferlegte, war eine zu viel für sie. Wie »Sarah« hatte sie das Gefühl, »wenn man ihr etwas verbot, nähme man ihr Freude und überhaupt alles Gute weg«. Was tat sie also? (Sie wissen ja: Die Überzeugung bestimmt das Verhalten.) Sie »aß alles, worauf sie Lust hatte«.

So ignorieren wir die Verbote und »machen, was wir wollen«. Wir können unseren eigenen Weg wählen, so wie Eva die verbotene Frucht essen konnte. Aber eins können wir uns nicht aussuchen – die Folgen.

Wir haben gesagt, dass eine Lüge zu glauben und danach zu handeln am Ende zur Abhängigkeit führt. Hören Sie das Ende von »Sarahs« Bericht:

»Als ich verstand, dass echte Freiheit aus Gehorsam entsteht, war ich frei von der Bindung an das Essen; ich nahm 30 Kilogramm ab und wurde auch die Depressionen los, die ich gehabt hatte.«

»Sarah« hatte beschlossen zu essen, was sie wollte, wann und wie viel sie wollte. Klingt das nicht nach Freiheit? Aber: Nach ihrer eigenen Aussage war sie gar nicht frei. Sie hatte sich Freiheit versprochen, aber die hielt nicht lange. Statt der Freiheit geriet sie schließlich in einen »Esszwang«, nahm 30 Kilogramm zu und bekam Depressionen.

Sobald diese Frau die Wahrheit erkannte, dass »echte Freiheit aus Gehorsam entsteht«, und dieser Wahrheit entsprechend handelte, war der Zwang gebrochen.

6. »Gott sollte meine Probleme lösen«

Diese Einstellung ist in zweierlei Hinsicht falsch: Erstens erscheint Gott nur noch wie ein dienstbarer Geist, der dazu da ist, uns zu bedienen und zu gefallen – wie ein Diener, der jedes Mal kommt und unsere Befehle ausführt, wenn wir klingeln. Damit ist vorprogrammiert, dass wir desillusioniert und von Gott enttäuscht werden: Wenn irgendwelche Probleme nicht für uns gelöst werden, hat Gott anscheinend nichts für uns getan.

Zweitens legt sie nahe, das Ziel des Lebens sei, von allen Problemen frei zu sein – alles loszuwerden, was schwierig oder unangenehm ist. Unsere Gesellschaft ist weitgehend überzeugt, wir sollten nicht mit Problemen leben müssen. Jedes Problem müsse »geregelt« werden.

- Kopfschmerzen? Nimm eine Tablette.
- Ein schwieriger Chef? Kündige und such eine neue Stelle.

- Die Predigten deines Pastors gefallen dir nicht? Such dir eine andere Gemeinde.
- Ein neues Auto ist dir zu teuer? Nimm einen Kredit auf.
- Männer beachten dich nicht? Flirte ein bisschen und zieh dich aufreizend an.
- Dein Mann ist gleichgültig, sportsüchtig und umwirbt dich nicht mehr wie vor der Hochzeit? Such dir einen in der Firma (oder in der Gemeinde), der dich mag und dir zuhört.

Für viele Menschen ist »Christentum« nur eine andere Art, ihre Probleme lösen zu lassen. Wenn du nur betest und an Gott glaubst, dann hast du reichlich Geld auf dem Konto, deine Freundin wird vom Krebs geheilt, du bist nicht mehr einsam, deine Ehe wird gerettet, deine aufsässigen Kinder kommen zum Glauben an Gott, du kannst sofort die Sünde beherrschen, brauchst nicht mehr gegen schlechte Gewohnheiten anzukämpfen und wirst glücklich und gesund.

Bei »Holly« hat der Glaube an diese Lüge ihren Umgang mit dem Essen bestimmt:

»Ich hatte Probleme mit dem Essen und dem Gewicht. Ich betete immer, dass Gott mich davon befreite. Aber ich betete nur aus eigensüchtigen Motiven. Ich wollte äußerlich gut aussehen. Ich wollte sofort Ergebnisse sehen, ohne Opfer dafür zu bringen oder mir viel Mühe zu geben. Ich betete: ›Herr, ich bin in einem Teufelskreis. Ich versuche immer Willenskraft aufzubringen, aber ich habe keine. Bitte tu etwas. Gib mir deine Kraft, um das zu schaffen.‹ Aber es nützte alles nichts.«

Diese falsche Denkweise erklärt, warum viele Christinnen zornig, bitter und vom Leben enttäuscht sind. Sie haben gedacht, wenn sie Jesus annähmen, zur Gemeinde gingen und ein »anständiges christliches Leben« führten, würden sie all diese Probleme nicht haben. Gehorsam zu leben, erspart uns wirklich viele Probleme, die ein Leben ohne Gott und seine Gebote zur Folge hat. Aber das heißt nicht, dass Menschen, die Christus nachfolgen, keine Probleme mehr hätten.

Wahr ist, dass das Leben schwer ist. Wir leben in einer gefallenen Welt. Auch Menschen, die Gott frei gemacht hat, leben in einem irdischen Körper und müssen mit Versuchungen, Sünden (eigenen und denen von anderen), Krankheiten, Verlusten, Schmerzen und dem Tod zurechtkommen. Wenn wir Christen werden – und sogar, wenn wir erfahrene und konsequente Christen sind –, leben wir darum nicht in einer Art himmlischem Kokon, wo uns kein Schmerz berührt. Ganz frei von den Zerstörungen durch die Sünde werden wir erst sein, wenn Gott einen neuen Himmel und eine neue Erde schafft. Bis dahin gibt es Tränen, Trauer, Zwänge und Probleme.

Aber das ist das Gute: Gott ist nicht weit weg und unberührt von unseren Schwierigkeiten. Er sitzt nicht einfach im Himmel und sieht zu, ob wir es schaffen zu überleben. Nein, der biblische »Gott ist … ein Helfer, bewährt in Nöten« (Psalm 46,2). Das heißt nicht, dass er einen Zauberstab schwingt und alle unsere Probleme verschwinden lässt. Aber es bedeutet, dass er Stress und Probleme gebraucht, um uns so zu formen, dass wir wie sein Sohn Jesus werden; er lernte »an dem, was er litt, den Gehorsam« (Hebräer 5,8).

Wir möchten, dass Gott alle unsere Probleme regelt. Aber Gott sagt: »Ich will mit deinen Problemen etwas erreichen. Ich will dich durch deine Probleme verändern und anderen meine Freundlichkeit und meine Macht zeigen.« Das ist die Wahrheit – und die Wahrheit wird Sie frei machen (vgl. Johannes 8,32).

Lügen mit der Wahrheit begegnen

Lüge:	Die Wahrheit:
1. Gott ist doch nicht wirklich gut, sonst würde er …	– Gott ist gut, und alles, was er tut, ist auch gut. – Gott macht keine Fehler.
2. Gott liebt mich nicht.	– Gottes Liebe zu mir ist unendlich und bedingungslos. – Ich muss nichts leisten, um Gottes Liebe oder Gunst zu verdienen. – Gott will immer das Beste für mich erreichen.
3. Gott ist genau wie mein Vater.	– Gott ist genau so, wie er sich in seinem Wort gezeigt hat. – Gott ist unendlich viel weiser und liebevoller, als ein menschlicher Vater je sein könnte.
4. Gott ist nicht wirklich ausreichend.	– Gott gibt mir genug. Wenn ich mit ihm verbunden bin, sorgt er für alles Nötige.
5. Gottes Ordnung schränkt mich zu sehr ein.	– Gottes Ordnung ist die beste. – Gottes Verbote sind immer zu meinem Schutz da. – Gegen Gottes Ordnung zu verstoßen, bringt Konflikte und Leiden.
6. Gott sollte meine Probleme lösen.	– Das Leben ist nicht leicht. – Für Gott ist es wichtiger, seine Vollkommenheit sichtbar zu machen und mich zu verändern, als alle meine Probleme zu lösen. – In meinen Problemen verwirklicht Gott einen Plan, der über diese Welt hinausreicht. – Gott will auch meine Probleme gebrauchen, um mich ihm ähnlicher zu machen. – Egal, was mein Problem gerade ist: Gott gibt mir alles Nötige, um damit umzugehen.

Zum persönlichen Gebrauch

Nach Jakobus 1,21-25 reicht es nicht, die Wahrheit zu hören. Wir müssen uns nach der Wahrheit richten und sie zu einem Teil unserer Denk- und Lebensweise werden lassen. Wenn wir nicht tun, was wir wissen, betrügen wir uns selbst, und das ist Dummheit. Wenn wir der Wahrheit gehorchen, bringt das Segen.

Zu den wichtigsten Teilen dieses Buches gehören die Abschnitte »Zum persönlichen Gebrauch« am Schluss der Kapitel 2 bis 9. Nehmen Sie sich Zeit, auf die Wahrheit zu reagieren, die Sie gerade gelesen haben, ehe Sie zum nächsten Kapitel übergehen. (Vielleicht möchten Sie Ihre Antworten zu diesen Fragen in ein Extraheft schreiben. Dann lassen Sie nach jedem Abschnitt Platz für neue Einsichten und Bibelstellen, die Sie später zu dem jeweils hier angesprochenen Lebensbereich finden.)

1. Geben Sie Gott recht.
Welche Lügen über Gott haben Sie geglaubt?

2. Übernehmen Sie Verantwortung für Ihr Handeln.
Wie hat es sich in Ihrer Lebensweise geäußert, dass Sie diese Lügen glaubten (Einstellungen, Handeln)?

3. Bestätigen Sie die Wahrheit.
Lesen Sie alle auf Seite 55 aufgeführten Tatsachen laut vor. Auf welche davon müssen Sie sich jetzt besonders einstellen?

Ändern Sie Ihr Denken durch Gottes Wort. Lesen Sie die folgenden Bibelstellen laut. Was sagen diese Verse über Gottes Wesen und seine Einstellung zu seinen Kindern aus?

- Psalm 100,5
- Psalm 23
- Psalm 121
- Römer 8,28-39

4. Handeln Sie nach der Wahrheit.

Was müssen Sie praktisch unternehmen, um Ihr Verhalten mit der Wahrheit in Einklang zu bringen, die Sie über Gott erkannt haben?

5. Bitten Sie Gott um Hilfe für Ihr Leben in der Wahrheit.

Vater, ich erkenne an, dass du gut bist und dass auch alles, was du tust, gut ist. Danke, dass du keine Fehler machst und dass man sich in jeder Einzelheit im ganzen Weltall und auch in meinem Leben auf dich verlassen kann. Ich will glauben, dass du für mich das Beste erreichen willst und dass du immer daran arbeitest, deinen vollkommenen Plan für mich und für die, die ich liebe, zu erfüllen. Bitte vergib mir, dass ich an deiner Weisheit, deiner Güte und Liebe gezweifelt habe. Ich gebe zu, dass ich sehr wenig von dir und deinem Wesen weiß und dass mein Bild von dir oft falsch und unwahr ist. Bitte hilf mir, dich so kennenzulernen, wie du wirklich bist, dich zu lieben und dir zu vertrauen. In Jesu Namen, Amen.

Kapitel 3

Lügen über uns selbst

Liebes Tagebuch,

die letzten Wochen waren die schlimmsten, die ich bisher erlebt habe. Wenn nur jemand da wäre, mit dem ich reden könnte. Seit wir umziehen mussten, verstehe ich mich mit Adam nicht mehr besonders gut. Ich weiß nicht, ob er mir je wieder trauen wird. Das kann ich ihm eigentlich nicht verdenken. Ich habe ja wirklich sein Leben verdorben. Ich komme mir so dumm vor. Adam versteht einfach nicht, wie diese Schlange auf mich gewirkt hat. Sie war so unwiderstehlich – ich hatte das Gefühl, nicht anders tun zu können.

Immer wieder fällt mir ein, wie das war, als ich mich ansah und zum ersten Mal merkte, dass ich nackt war. Dann schaute ich Adam an und merkte, dass er dasselbe dachte. Zum ersten Mal, seit wir uns kennen, konnte ich ihm nicht in die Augen sehen. Wir waren noch nie befangen gewesen, wenn der andere da war. Jetzt erleben wir das sehr oft. Gott hat uns zwar richtige Kleider statt der unnützen Feigenblätter gegeben, aber trotzdem fühle ich mich so … ausgeliefert – nicht nur äußerlich, sondern noch mehr innerlich.

Ich habe sonst nie daran gedacht, wie ich für Adam aussehe. Ich wusste immer, dass er mich liebte und dass ich für ihn das Schönste war, was Gott je gemacht hatte. Jetzt frage ich mich, ob er mich wirklich liebt und attraktiv findet. Wünscht er sich, Gott hätte mich ihm gar nicht gegeben?

Vor mehreren Monaten war mein Auge heftig gereizt, und ich konnte meine Kontaktlinse nicht mehr ohne Schwierigkeiten tragen.

Zuerst nahm ich an, das sei eine allergische Reaktion, und versuchte, sie mit entsprechenden Mitteln zu behandeln. Aber die Reizung des Auges ließ nicht nach. Dadurch konnte ich mit der Kontaktlinse nicht mehr richtig sehen; alles erschien verzerrt. Die Reizung wurde so schlimm, dass ich die Linse ein paar Tage nicht tragen konnte, bis ich einen Termin beim Augenarzt bekam.

Er untersuchte mein Auge und erklärte, ich hätte nicht allergisch reagiert. Die Ursache des Problems sei auch gar nicht mein Auge, sondern die Kontaktlinse. Irgendwie war die Linse beschädigt worden. Die Krümmung war zu flach geworden, und die falsch geformte Linse rieb an meinem Auge und reizte es. Damit ich wieder gut sehen konnte, musste die beschädigte Linse durch eine neue ersetzt werden.

Was wir über Gott glauben, ist so entscheidend, weil es mitbestimmt, was wir über alles andere glauben. Ein verzerrtes oder beschädigtes Bild von Gott verzerrt auch unser Bild von allen Dingen und Menschen um uns. Oft merken wir nicht, dass das, was uns innerlich reizt und aufregt, nicht die Menschen oder die Umstände sind, die wir ärgerlich finden. Das Problem ist, dass wir alles durch eine beschädigte Kontaktlinse sehen.

Ein Gebiet, das durch unser Bild von Gott besonders beeinflusst wird, ist unser Bild von uns selbst. Wenn wir Gott nicht so sehen, wie er wirklich ist – wenn wir etwas über ihn glauben, was gar nicht stimmt –, dann sehen wir auch uns selbst unweigerlich verzerrt.

Wenn unsere Vorstellung von Gott ärmlich ist, werden wir selbst dadurch ärmer. Wenn wir uns in Gedanken einen schwachen und machtlosen Gott gemacht haben, der nicht das All bis in alle Einzelheiten beherrscht, dann sehen wir uns selbst als hilflos und fühlen uns erdrückt von den Verhältnissen und den Krisen um uns. Wenn unser Gott wertlos ist, betrachten wir uns selbst als wertlos. Wenn wir Lügen über Gott glauben, glauben wir auch Lügen über uns selbst. Zum Beispiel …

7. »Ich bin nichts wert«

Mehr als 42 Prozent der Frauen, die wir befragt haben, gaben an, diese Lüge geglaubt zu haben. Es ist eine sehr wirksame Lüge, wie man aus ihren Berichten ersehen kann:

»Mein Leben lang hatte ich mit Minderwertigkeitsgefühlen zu kämpfen. Oft habe ich mich deswegen aus Beziehungen zurückgezogen, obwohl ich ein geselliger und kontaktfreudiger Mensch bin.«

»Ich habe immer das Bedürfnis, von meiner Umgebung in meinem Wert bestätigt zu werden, weil ich mich wertlos fühle! Wenn die Leute mich kennten, würden sie mir zustimmen.«

»Weil meine Ehe unglücklich war, fühlte ich mich unnütz und meinte, niemand könne mich lieben, nicht einmal Gott. Ich war einfach nicht gut genug, und weil ich immer überzeugt bin, vollkommen sein zu müssen, damit man mich liebt, war es ja klar, dass Gott mich auch nicht liebte.«

Sehr oft kommen diese Minderwertigkeitsgefühle daher, dass wir geglaubt haben, was andere sagten, besonders in der Kindheit:

»Als Kind hat man mir gesagt, ich sei unnütz wie ein Kropf. Bald glaubte ich das selbst. Manchmal habe ich immer noch Probleme damit.«

»Ich glaubte, ich würde auf dieser Welt nie irgendwie zählen, denn das habe ich als Jugendliche gehört. Man betrachtete mich als zurückgeblieben und unwissend. Damals glaubte ich das. Oft schloss ich mich ein und wollte mit niemandem etwas zu tun haben. Mein ganzes Leben lang habe ich geglaubt, ich würde nie gute Freunde oder eine Familie haben und würde an dem Kummer und Schmerz, den ich die meiste Zeit fühlte, langsam zugrunde gehen.«

Das Problem ist, dass unsere Sicht von uns selbst und unser Selbstwertgefühl oft von der Meinung anderer Menschen bestimmt werden. Manchmal sind Bemerkungen von anderen richtig und hilfreich. Aber nicht immer. Wenn der Mensch, den wir da hören, aus irgendeinem Grund durch eine beschädigte »Linse« schaut, sieht er uns verzerrt. Manche von uns bleiben ihr Leben lang in einem emotionalen Gefängnis, weil wir verinnerlicht haben, was ein »kaputter« Spiegel uns gezeigt hat.

Selbst wenn die Information an und für sich stimmt, kann der große Betrüger sie doch benutzen, um uns gefangen zu nehmen. Zum Beispiel kann ein Spielkamerad ganz richtig zu einem sechsjährigen Mädchen sagen: »Du bist dick!« Wenn das Mädchen nun im weiteren Verlauf falsche Schlüsse aus dieser Bemerkung zieht, etwa: »Ich bin dick; also

- werde ich immer dick bleiben;
- kann mich niemand mögen oder mein Freund sein wollen;
- bin ich wertlos;
- muss ich auf jeder Party der Mittelpunkt sein, sonst mögen oder akzeptieren die Leute mich nicht«,

dann kann sie auch eines Tages gebunden sein. Manchmal verfolgt und quält uns ein einziger Satz, den wir als Kind gehört haben, viele Jahre lang:

> *»Ich erinnere mich, dass man mir sagte, als ich etwa sechs war, ich hätte kein Recht zu leben und hätte nie geboren werden sollen. Ich weiß nicht mehr, wer das gesagt hat, aber ich weiß noch genau, dass meine Mutter nur dastand und nichts dagegen tat. Ich zog mich in mich selbst zurück und hatte sehr große Schwierigkeiten, mit Menschen zu reden.*
> *Als ich in die siebte Klasse kommen sollte, wurde beschlossen, dass ich in eine Sonderschule gehen sollte. Ich wurde für die Klasse angemeldet, aber es war kein Platz da, also ging ich auf eine normale Schule. Ich dachte immer, da würde ich nicht hingehören.*
> *Bis zu diesem Wochenende war ich überzeugt, ich sei dumm, nicht normal und gehörte in irgendeine geschlossene Anstalt. In der Schule hatte ich keine Freunde, und die Kinder gaben sich alle Mühe, mich zu quälen. Darum zog ich mich noch mehr zurück, wurde sehr deprimiert und wollte am liebsten einschlafen und nie mehr aufwachen.«*

Dieser Bericht zeigt beispielhaft den Prozess, der zur Unfreiheit führt. Zuerst als Kind wurde dieser Frau eine schreckliche, zerstörerische Lüge gesagt. Sie hörte auf die Lüge; dann setzte sie ihr nicht die Wahrheit entgegen, sondern beschäftigte sich mit der Lüge, bis sie glaubte, sie sei tatsächlich wahr. Am Ende handelte sie der Lüge entsprechend (»ich zog mich zurück«), bis sie an die

Lüge gebunden war: »... wurde sehr deprimiert und wollte am liebsten einschlafen und nie mehr aufwachen.«

Was wir von uns selbst halten, das bestimmt, wie wir leben. Wenn wir Lügen glauben und danach handeln, geraten wir in Gefangenschaft, wie diese beiden Beispiele zeigen:

> *»Sehr lange dachte ich, ich sei nichts wert. Auch als ich Christin geworden war, betrachtete ich mich noch wie Abschaum. Das trieb mich in Depressionen. Ich fing an, mich zu isolieren, und konnte darum nicht so fröhlich leben, wie Gott es für mich vorgesehen hatte.«*

> *»›Ich bin nichts wert‹, diese Lüge habe ich geglaubt. Ich hatte immer mit dieser Lüge zu kämpfen und mit einem ständigen Bedürfnis nach Anerkennung durch andere. Das wurde so schlimm, dass es mich fast verrückt machte: Ich versuchte, allen zu gefallen und so auszusehen, wie ich dachte, aussehen zu müssen.«*

Diese Berichte stehen nicht allein da. Ich sehe, dass heute viele Frauen verzweifelt nach Bestätigung suchen. Oft suchen sie zwanghaft Anerkennung durch andere. Es sieht aus, als versuchten sie, die negative Sicht von sich selbst auszugleichen, die sie durch andere bekommen haben. Aber in den meisten Fällen können noch so viele »Streicheleinheiten« die schmerzhaften negativen Bemerkungen nicht aufwiegen, die sie dazu geführt haben, sich für wertlos zu halten. Keine Bestätigung reicht aus. Man kann ihnen hundert Komplimente über ihr Aussehen oder ihre Leistungen machen, aber wenn ein Familienmitglied Kritik äußert, sind sie am Boden zerstört. Warum? Weil sie ihren Wert von anderen bestimmen lassen.

Im ersten Petrusbrief gibt es einen wunderbaren Vers, der zeigt, was das Selbstwertgefühl von Jesus bestimmte: nicht was andere von ihm dachten, ob es nun gut oder schlecht war, sondern die Wahrheit, die sein himmlischer Vater sagte: Er wurde »von den Menschen zwar verworfen, (ist) bei Gott aber auserwählt und kostbar« (2,4). Jesus wurde *von den Menschen verworfen* – die er für sich selbst geschaffen hatte, die er liebte und für die er sein Leben hergab. Aber das bestimmt nicht seinen Wert.

Gott hat ihn erwählt. Darum ist er kostbar. Das bestimmt seinen Wert.

Es ist vorstellbar, dass jemand, der gute Kunst nicht erkennt oder nicht schätzt, ein Meisterwerk in den Müll wirft. Wäre das Gemälde darum weniger wert? Nein! Der wahre Wert des Werkes würde sich herausstellen, wenn ein Kunstsammler das Gemälde finden würde und sagte: »Dieses Stück ist unbezahlbar, und ich gebe jede Summe, um es zu bekommen.«

Als Gott seinen einzigen Sohn Jesus auf die Erde schickte, um am Kreuz Ihre und meine Sünde auf sich zu nehmen, hat er ein Preisschild an uns angebracht: Er erklärte, dass unsere Seele mehr wert ist als die ganze Welt. Wessen Meinung wollen Sie sich anschließen? Eine Lüge zu glauben, wird Sie abhängig machen. Die Wahrheit zu glauben, wird Sie frei machen.

8. »Ich muss lernen, mich selbst zu lieben«

»Gestörtes Selbstwertgefühl« gehört heute zu den häufigsten Diagnosen. Psychologen stellen es bei ihren Patienten fest; Lehrer sehen es bei ihren Schülern, Pastoren und Älteste bei Menschen in der Seelsorge, Eltern bei ihren Kindern, und zahllose Menschen finden es bei sich selbst.

»Du musst dich lieben lernen« ist das Rezept der Gesellschaft für die, die unter Minderwertigkeitsgefühlen leiden. In einer Gesellschaft voller Menschen, die krampfhaft nach Wegen suchen, zu einem besseren Selbstbild zu kommen, ist es zu einem beliebten Zauberwort der Psychologie geworden. Ein christlicher Katalog bietet einen hübschen Afghanenteppich mit einem Akrostichon über »Liebe dich selbst« an:

Lass alles »ich müsste« los.
Igle dich nicht mehr ein.
Erkenne deine Einzigartigkeit.
Betrachte das Wunder, das du bist.
Erlebe deine Wünsche und Träume.

Das Leben ruft – lass dich treiben.
Ignoriere nicht deine innere Stimme.
Chancen nutzen, Schönes genießen.
Heute mal entspannen: Fühl dich wohl!

Sei du selbst und drück es aus.
Erneuere dich an Körper und Seele.
Lass liebevolle Leute um dich sein.
Bleib dir treu.
Spüre Gottes besondere Liebe zu dir.
Tanke Zuwendung.

Ein anderer Katalog bietet ein »magisches Nachthemd« an, auf dem Folgendes in Spiegelschrift steht, damit die Trägerin es lesen kann, wenn sie in den Spiegel schaut: »Ich bin ein kostbarer, wunderbarer, besonderer, wertvoller, heiler, heiliger, ganzer, vollständiger, würdiger und verdienstvoller Mensch und habe Rechte.« Das Nachthemd soll »Sie daran erinnern, wie kostbar und einzigartig Sie wirklich sind«.

Wie bei vielen Täuschungen sind die Lügen in diesen Anzeigen nicht das genaue Gegenteil der Wahrheit, vielmehr verdrehen sie die Wahrheit. Nach der Bibel ist die Wahrheit, dass Gott uns nach seinem Bild geschaffen hat, dass er uns liebt und dass wir ihm kostbar sind. Aber diesen Wert geben wir uns nicht selbst. Wir können Gottes Liebe auch nicht dadurch ganz erfahren, dass wir uns selbst einreden, wie liebenswert wir sind. Im Gegenteil: Jesus sagt, dass wir unser Leben erst finden, wenn wir es verlieren. Die Aufforderung, sich selbst zu lieben, schickt die Menschen in eine Sackgasse von Einsamkeit und Elend.

Wie oft haben wir schon gehört: »Ich habe mich noch nie gemocht.« Oder: »Sie kann sich einfach nicht lieben.« In der Bibel finden wir die Wahrheit, dass wir uns doch selbst lieben – ungeheuerlich. Wenn Jesus uns aufträgt, unseren Nächsten zu lieben wie uns selbst, dann nicht, weil wir lernen müssten, uns selbst zu lieben, um andere lieben zu können. Jesus meint, wir müssen anderen ebenso viel Beachtung und Sorgfalt schenken, wie wir natürlicherweise auf uns selbst verwenden.

Wenn ich Zahnschmerzen habe, suche ich sofort nach einer Möglichkeit, die Ursache zu finden und loszuwerden. Wenn ich mich nicht selbst liebte, würde ich die Schmerzen gar nicht beachten. Aber wenn jemand anders Zahnschmerzen hat, ist es leicht, seine Not zu ignorieren – das ist ja sein Problem. Von Natur aus lieben wir uns selbst, andere lieben wir von Natur aus nicht.

Dasselbe meint Paulus in Epheser 5, wo er schreibt: »Ebenso sind die Männer verpflichtet, ihre eigenen Frauen zu lieben wie ihre eigenen Leiber … *Denn niemand hat je sein eigenes Fleisch gehasst,* sondern er nährt und pflegt es …« (V. 28 f.; Hervorhebung von mir).

Wir achten ständig auf uns selbst, erleben unsere eigenen Gefühle und Bedürfnisse sehr intensiv und sind uns immer bewusst, wie Menschen und Dinge uns berühren. Der Grund, warum manche von uns so leicht gekränkt sind, ist nicht, dass wir uns hassen, sondern dass wir uns lieben! Wir möchten angenommen, hoch geschätzt und gut behandelt werden. Wenn wir uns selbst nicht so wichtig wären, hätten wir nicht so viel Angst, abgelehnt, vernachlässigt oder schlecht behandelt zu werden.

In Wirklichkeit hassen wir uns selbst nicht und brauchen auch nicht zu lernen, uns zu lieben. Wir müssen lernen, uns selbst zurückzunehmen, um das tun zu können, was nicht von selbst kommt: Gott und andere Menschen wirklich zu lieben. Unsere Schwierigkeit sind nicht »Minderwertigkeitsgefühle«, überhaupt nicht unser Bild von uns selbst, sondern unser ärmliches Bild von Gott. Es geht nicht so sehr um unsere »Ich-Schwäche«, sondern um unser schwaches Gottesbild. Wir brauchen nicht uns selbst mehr lieben, sondern müssen uns Gottes unvorstellbarer Liebe zu uns öffnen und seinen Plan und sein Ziel für unser Leben annehmen.

Sobald wir seine Liebe richtig wahrnehmen, brauchen wir uns nicht mehr mit anderen zu vergleichen; dann ist unser »Ich« gar nicht mehr der Mittelpunkt. Dann können wir seine Liebe an andere weiterleiten.

9. »Ich kann mein Wesen nicht ändern«

Auch diese Lüge hält viele Menschen ihr Leben lang gefangen. Irgendwann haben wir sie alle geglaubt. Vielleicht verstehen Sie eine von diesen Frauen:

»Ich habe die Lüge geglaubt: ›Du wirst genau wie deine Eltern; das ist erblich; du kannst nichts dagegen tun.‹ Mein Vater war Pastor. Er und meine Mutter wandten sich von Gott und der Gemeinde ab. Ich glaubte, man könne Gott nicht für immer treu bleiben, und weil meine Eltern es nicht schafften, würde ich es auch nicht können.«

»Ich habe meine Faulheit und Disziplinlosigkeit mit der Überzeugung entschuldigt, ich könne mein Wesen nicht ändern.«

»Ich glaubte, ich hätte Gewichtsprobleme, weil in der Familie meines Vaters alle dick sind. Ich habe den gleichen Körperbau, also würde ich immer damit zu tun haben. Es sei zwecklos, das ändern zu wollen – es käme sowieso wieder. Darum schob ich die Schuld an meiner Esssucht auf sie.«

Wir erkennen Züge an uns, die wir uns anders wünschen oder von denen wir wissen, dass sie Gott nicht gefallen. Aber anstatt selbst die Verantwortung für unsere Entscheidungen, Haltungen und Handlungen zu übernehmen, finden wir tausend Gründe, warum wir so sind, wie wir sind:

- »Unser Haus ist so klein, alles fällt mir auf die Nerven.«
- »Meine Arbeit ist so anstrengend, wenn ich nach Hause komme, bin ich einfach ungeduldig mit den Kindern.«
- »Das ist mein Zyklus.«
- »Meine Hormone spielen verrückt.«
- »Ich bin so erschöpft; ich kann einfach nicht normal reagieren.«
- »In meiner Familie sind Probleme nie angesprochen worden; wir haben alles in uns hineingefressen und getan, als wäre alles in Ordnung. Schwierigkeiten kann ich mich immer noch nicht stellen.«

- »Die Eltern haben mich nie bestätigt, und ich konnte mich nie geliebt fühlen.«
- »Meine Mutter und meine Großmutter waren manisch-depressiv; das liegt wohl in der Familie.«
- »Meine Mutter war mir nie eine richtige Mutter; ich habe kein Vorbild gehabt, wie ich meine Kinder erziehen soll.«
- »Ich bin als Kind misshandelt worden; ich kann einfach niemandem vertrauen.«
- »Mein Ex-Mann hat mir ständig seine Verachtung gezeigt; er hat mein Selbstbewusstsein zerstört.«

Alle diese Aussagen legen nahe, dass andere uns zu dem gemacht haben, wie wir sind. Wir sind Opfer und reagieren nur auf die Verletzungen, die andere uns zugefügt haben.

Wenn wir aber auf die Geschichte von Eva zurückkommen, sehen wir, dass weder Eltern noch ein Partner oder Kinder das Unglück der ersten Frau verursacht haben. Kein Mann hat Evas Leben ruiniert. Das widerspricht der Behauptung des modernen Feminismus, für unsere Frauenprobleme seien weitgehend die Männer verantwortlich. Eva konnte auch nichts auf ihre Umwelt schieben. In welcher Umgebung könnte man leichter erfolgreich und glücklich sein? Eva und ihr Mann hatten keine Geldprobleme, keine Schwierigkeiten im Beruf, keine Umweltverschmutzung, keine unleidlichen Nachbarn und kein Unkraut zu jäten. Sie hatten nicht einmal Familien, die sich streiten konnten!

Für die Probleme, die Eva in ihrer Ehe, Familie und Umwelt begegneten, konnte sie nichts und niemanden anklagen – nur sich selbst. Die Schwierigkeiten begannen in ihr. Eva traf eine einfache persönliche Entscheidung – niemand außer ihr war daran schuld. Diese Entscheidung stürzte sie in Unfreiheit und brachte ihr selbst, ihrer Familie und allen nachfolgenden Generationen unendliches Elend.

Die Lüge »Ich kann mein Wesen nicht ändern« macht uns zu hilflosen Opfern von anderen Menschen und äußeren Umständen. Das bedeutet, jemand oder etwas anderes sei für unsere Art verantwortlich; wir hätten nicht mehr die Kontrolle über unser Wesen und unser Handeln als eine Marionette. Irgendwie glauben wir,

wir wären dazu bestimmt, jeweils von dem beherrscht zu werden, der oder das die Fäden zieht.

Diese Lüge lässt uns keine Hoffnung, jemals anders zu werden. Der Teufel weiß, dass wir uns nie ändern werden, wenn wir glauben, wir könnten nichts für unsere Art. Dann bleiben wir gefangen. Wenn wir glauben, wir könnten nur versagen, immer weiter sündigen oder unglücklich sein, dann *werden* wir versagen, wir *werden* weiter sündigen und immer unglücklich und frustriert sein.

Die Wahrheit ist, dass wir eine Wahl haben. Wir sind verantwortlich für unsere Entscheidungen. Wir können durch die Kraft von Gottes Geist verändert werden. Sobald wir die Wahrheit wissen und annehmen, können wir uns aus den Ketten unserer Vergangenheit, unserer Verhältnisse und sogar tief eingewurzelter Verhaltensmuster befreien.

10. »Ich habe Rechte«

»… bestimmte unveräußerliche Rechte …«; »Behinderung und das Recht auf Mobilität«; »14 Tage Rückgaberecht!« …

Von der Unabhängigkeits-Erklärung bis zur Werbung ist »Ich habe das Recht« zum Losungswort der westlichen Zivilisation geworden. In unserer Generation gilt das besonders für Frauen.

Der moderne Feminismus ist ins Leben gerufen und aufrechterhalten worden, indem man Frauen animierte, für ihre »Rechte« zu demonstrieren.

Man hat den Frauen eingeredet, Rechte zu fordern, sei die Fahrkarte zu Glück und Freiheit. Denn »wenn du dein Recht nicht verteidigst, tut es niemand!«

Bei allem Positiven, was dadurch erreicht wurde, gibt es auch eine Kehrseite: Ich bin überzeugt, dass das Einfordern von Rechten einen großen, wenn nicht den größten Teil der Unzufriedenheit verursacht hat, die Frauen heute erleben. Jeden Tag höre ich Frauen eingestehen, dass »ihre Rechte zu verteidigen« nicht immer den erwarteten Nutzen gebracht hat:

»›Ich habe Rechte‹ – das hat viel unnötigen Streit ausgelöst und mich dadurch unglücklich gemacht.«

»Wenn ich mein Recht verteidige und fordere, was ich will, befriedigt mich das für den Augenblick, aber bald folgt ein Sturz in die Verzweiflung.«

Gute Beziehungen und gesunde Gesellschaften leben nämlich nicht davon, dass man Rechte *einfordert,* sondern dass man Rechte *abgibt.* Sogar im Straßenverkehr gilt dieses Prinzip. In den Vereinigten Staaten gibt es kein Schild, das bedeutet: »Sie haben die Vorfahrt.« Die Schilder fordern uns auf, dem anderen die Vorfahrt zu gewähren. So fließt der Verkehr am reibungslosesten, und so funktioniert auch das Leben am besten.

Auch unsere christliche Kultur ist von »Rechtsansprüchen« durchdrungen. Sie schleicht sich in unsere Gespräche ein. Sie bestimmt unser ganzes Weltbild. Heute erscheint es uns als selbstverständliches Recht,

- glücklich zu sein;
- verstanden zu werden;
- geliebt zu werden;
- einen gewissen Lebensstandard, ein angemessenes Gehalt und eine gute soziale Sicherung zu haben;
- eine gute Ehe zu führen;
- Freundschaften und romantische Liebe zu erleben;
- am Arbeitsplatz mit Respekt behandelt zu werden;
- vom Ehemann gewürdigt und von den Kindern geschätzt zu werden;
- Freizeit und eine bestimmte Anzahl Urlaubstage zu haben;
- nachts ungestört zu schlafen;
- die Hilfe des Mannes bei den Hausarbeiten zu bekommen.

An dem alttestamentlichen Propheten Jona sehen wir die natürliche menschliche Neigung, Rechte einzufordern und wütend zu werden, wenn diese »Rechte« verletzt werden. Jona meinte, er hätte das Recht, die heidnischen Niniviten nicht zu mögen. Er hätte das Recht, da zu predigen, wo er wollte. Er hätte das Recht zu sehen, wie Gott die Niniviten bestraft.

Gott tat etwas anderes, als er nach Jonas Meinung tun sollte. »Das aber missfiel Jona sehr, und er wurde zornig« (Jona 4,1). Er wurde so wütend, dass er Gott bat, ihm das Leben zu nehmen. Diese Selbstmordgedanken waren die Folge eines heftigen Wutanfalls.

Gott antwortete Jona, aber er zeigte kein Mitgefühl für Jonas verletzte Gefühle. Er versuchte nicht, Jonas Ego zu hätscheln. Nein, er stellte dem schmollenden Propheten die Frage nach dem Recht: »Da sprach der HERR: Ist es recht, dass du so zornig bist?« (Vers 4).

Jona weigerte sich zu antworten.

Stattdessen ging er an den Stadtrand von Ninive, baute sich eine Hütte und setzte sich hinein, um zu sehen, ob Gott nachgeben und die Stadt doch zerstören würde. Gott aber war freundlich zu Jona und »entsandte … eine Rizinusstaude, die wuchs über Jona empor, um seinem Haupt Schatten zu spenden und ihn von seiner üblen Laune zu befreien; und *Jona freute sich sehr über den Rizinus*« (Vers 6; Hervorhebung von mir).

Sehen Sie, wie Jonas Gefühle von seiner Meinung beherrscht werden, ob sein Recht respektiert würde oder nicht? Als Gott die Heiden begnadigte, die Jona hasste, war Jona unzufrieden und wütend. Doch als Gott für Schutz vor der heißen Sonne des Orients sorgte, freute sich Jona.

Aber seine Freude hielt nicht an, denn am nächsten Morgen schickte Gott einen Wurm, der die Staude anfraß, sodass sie verwelkte. Dann setzte er Jona einem heißen Wind und der sengenden Sonne aus, bis er ganz schwach wurde. Der Prophet war deprimiert und bat wieder, sterben zu dürfen. Wieder sprach Gott ihn auf sein Recht an: »Ist es recht, dass du so zornig bist wegen des Rizinus?« (Vers 9). Jona antwortete: »Ja, ich bin mit Recht zornig bis zum Tod!« (Vers 9).

Jona lebte in dem Gefühl, er habe das Recht, sein Leben und seine Umwelt zu bestimmen. Alles müsse so gehen, wie er es wünschte. Andernfalls dürfe er wütend sein. Weil er auf seinem Recht bestand, war er seelisch nicht stabil, isoliert und von Gott entfremdet.

Das Traurige ist, dass Jonas Geschichte meiner eigenen manchmal sehr ähnlich ist. Allzu oft bin ich verärgert und aufgebracht, wenn etwas nicht so läuft, *wie ich es will.* Eine Entscheidung, die jemand im Büro trifft, ein Drängler auf der Autobahn, eine lange Schlange an der Kasse im Supermarkt, eine gedankenlose Bemerkung eines Familienmitglieds, eine kleine Unhöflichkeit (real oder nur subjektiv empfunden) von einer Freundin, jemand, der eine Verpflichtung nicht einhält, ein Telefonanruf, der mich weckt, wenn ich eben eingeschlafen bin: Wenn ich auf meinem Recht bestehe, kann auch die kleinste Verletzung dieses Rechts mich launisch, gereizt und wütend machen.

Die einzige Möglichkeit, von dieser geistigen und emotionalen Achterbahn herunterzukommen, ist, alle meine Rechte an den *abzugeben,* dem letztlich alle Rechte gehören. Das ist die Wahrheit – und die Wahrheit wird uns frei machen.

11. »Äußere Schönheit ist wichtiger als innere«

Diesen Gedanken vermittelt unsere Gesellschaft den Frauen und Mädchen von frühester Kindheit an. Wir begegnen ihm praktisch überall: im Fernsehen, in Filmen, Musik, Zeitschriften, Büchern und in der Werbung. Fast übereinstimmend zeichnen sie uns ein Bild von dem vor, was wirklich wichtig ist. Am wichtigsten für Frauen, behaupten sie, sei Schönheit: körperliche Schönheit. Sogar Eltern, Geschwister, Lehrer und Freunde fallen manchmal unwissentlich in den Chor ein: »Süße« Kinder bekommen liebevolle Aufmerksamkeit, während weniger hübsche, übergewichtige oder schlaksige Kinder manchmal Zielscheibe für unfreundliche Bemerkungen, Gleichgültigkeit oder sogar offene Ablehnung sind.

Ich glaube, unsere Überschätzung der äußeren Erscheinung geht bis auf die erste Frau zurück. Erinnern Sie sich, was Eva an der verbotenen Frucht so anziehend fand?

Und die Frau sah, dass von dem Baum gut zu essen wäre, und dass er eine Lust für die Augen *und ein begehrenswerter Baum wäre, weil er weise macht; und sie nahm von seiner Frucht und aß …*
1. Mose 3,6

Die Frucht erschien nützlich (sie war »gut zu essen«); sie kam auch ihrem Wunsch nach Wissen entgegen. Aber ebenso wichtig war die Tatsache, dass sie »eine Lust für die Augen« war – eben schön aussah. Es gelang dem Feind, die Frau zu verleiten, die äußere Erscheinung höher einzuschätzen als unscheinbarere Eigenschaften wie Vertrauen und Gehorsam. Das Problem war nicht, dass die Frucht schön war. Gott hatte sie ja so gemacht. Es war auch nicht falsch, dass Eva die Schönheit von Gottes Schöpfung wahrnahm und sich daran freute. Das Problem war, dass Eva die äußere Erscheinung viel zu wichtig nahm. Damit glaubte sie einer Lüge und handelte entsprechend.

Der hohe Wert, den Eva einer anziehenden Erscheinung beimaß, wurde zum anerkannten Maßstab für alle Menschen. Von diesem Augenblick an sahen sie und ihr Mann ihren eigenen Körper mit anderen Augen. Sie wurden befangen und schämten sich wegen ihres Körpers – der doch von einem liebevollen Schöpfer kunstreich gestaltet worden war. Sofort versuchten sie, ihren Körper zu verstecken – aus Angst, sich den Blicken des anderen auszusetzen.

Die Täuschung, äußere Schönheit sei höher zu bewerten als die Schönheit des Geistes, der Seele und der Lebensführung, führt bei Männern wie bei Frauen zu Scham und Verlegenheit. Sie fühlen sich unvollkommen, beschämt, befangen und hoffnungslos entstellt. Ironischerweise ist körperliche Schönheit ein Ziel, das sich uns immer wieder entzieht – wir erreichen es nie.

Auch die berühmtesten Schönheiten geben zu, dass sie sich selbst nicht als wirklich schön empfinden. Einer der Stars von Hollywood, Meg Ryan, sagt von sich selbst: *»Ich finde, ich sehe ein bisschen merkwürdig aus. Wenn ich mein Aussehen ändern könnte, würde ich mir längere Beine, kleinere Füße und eine kleinere Nase wünschen.«*[1]

Man kann nun fragen: Was kann es schaden, äußere, körperliche Schönheit übermäßig hoch zu bewerten? Damit kommen wir auf unsere These zurück: Was wir glauben, bestimmt letztlich unsere Lebensweise. Wenn wir etwas glauben, was nicht stimmt, werden wir früher oder später der Lüge entsprechend handeln; dieses Glauben und Handeln führt zur Unfreiheit.

»Weil ich glaubte, Schönheit sei etwas Äußeres und Körperliches, hatte ich nie das Gefühl, schön zu sein. Ich schämte mich wegen der Narben auf meinem Rücken und an meinen Beinen. Ich habe eine lange Narbe über den Rücken und an beiden Beinen von einer Skolioseoperation. Mein Rücken ist jetzt gerade, aber ich habe immer gemeint, das hätte meine Schönheit gemindert. Weil ich überzeugt war, nicht hübsch zu sein, war ich schüchtern.«

»Ich war überzeugt, äußere Schönheit (also mein Körper) sei das Einzige an mir, das anderen wichtig sei, besonders Männern. Ich nutzte das absichtlich aus, um die Aufmerksamkeit zu erregen, die ich so bitter nötig hatte. Ich wurde nymphoman.«

»Ich habe eine schöne Schwester und bewundere sie, aber ich bin hässlich. Ich war immer überzeugt, ich sei weniger wert und müsse Leistung erbringen, um von anderen angenommen zu werden. Ich sehe, dass schöne Menschen mehr Chancen im Leben haben. Ich gehe einfach davon aus, dass ich keine bekomme, und kann mich nicht davon lösen, wie ich selbst mein Aussehen wahrnehme.«

»Ich habe mein Leben lang geglaubt, mein Wert hinge von meinem Aussehen ab, und natürlich sah ich nie so aus, wie die Gesellschaft es forderte, und hatte darum immer ein schwaches Selbstwertgefühl. Ich bekam Essstörungen, bin esssüchtig und habe Eheprobleme, weil ich mich nicht attraktiv finde und meine, mein Mann würde immer nach anderen Frauen schauen, die ihm gefallen.«

Vergleiche, Neid, Konkurrenzdenken, Promiskuität, sexuelle Süchte, Essstörungen, unanständige Kleidung, aufdringliches Benehmen: Die Liste von Fehlhaltungen und Verhaltensweisen, die auf einer falschen Einschätzung von Schönheit beruhen, ist lang. Was kann Frauen aus diesen Zwängen befreien? Nur die Wahrheit kann die Lügen entkräften, die wir geglaubt haben. Gottes Wort sagt uns die Wahrheit: Weil körperliche Schönheit so schnell vorbeigeht, ist es wichtig, sich um bleibende, innere Schönheit zu bemühen.

Anmut ist trügerisch und Schönheit vergeht, aber eine Frau, die den HERRN fürchtet, die wird gelobt werden.
Sprüche 31,30

Euer Schmuck soll nicht der äußerliche sein, Haarflechten und Anlegen von Goldgeschmeide oder Kleidung, sondern der verborgene Mensch des Herzens in dem unvergänglichen Schmuck eines sanften und stillen Geistes, der vor Gott sehr kostbar ist. Denn so haben sich einst auch die heiligen Frauen geschmückt, die ihre Hoffnung auf Gott setzten …
1. Petrus 3,3-5

Diese Verse bedeuten nicht, wie manche meinen, Schönheit sei irgendwie böse oder es sei unrecht, seiner äußeren Erscheinung Aufmerksamkeit zu widmen. Das ist genauso eine Täuschung wie die, äußere Schönheit zu überschätzen.

In der Bibel wird körperliche Schönheit nirgends verurteilt oder als unwichtig dargestellt. Verurteilt werden Stolz auf die Schönheit, die doch Gott gegeben hat, übertriebene Beachtung von äußerer Schönheit und die Neigung, sich nur mit Äußerlichkeiten zu beschäftigen und Wesensfragen zu vernachlässigen.

Es ist eine Taktik des Teufels, uns von einem Extrem ins andere fallen zu lassen. In unserer Gesellschaft gibt es immer mehr Abneigung gegen saubere, ordentliche und geschmackvolle Kleidung und gepflegtes Aussehen. Es kommt vor, dass ich einer Christin am liebsten sagen möchte: »Weißt du, wer du bist? Gott hat dich als Frau geschaffen. Nimm sein Geschenk an. Hab keine Angst davor, weiblich zu sein und die Umgebung, die er dir gegeben hat, mit physischer und geistlicher Schönheit zu bereichern. Du bist ein Kind Gottes. Du gehörst zur Braut Christi. Du gehörst zur Familie des Königs. Kleide dich und benimm dich so, dass es zu deiner hochheiligen Aufgabe passt. Gott hat dich aus dem Schema dieser Welt herausgenommen; lass dich nicht in eine weltliche Schablone pressen. Denke, handle und kleide dich nicht wie die übrige Gesellschaft. Lass andere innerlich und äußerlich sehen, dass er dein Leben verändert.«

Wir als Christinnen sollten versuchen, Gottes Schönheit, Ordnung, Einmaligkeit und Freundlichkeit durch unsere Erscheinung und unser inneres Wesen sichtbar zu machen.

Als christliche Ehefrau hat man noch mehr Grund, in dieser Frage das richtige Gleichgewicht zu finden. Die »tüchtige Frau« aus Sprüche 31 ist körperlich fit und gut angezogen (Verse 17 und 22). Sie macht ihrem Mann Ehre.

Wenn eine verheiratete Frau sich schlampig und unordentlich kleidet, wenn sie sich überhaupt nicht um ihr Äußeres kümmert, wirft sie ein schlechtes Licht auf ihren Mann (und auf ihren himmlischen Bräutigam). Außerdem: Wenn sie sich keine Mühe gibt, für ihren Mann schön zu sein, wird mit Sicherheit eine andere Frau schon draußen warten, um ihn auf sich aufmerksam zu machen.

Als der Apostel Paulus an Timotheus schrieb, wie es in der Gemeinde zugehen sollte, nahm er sich Zeit, auf die Kleidung der Frauen einzugehen. Seine Anweisungen zeigen die Ausgewogenheit zwischen der inneren Haltung der Frau, ihrer Kleidung und ihrem Benehmen:

Ebenso will ich auch, dass sich die Frauen in ehrbarem Anstand
mit Schamhaftigkeit und Zucht schmücken, nicht mit Haarflechten
oder Gold oder Perlen oder aufwendiger Kleidung,
sondern durch gute Werke, wie es sich für Frauen geziemt,
die sich zur Gottesfurcht bekennen.
1. Timotheus 2,9-10

Die Worte, die hier mit »in ehrbarem Anstand« wiedergegeben sind, bedeuten *»ordentlich, geschmackvoll, unaufdringlich«* und schließen eine *»harmonische Zusammenstellung«* ein.[2] Die äußere Erscheinung einer Christin soll ein redliches, reines und geordnetes Inneres widerspiegeln. Ihre Kleidung und Frisur sollen nicht ablenken oder durch Extravaganz, Auffälligkeit oder Unanständigkeit die Aufmerksamkeit auf ihre Person ziehen. Auf diese Art macht sie sichtbar, wie ihr Inneres und ihre Beziehung zu Gott beschaffen sind, und macht das Evangelium für ihre Mitmenschen interessant.

Vierzig Plus

Sobald ich vierzig wurde, bekam ich Kataloge mit Produkten, die versprechen, die Auswirkungen des Alterns aufzuhalten. Sie stellen mir jüngere, schönere Haut, weniger Falten, keine Augenringe, mehr Energie, schönere Nägel und Haare und besseres Sehen und Hören in Aussicht. Es wird mir also vermittelt: Wenn man älter wird, gibt es nichts Wichtigeres, als jünger auszusehen und sich auch so zu fühlen.

Trotzdem bleibt es dabei, dass ich älter werde, und seit dem Sündenfall bedeutet das auch, dass mein Körper allmählich schwächer wird. Mein Spiegelbild zeigt mir Falten, die vor zehn Jahren noch nicht da waren. Mein Haar wird eindeutig grau. Neuerdings muss ich eine Bibel in Großdruck benutzen, und trotz regelmäßigen Sports und bewussten Essens habe ich einfach nicht mehr die physische Ausdauer, die ich mit zwanzig hatte.

Ich möchte nicht der Lüge aufsitzen, das alles sei das schlimmste Unglück oder meine biologische Uhr könnte irgendwie zurückgedreht werden. Ich versuche natürlich nicht, den Alterungsprozess zu beschleunigen, aber ich will mich auch nicht damit aufreiben, gegen das Unvermeidliche zu kämpfen. Wenn ich jetzt älter werde, will ich mich auf das konzentrieren, was Gott als das Wesentliche bezeichnet: zum Beispiel zuzulassen, dass sein Geist in mir eine freundliche, vernünftige, für andere offene, liebevolle Einstellung wachsen lässt.

Ganz gleich, für was für Tropfen, Pillen oder Behandlungsmethoden ich Geld ausgebe: Ich weiß, dass in meinem Körper ein Prozess abläuft, der sich auf dieser Welt nicht umkehren lässt. Etwas anderes zu glauben, ist Selbstbetrug. Aber ich weiß auch: »Aber der Pfad des Gerechten ist wie der Glanz des Morgenlichts, das immer heller leuchtet bis zum vollen Tag« (Sprüche 4,18). Das bedeutet, es gibt einen Lebensbereich, der reicher und vollkommener werden kann, obwohl unser Körper verfällt.

Wenn wir also unsere Zeit und Kraft dafür einsetzen, gesund, sportlich, schön und jugendlich zu erscheinen, können wir das vielleicht erreichen – eine Zeit lang. Aber wir dürfen auch nicht vernachlässigen, uns um die innere Schönheit, den persönlichen

Charakter und die Ausstrahlung, die Gott gefällt und ewig bleibt, zu kümmern.

12. »Man kann mir nicht zumuten, mit unerfüllten Wünschen zu leben«

Auch diese Lüge hat unsere ganze Denk- und Lebensweise durchdrungen. Unsere Gesellschaft hat sich den Gedanken zu eigen gemacht, dass es für jeden unerfüllten Wunsch möglichst schnell und einfach Abhilfe gibt – oder doch geben sollte.

Man fordert uns auf, unsere Wünsche zu erkennen und alles Nötige zu tun, damit diese »Bedürfnisse« erfüllt werden. Wenn Sie hungrig sind, essen Sie. Wenn Sie etwas haben möchten, was zu teuer ist, kaufen Sie es auf Raten. Wenn Sie Lust auf eine Affäre haben, treten Sie so auf, dass Männer aufmerksam werden. Wenn Sie einsam sind, sprechen Sie sich bei dem verheirateten Mann in ihrer Firma aus.

Wenn Sie das nächste Mal einkaufen, werfen Sie doch einen kurzen Blick auf die Frauenzeitschriften an der Kasse. Schon die Außenseiten sind voll mit Angeboten, die all Ihre Wünsche befriedigen sollen:

- 99 Methoden, besser auszusehen, sich besser zu fühlen, mehr vom Leben zu haben!
- Essen und abnehmen.
- Fantastisch aussehen – auch bei Hitze.
- 25 Tricks, jung auszusehen.
- Gönnen Sie es sich: Sofort langes Haar und Bräune! Klappt immer!
- Ein kleiner Trick für die Gesundheit: Immer schlank, schönere Haut, mehr Energie!
- Leichtes Leben: Arbeiten mit Spaß, coole Kleider, wilde Träume und clevere Lösungen.

Irgendwie, irgendwo gibt es eine Möglichkeit, Ihre Träume zu erfüllen – vielleicht

- ein Anleitungsbuch;

- einen Kitschroman;
- einen Großstadtbummel;
- eine Kreuzfahrt;
- eine neue Frisur, Garderobe oder Arbeit, ein neues Haus oder Parfüm, eine neue Ehe;
- eine große Pizza, mit viel Käse überbacken.

Weil sie so denken, bleiben viele Frauen immer auf der Suche nach etwas, was ihre innere Leere ausfüllt.

Im schlimmsten Fall kann der Betrug zu großem persönlichen Leid und Unfreiheit führen. Viel Unruhe, Bitterkeit und Depressionen gehen von ihm aus. Diese Lüge hat Tausende von Mädchen verleitet, ihre Unberührtheit für ein wenig menschliche Wärme und das Versprechen von Gemeinsamkeit herzugeben. Sie hat verheiratete Frauen veranlasst, in den Armen eines Arbeitskollegen Erfüllung zu suchen, der sich an ihren Gefühlen interessiert zeigte. Sie hat viele junge Leute in eine Kirche gelockt, um aus ganz falschen Gründen die Ringe zu tauschen. Und sie hat einen hohen Prozentsatz dieser Paare vor den Scheidungsrichter gebracht – immer in dem Bestreben, ihre tiefe, unerfüllte innere Sehnsucht zu stillen.

»Carmen« berichtet, wie es ihr ging:

> *»Ich glaubte, ich sollte nicht mit unerfüllten Wünschen leben müssen, und nahm mir, was ich wollte und wann ich es wollte. Kleider, Reisen nach Europa, Wochenendurlaub – irgendwie auf Kredit finanziert, bis ich mit 22 Jahren etwa 7000 bis 10 000 Dollar Schulden hatte. Was ich mir jetzt wünschte und meinte zu brauchen, war ein Mann – also traf ich mich mit Männern, die mich gar nicht interessierten, von denen ich wusste, dass sie nur mit mir schlafen wollten. Ab und zu ließ ich mich darauf ein, nur um mich angenommen zu fühlen.«*

»Eileens« Bericht zeigt die tief greifende emotionale und persönliche Zerstörung, die aus dem Glauben an diese Lüge erwachsen kann:

»Meine Ehe hat mich sexuell nicht erfüllt, und ich glaubte, mein Mann sei daran schuld. Ich schob es auf ihn und suchte mir einen anderen Mann, der mich sexuell befriedigen sollte. Das nannte ich Liebe, obwohl ich wusste, dass es Gier war. Ich glaubte aber, das sei mein Recht und mein Mann sei mir sexuelle Erfüllung schuldig. Eine Zeit lang war es herrlich, aber als es auseinanderging, hinterließen Schuld, Scham und Zerstörung eine so tiefe Verletzung, dass kein Vergnügen, das ich für so kurze Zeit hatte erleben können, diesen Schmerz wert war.«

Wie sieht die Wahrheit aus, die uns aus der Bindung an diese Lüge befreit?

Erstens müssen wir erkennen, dass wir hier auf der Erde immer unerfüllte Wünsche haben werden (Römer 8,23). Wenn uns schon hier alle Wünsche erfüllt würden, wären wir ja ganz zufrieden hierzubleiben und würden uns gar nicht nach etwas Besserem sehnen.

Es ist wichtig zu wissen, dass unsere inneren Sehnsüchte an sich nicht unbedingt schlecht sind. Böse ist aber der Anspruch, diese Wünsche müssten jetzt und hier befriedigt werden, und die Entschlossenheit, die Sehnsucht auch auf unrechte Weise zu stillen.

Gott hat den Sexualtrieb geschaffen. Es ist nicht unrecht, diesen Trieb zu befriedigen, solange er zu Gottes Zeit und auf Gottes Art befriedigt wird: in der Ehe. Aber die Gesellschaft will uns einreden, wenn wir uns sexuelle Gemeinschaft wünschen, hätten wir auf jeden Fall das Recht, sie uns zu nehmen – egal wie, wann, wo und mit wem.

Ebenso ist es auch kein Unrecht, Hunger zu haben, und Essen ist nicht böse. Falsch ist es aber, wenn wir uns in dem Bestreben vollstopfen, emotionale und geistliche Sehnsüchte zu stillen.

Solange Gott nicht die Bedingungen schafft, unsere Wünsche auf gute Art zu erfüllen, müssen wir lernen, mit unbefriedigten Wünschen zurechtzukommen.

Die andere Wahrheit ist, *dass unsere tiefste innere Sehnsucht nicht durch irgendeine geschaffene Person oder Sache gestillt werden kann.* Diese Wahrheit hat die stärkste befreiende Wirkung, die ich auf meinem eigenen Weg erlebt habe. Jahrelang habe ich von Menschen und Umständen erwartet, dass sie mich glücklich machen sollten. Sie brachten es nie fertig, und ich war jedes Mal wieder enttäuscht und verstimmt.

Die Wahrheit ist, dass alles Geschaffene uns mit Sicherheit enttäuscht. Dinge können verbrennen, zerbrechen, gestohlen werden oder verloren gehen. Menschen können umziehen, sich ändern, versagen oder sterben. Erst der Verlust von mehreren Menschen, die mir am liebsten waren, machte mir klar, dass ich immer in der Enttäuschung stecken bleiben würde, wenn ich von Menschen erwartete, dass sie mich im Innersten befriedigten.

Ich habe schon mit vielen jungen alleinstehenden Frauen gesprochen – auch mit konsequenten, engagierten Christinnen –, die mir von ihrem Kampf mit der Einsamkeit erzählten. Ich sage ihnen dann, dass eine Ehe nicht unbedingt gegen Einsamkeit hilft. Ich habe auch viele verheiratete Frauen getroffen, die mit einem tief sitzenden Gefühl von Einsamkeit und Isolation kämpfen. In Wahrheit gibt es keinen Mann auf dieser Erde, der die tiefste innere Sehnsucht einer Frau erfüllen kann. Gott hat uns so gemacht, dass uns nichts und niemand ganz befriedigen kann außer ihm selbst (Psalm 16,11; 34,8-10).

Ob wir nun verheiratet sind oder nicht, wir müssen erkennen, dass es nicht falsch ist, unerfüllte Wünsche zu haben. Wir sind darum nicht weniger geistlich. Wir müssen lernen, diese Wünsche anzunehmen, sie Gott auszuliefern und von ihm zu erwarten, dass er unsere tiefsten inneren Bedürfnisse erfüllt.

Wir haben gesehen, dass ein falsches Bild von Gott zu einem falschen Bild von uns selbst führt und dass Täuschungen auf einem von diesen Gebieten unsere Lebensweise mitbestimmen. Wenn wir uns über Gott oder uns selbst täuschen lassen, werden wir zwangsläufig auch über die Sünde getäuscht.

Lügen mit der Wahrheit begegnen

Lüge:	Die Wahrheit:
7. Ich bin nichts wert.	– Mein Wert hängt nicht davon ab, was andere oder ich selbst von mir denken. Mein Wert hängt davon ab, wie Gott mich sieht. – Für Gott ist meine Seele mehr wert, als die ganze Welt kosten würde. – Ich bin Gottes Kind. Ich gehöre ihm und bin für ihn ein geliebter Schatz.
8. Ich muss lernen, mich zu lieben.	– Ich muss Gottes Liebe annehmen und mich auf sie verlassen. – Ich liebe mich schon genug. Ich muss mich selbst zurücknehmen und Gott durch mich andere lieben lassen.
9. Ich kann mein Wesen nicht ändern.	– Ich bin Gottes Kind und kann Gott freiwillig gehorchen. – Ich bin verantwortlich für meine Entscheidungen. – Gottes Geist hat die Kraft, mich zu verändern.
10. Ich habe Rechte.	– Rechte einzufordern, macht mich oft unfrei. – Rechte abzugeben, macht mich frei.
11. Äußere Schönheit ist wichtiger als innere.	– Äußere Schönheit ist nur vorübergehend. – Für Gott ist die Schönheit meines Charakters und meiner Einstellung das Wichtigste.
12. Man kann mir nicht zumuten, mit unerfüllten Wünschen zu leben.	– In dieser Welt werde ich immer unerfüllte Wünsche haben. – Meine tiefste innere Sehnsucht kann nicht durch eine geschaffene Person oder Sache gestillt werden. – Wenn ich unerfüllte Wünsche akzeptiere, verstärken sie meine Sehnsucht nach Gott und dem Himmel.

Zum persönlichen Gebrauch

1. Geben Sie Gott recht.
Welche Lügen haben Sie über sich selbst geglaubt?

2. Nehmen Sie die Verantwortung an.
Wie hat es sich in Ihrem Leben gezeigt, dass Sie diese Lügen glaubten (z. B. Haltungen, Taten)?

3. Bestätigen Sie die Wahrheit.
Lesen Sie jede wahre Aussage auf Seite 81 laut vor. Welcher Aussage müssen Sie sich jetzt besonders stellen?
Denken Sie der Bibel entsprechend auf neue Art. Lesen Sie die folgenden Stellen laut. Was zeigen diese Verse über Gottes Beziehung zu Ihnen?

- Psalm 139,13-18
- Epheser 1,3-8
- Römer 5,6-8
- Römer 8,1-2; 13,5-17

4. Handeln Sie nach der Wahrheit.
Welche konkreten Maßnahmen müssen Sie ergreifen, um Ihr Verhalten mit der Wahrheit über sich selbst, die Sie erkannt haben, in Einklang zu bringen?

5. Bitten Sie Gott um Hilfe für Ihr Leben in der Wahrheit.
Vater, danke, dass du eine Beziehung zu mir hergestellt hast, als ich von dir entfremdet war und deine Liebe abgewiesen hatte. Ich weiß, dass ohne dich nichts Gutes in mir ist. Danke, dass du mich nicht aufgegeben hast. Danke, dass du mich unendlich und bedingungslos lieb hast. Danke, dass du deinen Sohn geschickt hast, damit er meine Strafe auf sich nimmt und an meiner Stelle stirbt. Danke, dass du mich ausgesucht hast, dein Kind zu sein, und mich zu deinem kostbaren Besitz gemacht hast. Danke, dass du deinen Heiligen Geist in mir leben lässt und meinen Körper zu deiner Wohnung gemacht hast. Danke, dass du mich ändern und Jesus ähnlich machen willst. Hilf mir, dabei mitzuarbeiten. Bitte schaffe in mir die Schönheit – das Wesen und Verhalten –, die der Herr Jesus hatte. In seinem Namen bitte ich dich. Amen.

Kapitel 4

Lügen über die Sünde

Liebes Tagebuch,

jetzt sind wir schon ein halbes Jahr aus Eden fort. Ich wünschte, wir könnten die ganze Sache hinter uns lassen. Adam gibt mir immer noch die Schuld an dem ganzen Schlamassel. Ich weiß ja, dass ich nicht auf die Schlange hätte hören dürfen. Aber Adam war direkt bei mir. Warum hat er nichts getan? Und schließlich hat er auch von der Frucht gegessen.

In dem Augenblick habe ich wirklich nicht geahnt, dass das so wichtig war. Aber jetzt habe ich schreckliche Schuldgefühle: Wie konnte ich Gott das antun nach all dem, was er für uns getan hatte? Können wir je wieder so eine Beziehung zu ihm haben wie früher? Immer wenn ich mit ihm reden will, spüre ich eine große Mauer zwischen uns.

Mit einer Sache habe ich nicht gerechnet: Seit ich von der Frucht gegessen habe, kommt es mir ganz und gar unnatürlich vor, Gott zu gehorchen. Zum Beispiel ... habe ich bis dahin, wenn ich Hunger hatte, einfach gegessen. Wenn ich satt war, habe ich aufgehört. Jetzt bin ich ständig gierig auf Essen. Wenn ich einmal angefangen habe, kann ich nicht mehr aufhören zu essen, auch wenn ich weiß, dass es besser wäre.

Aber auch sonst kann ich mich nicht richtig beherrschen. Ich komme in so viele Schwierigkeiten durch unüberlegtes Reden, besonders an Tagen wie gestern – da hatte ich meine Periode, und es ging mir nicht gut. Wegen jeder Kleinigkeit habe ich auf Adam herumgehackt. Ich finde das schrecklich, mich so zu benehmen. Ich bin nicht gern launisch und gereizt. Aber manchmal habe ich das Gefühl, ich kann einfach nichts dagegen machen.

Als die Familie Romero Sally als Heimtier anschaffte, war sie nur gut 30 cm lang. Acht Jahre später war sie schon 3,80 m lang und wog 36 kg. Dann, am 20. Juli 1993, griff Sally, eine burmesische Pythonschlange, den fünfzehnjährigen Derek an und drückte den Jungen, bis er erstickte.

In einem einzigen tödlichen Augenblick hatte sich die Schlange, die so harmlos und brav erschienen war, als mörderisches Raubtier entpuppt. Das »Lieblingstier«, das die arglose Familie ins Haus gebracht, ernährt und versorgt hatte, wendete sich gegen sie und zeigte sein wahres, zerstörerisches Gesicht. Aber eigentlich hätte niemand von dieser Entwicklung überrascht sein dürfen, denn der Python tat nur etwas für ihn ganz Natürliches.

So ist es mit der Sünde. Sie kann unterhaltsam sein, mit uns spielen, mit uns schlafen und uns amüsieren, aber ihr Wesen bleibt immer gleich. Irgendwann erhebt sie sich zwangsläufig, und immer verwundet und zerstört sie ihre Freunde.

Jeder Betrug ist tödlich. Aber keine Lüge kann schlimmer sein als die, die der Teufel uns über Gott und über die Sünde einredet. Er versucht uns einzureden, Gott sei nicht so, wie er selbst sagt, und auch die Sünde sei nicht das, was Gott darüber sagt. Satan zeichnet uns etwas vor, was sowohl die Göttlichkeit Gottes als auch die Bosheit der Sünde viel kleiner erscheinen lässt. Er behauptet, Gott sei gar nicht so gut und die Sünde gar nicht so schädlich.

Mit moderner Technik kann man Fotos so erstaunlich retuschieren, dass das hässlichste Bild schön aussieht. Genau das tut Satan mit der Sünde. Geschickt verändert er das Bild, sodass etwas Hässliches und Missgestaltetes wie ein schönes Kunstwerk erscheint.

Aber diese Verkleidung kann das natürliche Wesen der Sünde nicht ändern. Wie bei dem Python, der so ruhig und harmlos aussah, kommt irgendwann der Punkt, an dem sich ihr wirkliches, zerstörerisches Wesen zeigt.

Mit diesem Betrug löste der Teufel im Garten Eden einen Aufstand aus, der dann mehr kostete, als irgendjemand sich hätte vorstellen können. Die Lügen, die er uns heute erzählt, sind im Prinzip dieselben, die er der ersten Frau erzählte.

13. »Ich kann Böses tun – ohne schlimme Folgen«

Das ist vielleicht die zentralste Lüge, die der Teufel uns über die Sünde einredet. Gott hatte zu Adam gesagt: »Wenn du von den

Früchten dieses Baumes isst, wirst du sterben.« Der Befehl war eindeutig: »Iss nichts davon.« Die Folgen des Ungehorsams waren genauso klar: »Du wirst sterben.«

Nachdem Satan Eva unsicher gemacht hatte, ob Gott wirklich gut wäre, wenn er ihnen so etwas verbot, und ob Gott überhaupt das Recht hätte, über ihr Leben zu bestimmen, fing er an, die Folgen infrage zu stellen. Damit griff er Gottes Wort direkt und frontal an: »Da sprach die Schlange zu der Frau: *Keineswegs werdet ihr sterben*« (1. Mose 3,4; Hervorhebung von mir).

In Psalm 10 weist der Verfasser dreimal darauf hin, dass Menschen Gott darum nicht gehorchen, weil sie glauben, die Folgen würden sie nicht treffen:

Er spricht in seinem Herzen: »Ich werde niemals wanken;
nie und nimmer wird mich ein Unglück treffen!« …
Er spricht in seinem Herzen: »Gott hat es vergessen,
er hat sein Angesicht verborgen, er sieht es niemals!« …
Warum soll der Gottlose Gott lästern und in seinem Herzen denken,
dass du nicht danach fragst?
Psalm 10,6.11.13

Der Feind will uns glauben machen:

- »Meine Sünde wird nicht bestraft.«
- »Ich werde nicht ernten, was ich säe.«
- »Was ich heute entscheide, hat keine Folgen.«
- »Ich kann mit dem Feuer spielen, ohne mich zu verbrennen.«

Wie bei vielen anderen Lügen glauben wir das nicht bewusst. Vielleicht lehnen wir diese Denkweise sogar bewusst ab. Aber wenn wir uns entscheiden, etwas Falsches zu tun, dann immer weil wir meinen, wir würden die Folgen nicht zu tragen brauchen. Und dann nehmen wir noch eine Portion Nachtisch, obwohl wir schon reichlich satt sind, und überlegen nicht, dass

- uns in ein paar Stunden übel sein wird;
- wir uns morgen auf der Waage am liebsten dafür ohrfeigen würden;

- wir bei mehreren solchen Entscheidungen wahrscheinlich extrem dick werden, uns schuldig, frustriert und deprimiert fühlen;
- zu reichliches Essen leicht zu Sodbrennen, Diabetes, Schlaganfall oder Herzversagen führen kann;
- Unbeherrschtheit auf einem Gebiet uns auch in anderen, wichtigeren Bereichen anfälliger für Disziplinlosigkeit macht;
- das Nachgeben beim Essen, das wir uns erlauben, bei unseren Kindern leicht eine Neigung hervorrufen kann, sich alles zu erlauben.

Wir unterhalten uns mit Lektüre, Filmen, Fernsehsendungen und Musik, die uns rein weltliche Anschauungen anbieten und Selbstbestimmung, unanständiges und unmoralisches Verhalten rechtfertigen, und denken nicht daran, dass wir damit

- unser Gewissen abhärten und uns an das Böse gewöhnen;
- unser Verlangen nach unrechtem Verhalten verstärken und unseren Wunsch, Gott Freude zu machen, verringern;
- in unserer Gemeinsamkeit mit Gott eine Schranke aufrichten;
- unser Denken auf die Normen der Gesellschaft programmieren (und unser Denken bestimmt letztlich unser Verhalten);
- die Wahrscheinlichkeit vergrößern, dass wir das, was wir sehen und hören, tatsächlich tun;
- ein unbiblisches Verständnis von Sexualität entwickeln, das uns am Ende unsere Unberührtheit kosten oder unsere Ehe zerstören kann;
- die Wahrscheinlichkeit vergrößern, dass unsere Kinder und Enkel ohne Gott und Moral leben.

Wir behalten uns vor, Groll gegen jemanden zu hegen, der uns Unrecht getan hat, und wollen nicht wahrhaben, dass unsere Bitterkeit früher oder später

- unsere Fähigkeit, vernünftig zu denken, zerstören wird;
- uns unglücklich und seelisch instabil machen wird;
- unsere Gesundheit durch chronische Müdigkeit, Energie-

mangel, Kopfschmerzen, Muskelverspannungen und Verdauungsstörungen beeinträchtigen wird;
- es uns unmöglich machen wird zu erleben, dass Gott uns die Sünden vergibt;
- uns empfindlich und schwierig machen wird, sodass Menschen ungern mit uns zu tun haben.

Wir lassen die Beziehung zu einem freundlichen, rücksichtsvollen Mann am Arbeitsplatz oder einer Bekanntschaft aus dem Internet-Café zu eng werden und weigern uns zu glauben, dass

- wir uns damit in Gedanken und Gefühlen auf Untreue vorbereiten;
- unser eigener Mann uns nicht mehr gefallen kann, weil die Wirklichkeit nicht an die Fantasie heranreicht;
- wir sehr leicht seine und unsere Ehe zerstören können;
- wir vielleicht das Leben unserer Kinder zerstören;
- wir uns der Gefahr aussetzen, moralisch zu versagen, selbst wenn wir mit ihm keinen Ehebruch begehen;
- wir uns wahrscheinlich hoffnungslos von unserem Partner, unseren Kindern, der Verwandtschaft und unserem Gott entfremden.

Wir müssen uns immer wieder daran erinnern, dass der Teufel ein Lügner ist. Was Gott »Sünde« nennt, preist er uns als *angenehme Abwechslung; ungefährlich; harmlos; wünschenswert; unbedeutend; als das, was wir brauchen, oder als unvermeidlich an.*

- Die Wahrheit ist, dass Sünde gefährlich, zerstörerisch und sogar tödlich ist.
- Die Wahrheit ist, dass wir immer ernten, was wir säen.
- Die Wahrheit ist, dass jede Entscheidung, die wir heute treffen, Folgen haben wird.
- Die Wahrheit ist: Wenn wir mit dem Feuer spielen, verbrennen wir uns mit Sicherheit.
- Die Wahrheit ist: »Die Sünde aber, wenn sie vollendet ist, gebiert den Tod« (Jakobus 1,15).

Leider bringen die meisten Menschen ihre Entscheidungen, die sie nach der natürlichen Neigung treffen, gar nicht mit den Folgen in Verbindung, die sie an sich selbst, ihrer Ehe, ihren Kindern, ihrer Gesundheit und ihrer Beziehung zu Gott und Menschen erleben.

Die Freuden der Sünde

Der Teufel betrügt uns nicht nur mit dem Gedanken, wir könnten ohne böse Folgen Gottes Befehle ignorieren. Im Garten Eden suggerierte er Eva: »Du brauchst keine negativen Folgen zu fürchten, wenn du Gott nicht gehorchst; du wirst sogar echten Nutzen davon haben, diese Frucht zu essen.«

... Gott weiß: An dem Tag, da ihr davon esst,
werden euch die Augen geöffnet, und ihr werdet sein wie Gott
und werdet erkennen, was gut und böse ist!
1. Mose 3,5

Damit sagte er im Prinzip, dass das Vergnügen und der Nutzen, den wir von der eigenmächtigen Entscheidung hätten, alle Folgen, die uns treffen könnten, wert seien. Eva hat ihm geglaubt, und wir glauben ihm auch. Denn wenn wir uns von unserem eigenmächtigen Handeln überhaupt keine Freude versprächen, warum sollten wir es dann tun? Zweifellos deswegen rät ein Lebensberater der Zeitschrift *Self*: *»Ein Verhältnis kann Ihnen helfen, eine enttäuschende Ehe auszuhalten, und manchmal gibt es einer Frau die Kraft, die sie braucht, um sich aus einer schlechten zu befreien.«*[1]

In einer Weise hat der Teufel recht, wenn es um die »guten« Ergebnisse der Sünde geht. Nach Hebräer 11,25 bringt Sünde wirklich Vergnügen – für kurze Zeit. Aber am Ende fordert sie einen verheerenden Preis. *Ausnahmen gibt es nicht.*

Ein Bekannter von mir trägt in seiner Brieftasche eine Liste von Folgen der Sünde – zum Beispiel diese:

- Sünde raubt Freude (Psalm 51,9-10).
- Sünde zerstört Vertrauen (1. Johannes 3,21).
- Sünde bringt Schuldgefühle (Psalm 51,5).
- Sünde gibt dem Teufel Macht (2. Korinther 2,9-11).
- Sünde erstickt Gottes Geist (2. Thessalonicher 2,19).

- Sünde verursacht Gesundheitsschäden (Psalm 38,1-11; 31,10).
- Sünde bringt seelische Schmerzen (Psalm 32,3-4).
- Sünde tut Gott weh (Epheser 4,30).
- Sünde zieht mehr Sünden nach sich (Jesaja 30,1).
- Sünde zerstört die Gemeinschaft mit Gott (Jesaja 59,1-2).
- Sünde schafft Angst (Sprüche 28,1).
- Sünde versklavt mich (Johannes 8,34; Römer 6,16).

Wenn ihm bewusst wird, er könnte Gott in irgendeiner Sache nicht gehorchen, holt mein Bekannter diese Liste heraus und liest sie. Dann fragt er sich: »Will ich diesen Preis wirklich bezahlen? Kann ich mir das leisten?«

Manchmal werden die Folgen unserer Sünde erst Monate oder Jahre später sichtbar. Manchmal erscheinen sie erst in der nächsten Generation. Manche Folgen erkennen wir erst, wenn wir am Gerichtstag vor Gott stehen. Trotzdem lassen wir uns nicht davon abbringen, uns einzubilden, wir hätten es doch irgendwie geschafft – ohne böse Folgen zu tun, wozu wir Lust haben. Schon der Prediger Salomo wusste das: »Weil der Richterspruch über die böse Tat nicht rasch vollzogen wird, darum ist das Herz der Menschenkinder davon erfüllt, Böses zu tun« (8,11).

Einer der Gründe, warum Gott seine Strafe aufschiebt, ist, dass er uns Zeit geben will umzudenken: »Der Herr zögert nicht die Verheißung hinaus, wie etliche es für ein Hinauszögern halten, sondern er ist langmütig gegen uns, weil er nicht will, dass jemand verlorengehe, sondern dass jedermann Raum zur Buße habe« (2. Petrus 3,9). Trotzdem wird der Tag der Abrechnung kommen. Und dann werden alle, die Gott gehören, von ganzem Herzen wünschen, sie hätten sich entschieden zu gehorchen.

Nachdem er jahrelang mit der Sünde gespielt und ihre »Freuden« genossen hatte, kam König Salomo schließlich (zu spät) zu dem Schluss:

Wenn auch ein Sünder hundertmal Böses tut und lange lebt,
so weiß ich doch, dass es denen gut gehen wird, die Gott fürchten,
die sich scheuen vor seinem Angesicht …

Lasst uns die Summe aller Lehre hören: Fürchte Gott und halte seine Gebote … Denn Gott wird jedes Werk vor ein Gericht bringen, samt allem Verborgenen, es sei gut oder böse.
Prediger 8,12; 12,13.14

14. »So schlecht handle ich doch gar nicht«

Diese Lüge und die nächste, »Gott kann mir nicht vergeben«, sind die zwei Endpunkte eines ganzen Spektrums. Wenn der Feind uns das eine nicht glauben machen kann, versucht er uns das andere einzureden. Beide sind falsch, und beide führen zur Unfreiheit.

Frauen, die in heilen Familien oder Gemeinden aufgewachsen sind und gelernt haben, »das Richtige zu tun«, sind besonders empfänglich für diesen Betrug. Manche von uns würden nie daran denken, Prostituierte zu werden oder eine Abtreibung machen zu lassen oder Homosexualität auszuleben. Für sie käme es nicht infrage, abfällig von Gott zu reden, Geld von ihrem Arbeitgeber zu unterschlagen oder sich scheiden zu lassen.

Im Vergleich mit anderen, die solche »schweren« Sünden begehen, bekommen wir leicht das Gefühl, gar nicht so schlecht zu sein. Unsere Sünden wie Zeitverschwendung, Verteidigung eigener Interessen, zu vieles Reden, Essen oder Trinken, spitze Bemerkungen, Kritiksucht, Geldverschwendung, Angst, Sorgen, Egoismen oder Klagen kommen uns nicht so wichtig vor. Vielleicht betrachten wir sie sogar überhaupt nicht als Sünden. Lieber sehen wir sie als Schwächen, Probleme oder Charakterzüge.

Eva hätte ihre Sünde leicht so betrachten können. Schließlich hat sie ihren Mann nicht verlassen. Sie hat Gott nicht verflucht oder seine Existenz bestritten. Eigentlich hat sie nur einen einzigen Bissen von etwas gegessen, was Gott ihr verboten hatte zu essen. Was war daran so schlimm? Das Schlimme war, dass Gott sagte: »Tu es nicht!«, und Eva sagte: »Doch!«

Diese einzige kleine Handlung, etwas zu essen, was Gott verboten hatte, hatte enorme Folgen: für ihren Körper, ihr Denken und Fühlen und ihren Willen, ihre Beziehung zu Gott und ihre Ehe. Diese eine »kleine« Sünde verleitete ihren Mann zum Bösen, und das riss die ganze Menschheit aus der Beziehung zu Gott heraus. Wie wenn man einen Stein in einen Teich wirft, gehen von der Sünde immer neue Wellen aus.

Wenn wir nur sehen könnten, dass jedes Handeln gegen Gott entscheidend ist, dass jede Sünde Rebellion und Verrat an Gott ist, dass wir jedes Mal, wenn wir uns für unseren statt Gottes Willen entscheiden, uns dem Gott und Herrscher des Weltalls widersetzen!

John Bunyan schreibt: *»Ein einziges Leck versenkt ein Schiff; und eine einzige Sünde tötet den Sünder.«*

Und Bunyans Zeitgenosse Jeremy Taylor sagt: *»Keine Sünde ist klein. Im Räderwerk einer Taschenuhr ist kein Sandkorn klein.«*

Ich wohne in einem weiß verputzten Haus – jedenfalls sieht es den größten Teil des Jahres weiß aus. Aber wenn es im Winter schneit, sieht mein Haus plötzlich schmutzig gelb aus. Was vielleicht »sauber« aussieht, wenn wir uns mit anderen Sündern vergleichen, ergibt ein ganz anderes Bild, wenn man es vor der vollkommenen Heiligkeit Gottes sieht.

Wenn wir die Wahrheit über die Sünde erkennen wollen, müssen wir sie im Licht von Gottes Wesen betrachten. Wenn wir den Glanz seiner makellosen Vollkommenheit in uns aufnehmen, wird uns die Hässlichkeit unserer Sünde schmerzhaft deutlich.

Die Puritaner des siebzehnten und achtzehnten Jahrhunderts waren bekannt dafür, wie wichtig ihnen die Nähe zu Gott und Gehorsam waren. Nach menschlicher Betrachtungsweise konnte man ihnen nicht viel vorwerfen. Die meisten Menschen halten sie nicht für große Sünder. Aber wenn man ihre Schriften liest, merkt man, dass sie *selbst* sich für große Sünder hielten. Weil sie in enger Gemeinschaft mit Gott lebten, hielten sie das Empfinden für die Abscheulichkeit ihrer Sünde wach, ganz gleich, wie unbedeutend sie anderen erschien. Das erkennt man an den Gebeten, die sie beteten:

»Enthülle mir die Hässlichkeit der Sünde, damit ich sie hasse, verabscheue und vor ihr fliehe … Lass mich nie vergessen, dass die Abscheulichkeit der Sünde nicht so sehr in der Art der begangenen Sünde liegt wie in der Größe dessen, gegen den man sündigt.«[2]

15. »Was ich getan habe, kann Gott nicht vergeben«

Immer wenn ich über das Thema Vergebung spreche, sagt mit Sicherheit jemand zu mir: »Ich kann mir immer noch nicht vergeben, was ich getan habe.« Interessanterweise ist in der Bibel nie von der Notwendigkeit die Rede, sich selbst zu vergeben. Aber ich nehme an, viele von diesen Frauen wollen damit sagen, dass sie es nicht *fühlen* können, dass ihnen vergeben ist, was sie getan haben. Sie tragen immer noch an einem Schuld- und Schamgefühl für ihr Versagen.

Sie *wissen*, dass Gott ihnen vergeben kann, aber tief innen *glauben* sie nicht, dass ihnen wirklich ganz vergeben worden ist. Sie empfinden, dass sie noch etwas tun müssen, um ihr Unrecht zu sühnen, damit sie wieder in die liebevolle Gemeinschaft mit Gott aufgenommen werden. Dass sie »Buße tun« müssen; vielleicht können sie ja genug Gutes tun, um das Böse, das sie getan haben, wiedergutzumachen.

Das Problem ist, dass auch ein ganzes Leben voll mit »guten Werken« die Schuld eines einzigen Verstoßes gegen den Willen des vollkommenen Gottes nicht aufheben kann. Wie ein hartnäckiger Fleck, den keine Reinigung entfernen kann, kann ein »Sündenfleck« auch durch noch so große menschliche Anstrengung nicht weggewaschen werden. Es gibt nur eine »Lösung« für unsere Verschuldung gegen Gott:

»Dein Kampf ist unser Sieg, dein Tod ist unser Leben;
in deinen Banden ist die Freiheit uns gegeben.
Dein Kreuz ist unser Trost, die Wunden unser Heil,
dein Blut das Lösegeld, der armen Sünder Teil.«
EKG Nr. 87, V. 3

»Ganz so schlimm ist meine Sünde nicht« und »Gott kann mir nicht vergeben«: Die Wahrheit über diese beiden Lügen wird auf Golgatha sichtbar. In Psalm 85,11 finden wir eine wunderbare Beschreibung des Herrn Jesus und dessen, was er am Kreuz für uns getan hat: »Gnade und Wahrheit sind einander begegnet, Gerechtigkeit und Friede haben sich geküsst.«

Auf Golgatha haben Gottes Liebe und Mitleiden für den Sünder und die Wahrheit, dass seine vollkommene Reinheit mit Sünde unvereinbar ist, zur Einheit gefunden. Auf Golgatha hat Gott alle Strafe für alles Unrecht dieser Welt Jesus aufgeladen. Damit bietet er den Sündern, die ihm ja entfremdet sind, Frieden und Versöhnung an. Das Kreuz zeigt uns so drastisch, wie es nur geht, was Gott von unserer Sünde hält. Es macht deutlich, welch ungeheuren Preis er bezahlt hat, um uns von den »Schwächen« zu befreien, die wir in Gedanken verharmlosen. Zugleich zeigt uns das Kreuz unvergleichlich klar und schön Gottes Liebe und Mitgefühl auch für den schlechtesten Menschen.

William Cowper war einer der besten englischen Dichter des 19. Jahrhunderts. Aber aus seiner Kindheit brachte er schwere emotionale Belastungen und Unruhe mit. Als junger Mann erlitt er einen seelischen Zusammenbruch, machte einen Selbstmordversuch und wurde für 18 Monate in einer Irrenanstalt festgehalten. In dieser »Gefangenschaft« las er einen Bibelvers, der sein Leben veränderte: »Ihn (Jesus) hat Gott zum Sühnopfer bestimmt, das wirksam wird durch den Glauben an sein Blut, um seine Gerechtigkeit zu erweisen« (Römer 3,25).

Als er diese Wahrheit für sich erkannte, begann Cowper eine persönliche Beziehung zu Christus und erfuhr, dass ihm alle Schuld abgenommen wurde. Jahre später fasste er das wunderbare Erlebnis der Vergebung in ein Lied, das jetzt schon über 200 Jahre lang Menschen Hoffnung gibt, die unter ihrer Sünde leiden. Vielleicht haben Sie diese Worte schon oft gesungen. Singen Sie das Lied noch einmal langsam, als ob Sie es noch nie gehört hätten. Verlassen Sie sich darauf, dass Gott Sie aus Liebe freigekauft hat, und freuen Sie sich daran:

»Es ist ein Born, draus heilges Blut
für arme Sünder quillt,
ein Born, der lauter Wunder tut
und jeden Kummer stillt.

Der Schächer fand den Wunderquell,
den Jesu Gnad ihm wies,
und dadurch ging er rein und hell
mit ihm ins Paradies.

O Gotteslamm, dein teures Blut
hat noch die gleiche Kraft!
gieß aus des Geistes Feuerglut,
die neue Menschen schafft!«

16. »Für mein Handeln und meine Reaktionen bin ich nicht voll verantwortlich«

Anna Russels »Psychiatrisches Volkslied« verdeutlicht unsere natürliche Neigung, die Schuld für unser Verhalten auf andere zu schieben:

»Als kleines Kind fühlt' ich mich von den Brüdern unterdrückt –
hab später dann natürlich alle Liebhaber zerstückt.
Doch ich bin froh, denn das hab ich gelernt mit viel Geduld:
An allem Bösen, das ich tu, ist jemand anders schuld.«

Wenn wir noch einmal anschauen, was im Paradies passierte, wird offensichtlich, dass dies eine der ältesten Formen der Täuschung ist.

Als Adam und Eva die Frucht gegessen hatten, kam Gott und machte sie für ihr Handeln verantwortlich. (Dieses Thema kommt in der Bibel immer wieder vor: Wir müssen vor Gott alles verantworten, was wir getan haben.) Auffällig ist, dass Gott sie nicht als familiäre Einheit angesprochen hat. Er fragte nicht: »Was habt ihr getan?« Er forderte Adam und Eva auch nicht auf zu erklären, was der jeweils andere getan hatte. Er fragte Adam nicht: »Was hat Eva getan?«, oder Eva: »Was hat dein Mann getan?« Er sprach erst Adam, dann Eva an und fragte jeden einzeln: »Was hast *du* getan?«

Gottes Frage an Adam war präzise: »Hast *du* etwa von dem

Baum gegessen, von dem ich dir geboten habe, du solltest nicht davon essen?« (1. Mose 3,11; Hervorhebung von mir). Ebenso fragte Gott Eva: »Warum hast *du* das getan?« (Vers 13; Hervorhebung von mir). Gott wollte, dass sie einfach die Wahrheit zugeben sollten.

In dem Bericht sehen wir, dass beide, Adam und Eva, es vorzogen, die Schuld abzuschieben, anstatt selbst die Verantwortung für ihr Handeln zu übernehmen. »Hast *du* etwa von dem Baum gegessen?«, fragte Gott Adam. Adam antwortete: »Die Frau, die du mir zur Seite gegeben hast, die gab mir von dem Baum, und ich aß« (Vers 12).

»Eva, was hast *du* getan?« Antwort: »Die Schlange hat mich verführt; da habe ich gegessen« (Vers 13).

Die Antwort war in beiden Fällen richtig. Eva *war* die Frau, die Gott Adam gegeben hatte, und sie *hatte* ihrem Mann die Frucht gegeben. Die Schlange hatte Eva tatsächlich betrogen. Trotzdem versuchten Adam und Eva, ihre eigene Verantwortung für die Sache zu mindern, indem jeder die Schuld auf einen anderen schob.

Gott fragte sie nicht, was ein anderer getan hatte, damit sie sündigten. Er forderte sie auf, die Verantwortung für ihr eigenes Handeln zu übernehmen. Unabhängig davon, was sie bei ihrer Entscheidung beeinflusst hatte, war es doch ihre Entscheidung.

Adam und Eva waren die Ersten, aber bestimmt nicht die Letzten in einer inzwischen sehr langen, ununterbrochenen Reihe von »Schuldzuweisern«.

Dieses »Spiel«, das im Paradies anfing, haben wir alle schon gespielt. Wir sind sehr geschickt darin, wie diese Berichte zeigen:

»Ich beschuldigte immer andere oder die Umstände oder Gott, und so fühlte ich mich überhaupt nicht verantwortlich für meine Lebensweise, meine Sünden oder meine Entscheidungen; und dann war ich in der Falle und fühlte mich hilflos und ausgeliefert.«

»Ich dachte immer, ich neigte zu Depressionen, weil ich ein Opfer sei. Ich hatte das Gefühl, ich sei nicht schuld an den Depressionen. Erst als ich anfing zu verstehen, dass die Depressionen eine Folge meiner

Entscheidung waren, zornig zu sein, nahm ich die Verantwortung für meine Sünde an und wurde frei.«

»Ich hatte ein verbotenes Verhältnis mit einem Arbeitskollegen. Bei ihm suchte ich emotionale Unterstützung und Zuwendung, weil mein Mann Geheimnisse vor mir hatte, Pornografie las und nicht ›für mich da war‹. Ich war der Ansicht, mein Mann habe mich in dieses Verhältnis getrieben. So hatte ich einen Grund für mein Handeln und die Entschuldigung, das sei ›nicht so schlimm wie das, was er tat‹.«

Wenn wir wütend, deprimiert, bitter, verärgert, ungeduldig oder ängstlich sind, ist es eine natürliche Reaktion, wenigstens einen Teil der Verantwortung auf die Menschen oder Umstände zu schieben, die uns so »gemacht« haben.

Ich habe wahrscheinlich schon Hunderte von Frauen von ihrer zerbrochenen Ehe berichten hören. Ausnahmslos beschreiben sie die Fehler ihres Ex-Mannes, die die Ehe zerstört haben. Ohne langes Überlegen fällt mir kein einziges Beispiel ein, dass eine Frau gesagt hätte: »Ich habe meine Ehe durch meine falsche Haltung und entsprechende Reaktionen gefährdet.« Oder: »Es war nicht richtig von mir, mich scheiden zu lassen.«

Zahllose Frauen haben mir die Umstände geschildert, die ihre Schulden, ihre Essstörung, ihr unmoralisches Verhalten oder die Entfremdung von ihren Eltern »verursacht« haben. Nur selten erlebe ich, dass Frauen selbst die Verantwortung für eigene Entscheidungen annehmen, durch die ihre Probleme erst entstanden sind.

Ich werde nie vergessen, wie auf einer unserer Konferenzen für Frauen eine Frau mittleren Alters auf das Podium kam, um persönlich von sich zu berichten. Sie stellte sich als Psychotherapeutin vor, die ihren Beruf seit 22 Jahren ausübte. Ihre nächsten Worte waren deutlich und trafen mich tief. Mit bewegter Stimme sagte sie: »Ich will es Gott bekennen und euch, meinen Schwestern, sagen, dass ich euch belogen und irregeführt habe. Ich habe nicht gesagt: ›Ihr seid persönlich allein verantwortlich für euer eigenes Verhalten, gleich was irgendein anderer tut.‹ Das tut mir leid!«

Der Feind behauptet, dass wir unnötig Schuldgefühle bekämen, wenn wir die volle Verantwortung für unsere Entscheidungen übernehmen würden.

Die Wahrheit ist, dass wir nur ganz von Schuldgefühlen frei werden können, wenn wir die volle Verantwortung für unser Handeln übernehmen. Ein Schriftsteller sagt es so:

»Sünde ist die beste Nachricht, die es für uns in unserer Lage geben kann. Denn aus der Sünde gibt es einen Ausweg. Man kann sie bereuen und umkehren. Verwirrung oder seelische Verletzungen, die unsere Eltern uns zugefügt haben, kann man nicht bereuen – die hängen einem für immer an. Aber von Sünde kann man umkehren. Sünde und Buße sind die einzigen Gründe für Hoffnung und Freude.«[3]

17. »Ich kann nicht jedes Mal über die Sünde siegen«

Wahrscheinlich kann jeder – und sei er noch so kurz Christ – »Heathers« Frustration nachfühlen:

> *»Mein Leben wird von so vielen Sünden bestimmt. Wie soll ich jemals frei werden? Ich habe das Gefühl, ich bin ein hoffnungsloser Fall. Ich wünsche mir so sehr, diese Sünden loszuwerden, aber sie beherrschen mein natürliches Wesen immer noch. Es ist mir peinlich, immer wieder mit diesen Dingen zu Gott zu kommen. Wenn ich sie alle auf einmal zu ihm bringe, sieht es noch hoffnungsloser aus. Wie kann ich mich von dieser Lüge fernhalten? Ich will anders werden.«*

Dieser Bericht erinnert mich an die Klage des Apostels Paulus:

Ich finde also das Gesetz vor, wonach mir, der ich das Gute tun will, das Böse anhängt. Denn ich habe Lust an dem Gesetz Gottes nach dem inneren Menschen; ich sehe aber ein anderes Gesetz in meinen Gliedern, das gegen das Gesetz meiner Gesinnung streitet und mich gefangen nimmt unter das Gesetz der Sünde, das in meinen Gliedern ist. Ich elender Mensch! Wer wird mich erlösen von diesem Todesleib?

Römer 7,21-24

Mehr als die Hälfte der Frauen, die wir befragt haben, bestätigten, dass sie die Lüge geglaubt hatten, sie könnten nicht ständig die Sünde überwinden. Wie Satan diese Lüge benutzt, um Christen unfrei zu machen, ist leicht zu erkennen.

Wie wir in obigem Zitat sehen, hat jeder Mensch, der wirklich Gottes Kind ist, ein neues Wesen bekommen. Damit wünscht er sich, Gott zu gehorchen. Tief innen *möchte* jeder ehrliche Christ ein Leben führen, mit dem Gott zufrieden ist. (Wer diesen Wunsch nicht hat, sollte sich fragen, ob er wirklich mit Gott neu angefangen hat.)

Nach der Bibel kämpft unser »Fleisch« (also unsere natürlichen Neigungen) auch nach unserer Neugeburt noch gegen den Heiligen Geist, der in uns lebt.

Der Geist sagt: Vergib.
Das »Fleisch« sagt: Trage nach.

Der Geist sagt: Sei mäßig.
Das Fleisch sagt: Iss, was immer du willst, immer wenn du Lust hast.

Der Geist sagt: Gib dieses Geld einem, der es braucht.
Das Fleisch sagt: Gönne dir von dem Geld etwas.

Der Geist sagt: Nimm dir Zeit für die Bibel und zum Beten.
Das Fleisch sagt: Der Tag war anstrengend; entspanne dich vor dem Fernseher.

Der Geist sagt: Sei still. Was du sagen willst, ist unnötig und nicht nett.
Das Fleisch sagt: Sag, wie es ist!

Jedes Mal, wenn wir uns entscheiden, der natürlichen Neigung nachzugeben und nicht dem Geist Gottes, lassen wir zu, dass die Sünde uns beherrscht. Wenn wir andererseits dem Heiligen Geist folgen, geben wir ihm jedes Mal mehr Macht über uns.

Wenn wir wiederholt freiwillig unseren natürlichen Wünschen

gehorchen statt Gott, entwickeln wir Gewohnheiten, die extrem schwer zu durchbrechen sind. Wir machen uns selbst zu Sklaven der Sünde. Eine Zeit lang versuchen wir noch das Richtige zu tun, schaffen es nicht, versuchen es und versagen immer wieder. In dieser Zeit beginnt der Teufel, uns zu überzeugen, es könne nie anders werden und wir müssten immer an diese böse Angewohnheit gebunden bleiben. Wir denken: *Es hat ja doch keinen Zweck. Es geht nur wieder daneben. Diese Sache bekomme ich nie in den Griff.* Also geben wir auf. Was ist da passiert? Der Teufel hat uns erfolgreich vorgemacht, wir könnten der Versuchung und Sünde nicht jedes Mal widerstehen. Genau das passierte »Christine« und »Cheryl«, nur die Probleme waren jeweils andere:

»Ich fühlte mich immer wieder zu Frauen hingezogen in einer Art, von der ich genau wusste, dass sie falsch ist. So sehr ich auch innerlich dagegen kämpfte, meine Gedanken wurden nur immer schlimmer. Ich dachte, ich könnte meine Gedanken nicht kontrollieren. Ich wusste, dass ich für Gott nicht akzeptabel war, aber es schien, als könnte ich nie in Ordnung kommen.«

»Ich habe seit Jahren eine Essstörung. Jeden Tag habe ich damit zu kämpfen. Ich habe ständig das Gefühl, das zu ändern sei zu schwer für mich und ich könne den Kampf nie gewinnen. Eine Weile geht es vielleicht gut, aber dann kommen die Lügen wieder und zerstören mich.«

Was wir glauben, bestimmt bekanntlich unser Verhalten. Wenn wir *glauben*, wir würden sündigen, werden wir es auch *tun*. Wenn wir *glauben*, wir müssten gefesselt bleiben, *werden* wir es auch bleiben. Wenn wir *glauben*, wir könnten nicht gewinnen, dann *können* wir es auch nicht.

»Cheryl« sieht aber eines richtig: Sie meint, ihren Zustand zu ändern, sei »viel zu schwer« für sie. So seltsam es klingt: Diese Erkenntnis ist schon ein großer Schritt hin zum Sieg über die Sünde.

Die Wahrheit ist, dass Sie und ich uns nicht ändern können, denn Jesus sagt: »Getrennt von mir könnt ihr nichts tun« (Johannes 15,5).

Was sollen wir also machen? Wie können wir von bösen Angewohnheiten befreit werden?

Die Wahrheit ist: Durch das, was Christus am Kreuz getan hat, können wir dem Bösen in uns Widerstand leisten. Der Teufel beherrscht uns nicht mehr, und wir brauchen nicht mehr als Sklaven der Sünde zu leben. Wenn Sie zu Christus gehören, ist dies die Wahrheit:

Nachdem ihr aber von der Sünde befreit wurdet,
seid ihr der Gerechtigkeit dienstbar geworden.
Denn das Gesetz des Geistes des Lebens in Christus Jesus
hat mich frei gemacht von dem Gesetz der Sünde und des Todes.
Römer 6,18; 8,2

Gute Nachricht für Sünder

Wie wir gesehen haben, hat der Teufel Eva versprochen, ihr würden die Augen geöffnet, wenn sie die verbotene Frucht äße. Sie würde wie Gott sein und könnte Gut und Böse unterscheiden.

Die Wahrheit ist, dass sie, sobald sie aß,

- geistlich blind wurde und die Wahrheit nicht mehr sehen konnte;
- als Ebenbild Gottes zerstört wurde, obwohl sie so geschaffen war, ein rebellisches Wesen bekam und Gott so unähnlich wurde wie Dunkelheit dem Licht;
- das Böse kennenlernte (was Gott nie beabsichtigt hatte), aber nicht mehr fähig war, richtig zu handeln, sodass die Gemeinschaft mit Gott zerbrach.

Seitdem ist jeder Mensch von Geburt an in diesem verdorbenen Zustand: geistlich blind, sündig, also von Gott getrennt, und unfähig, etwas zu tun, was Gott zufriedenstellt. Wegen unseres aufsässigen Wesens hat Gott uns alle zu Recht verurteilt.

Die gute Nachricht – das ist das Evangelium – besteht darin, dass Jesus auf diese Erde gekommen ist und die Strafe für alles Unrecht von Eva und uns allen auf sich genommen hat. Damit können die zerstörenden Folgen der Sünde aufgehoben werden. Jesus blieb ganz mit Gott verbunden – ohne jede Eigenmächtigkeit. Er ist anstelle der ungehorsamen Menschen auf Golgatha gestorben und hat den Tod durch seine Auferstehung besiegt. Darum kann uns alles Böse vollkommen vergeben werden. Wir können wieder zu Gott kommen, von dem wir uns getrennt haben. Wir können die Kraft bekommen, nach Gottes Wunsch zu leben.

Diese Vergebung und einen Charakter, wie ihn der heilige Gott anerkennen kann, bekommen wir nicht dadurch, dass wir in einer christlichen Familie aufwachsen, von klein auf zur Gemeinde gehören, getauft oder konfirmiert werden, Gutes tun, bei einem Aufruf in der Gemeinde nach vorn kommen, ein emotionales Erlebnis haben, ein Gebet aufsagen oder in der Gemeinde mitarbeiten. Nichts, was wir getan haben, hilft uns, aus der Sünde zu entkommen. Es gibt nur eine Möglichkeit, ewig bei Gott zu sein: Wir müssen uns auf das verlassen, was Jesus am Kreuz für uns getan hat, als er an unserer Stelle starb.

Ich bekomme oft Briefe von Frauen, die immer wieder Zweifel bekommen, ob Gott sie akzeptiert hat. Manche von ihnen wissen alle »richtigen Antworten«, werden aber trotzdem von Schuldgefühlen wegen ihres »Sündenproblems« geplagt. Ich denke, das kommt oft daher, dass sie sich nie wirklich von ihrer Sünde abgewendet haben, um sich und ihr ewiges Leben nur Christus anzuvertrauen. Sie sind wohl religiös, aber sie haben nie die Gerechtigkeit bekommen, die Christus uns geben will.

Wie ist das mit Ihnen? Der Feind will Sie in Angst, Zweifeln und Schuldgefühlen festhalten. Aber Gott will, dass Sie frei leben und im Glauben sicher sein können, dass Ihnen vergeben ist. Auch wenn Sie noch so ein guter Mensch sind, gibt es keine andere Möglichkeit, mit Gott ins Reine zu kommen, als an Christus zu glauben. Und wenn Sie noch so viel Böses getan hätten – Gott nimmt Sie mit Freude auf. Indem Christus gestorben ist, hat Gott Ihr Unrecht auf die einzig mögliche Art aus der Welt geschafft.

Wenn Sie sich mit Ihrer Sünde noch nie auf diese Weise auseinandergesetzt haben, wenn Sie nicht wissen, ob Sie zu Gott gehören, schlage ich Ihnen vor, mit Lesen aufzuhören und das zu klären, bevor Sie mit dem nächsten Kapitel anfangen. Lassen Sie sich nicht mehr vom Teufel blenden oder gefangen halten. Es geht um Ihr ewiges Leben.

Geben Sie vor Gott zu, dass Sie gegen sein Gesetz verstoßen haben und die Verbindung nicht wiederherstellen können. Danken Sie ihm, dass er durch Jesus die Strafe auf sich genommen hat, die Sie verdienen, indem er für Sie gestorben ist. Glauben Sie daran, dass Christus Sie rettet, und nehmen Sie das neue Leben an, das er Ihnen ohne Gegenleistung schenkt. Sagen Sie Gott, dass Sie Ihre Sünde lassen, sich ganz nur auf Christus verlassen und ihm das Verfügungsrecht über Ihr Leben geben wollen. Dann danken Sie ihm, dass er Ihnen Ihr Unrecht vergeben hat. Danken Sie ihm für seinen Geist, der jetzt in Ihnen lebt und der Sie fähig macht, über das Böse zu siegen, wenn Sie sich nach ihm richten.

Ob Sie Gottes Angebot eben erst angenommen haben oder ob Sie Christus schon seit einiger Zeit kennen: Wenn wir bedenken, wie Gott uns angetroffen hat und was er für uns getan hat, sollten wir mit den alten Puritanern zusammen beten:

»Bitte lass mich nie aus den Augen verlieren,
wie ungemein böse die Sünde ist,
wie beispielhaft gerecht die Erlösung ist,
wie unvorstellbar herrlich Christus ist,
wie strahlend schön Heiligkeit ist,
welch unbegreifliches Wunder die Gnade ist.«[4]

Lügen mit der Wahrheit begegnen

Lüge:	Die Wahrheit:
13. Ich kann Böses tun – ohne schlimme Folgen.	– Was ich heute entscheide, hat Folgen; was ich säe, werde ich ernten. – Unrecht bereitet nur begrenzte Zeit Vergnügen. – Das Böse fordert einen verheerenden Preis. Ausnahmen gibt es nicht. – Wer mit dem Feuer spielt, verbrennt sich. Ich kann den Folgen meines Handelns nicht entkommen.
14. Ganz so schlecht handle ich doch gar nicht.	– Jeder Ungehorsam ist Rebellion gegen Gott. – Keine Sünde ist klein.
15. Was ich getan habe, kann Gott nicht vergeben.	– Der Tod von Jesus ist genug, um alles Böse auszulöschen, das ich getan habe. – Keine Sünde ist so schwer, dass Gott sie nicht vergeben könnte. – Gottes Bereitschaft, uns anzunehmen, ist größer als jede Sünde, die ein Mensch begehen könnte.
16. Für mein Handeln und meine Reaktionen bin ich nicht voll verantwortlich.	– Für das Verhalten von anderen fordert Gott keine Rechenschaft von mir. – Für meine Entscheidungen bin ich selbst verantwortlich.
17. Ich kann nicht jedes Mal über die Sünde siegen.	– Wenn ich Gottes Kind bin, brauche ich kein Unrecht zu tun. – Ich bin kein Sklave der Sünde. Christus hat mich von der Sünde frei gemacht. – Weil Gott mir hilft und weil Christus am Kreuz die Befreiung vollendet hat, kann ich über das Böse in mir siegen.

Zum persönlichen Gebrauch

1. Geben Sie Gott recht.
Welche Lügen über die Sünde haben Sie geglaubt?

2. Übernehmen Sie die Verantwortung.
Wie hat sich der Glaube an diese Lügen in Ihrem Leben geäußert (z.B. Haltungen, Taten)?

3. Bestätigen Sie die Wahrheit.
Lesen Sie jede Aussage auf Seite 103 laut vor. Welche davon müssen Sie sich im Augenblick besonders einprägen? Denken Sie neu mithilfe von Gottes Wort. Lesen Sie die folgenden Stellen laut. Was sagen diese Verse über das Wesen der Sünde, ihre Folgen für uns und Gottes Lösung?

- Psalm 32,1-5
- Jakobus 1,13-15
- 1. Johannes 1,5-9
- Römer 6,11-14

4. Handeln Sie nach der Wahrheit.
Welche speziellen Maßnahmen müssen Sie ergreifen, um Ihr Leben der erkannten Wahrheit über die Sünde anzupassen?

5. Bitten Sie Gott Ihnen zu helfen, der Wahrheit entsprechend zu leben.
Heiliger, Ehrfurcht gebietender Gott, ich gebe zu, dass ich das Unrecht und seine Folgen oft nicht ernst genommen habe. Ich sehe jetzt, dass jede Sünde Rebellion gegen dich ist und dir wehtut. Danke, dass Jesus gestorben ist und meine Verurteilung wegen der Sünde aufgehoben hat. Danke, Herr Jesus, dass du die ganze Strafe für meine Schuld auf dich genommen hast und mir alle Gerechtigkeit zusprichst, die Gott hat. Bitte vergib mir, dass ich nicht ernst genug genommen habe, was es dich gekostet hat, mit meiner Sünde fertig zu werden. Danke für das große Geschenk der Vergebung, dass ich jetzt ganz ohne Schuld und Verurteilung zu dir kommen kann. Danke, dass ich wegen deines Opfers und weil du deinen Geist in mir wohnen lässt, nicht mehr gezwungen bin, Böses zu tun,

sondern frei geworden bin, dir zu gehorchen. Ich lobe dich für das Versprechen, dass du deine Kinder eines Tages ganz frei von jedem bösen Einfluss machst und dass du uns für immer bei dir in deinem Reich leben lassen willst. In Jesu Namen. Amen.

Kapitel 5

Lügen über Prioritäten

Liebes Tagebuch,

Hilfe! Alles ist so hektisch. Seit Monaten habe ich keine Zeit mehr gefunden, mich hinzusetzen und meine Gedanken aufzuschreiben. In letzter Zeit kommen wir kaum zum Atmen. Die Jungen sind so lebhaft. Es kommt mir vor, als müsste ich die ganze Zeit hinter ihnen herrennen und ihre Sachen aufheben. Man staunt, wie schnell sie alles durcheinanderbringen! Und sie wachsen so schnell – bestimmt sind sie aus dem Haus, ehe wir es richtig merken. Ich will die Gelegenheit nicht versäumen, mit ihnen zu spielen, uns aneinander zu freuen und ihnen beizubringen, was im Leben wirklich zählt.

Jetzt ist Erntezeit, das ist immer die arbeitsreichste Zeit im Jahr für Adam. Augenblicklich sehen wir nicht viel voneinander. Ich wünschte, wir hätten mehr Zeit, einfach nur zu reden: über uns, die Kinder, unsere Zukunft.

Bei all dem Betrieb hier habe ich nicht viel Zeit gehabt, spazieren zu gehen und mit Gott zu reden wie früher. Alles war viel einfacher, als wir noch keine Kinder hatten. Die Tage sind einfach zu kurz für alles. Abends falle ich erschöpft ins Bett, und am nächsten Tag stehe ich auf und mache wieder dasselbe … und dann wieder … und wieder …

Wir haben die drei Bereiche betrachtet, in denen der Betrug meiner Meinung nach am grundlegendsten und am häufigsten ist: was wir über Gott, über uns selbst und über die Sünde glauben. Sie bestimmen weitgehend, was wir über alles andere glauben. Wenn wir auf diesen Gebieten getäuscht worden sind, kann man uns auch auf anderen Gebieten viel leichter täuschen.

In den nächsten Kapiteln wollen wir eine Reihe von praktischen Bereichen betrachten, in denen viele Christinnen betrogen worden sind. Zuerst die Frage nach unseren Prioritäten. In einer Boutique habe ich vor ein paar Jahren ein Plakat hängen sehen, das etwas von den Folgen dieses Betrugs zeigt:

Ich bin eine Frau. – Ich bin unbesiegbar. – Ich bin müde.

Das Zitat stammt aus einem preisgekrönten Lied von Helen Reddy aus den frühen Siebzigerjahren und sollte offensichtlich zum Schmunzeln anregen. Aber es fängt auch etwas von der Anstrengung ein, die jede Frau kennt, mit den vielen Pflichten und Anforderungen fertig zu werden, die in den verschiedenen Lebensphasen auf uns zukommen.

Die meisten Frauen, die ich kenne, fühlen sich nicht unbesiegbar. Im Gegenteil: Viele kämpfen mit Minderwertigkeitsgefühlen und Unsicherheit. Aber die meisten Frauen, die ich kenne, sind müde. Oft fühlen sie sich unfähig, ihre vielen Rollen zu spielen und den verschiedenen Pflichten, die sie haben, gerecht zu werden.

Diese Frustration wird von einer Reihe von Lügen genährt, die der Feind in das Denken der Gesellschaft und in unser eigenes eingepflanzt hat. Zum Beispiel …

18. »Ich habe keine Zeit, alles zu tun, was ich tun sollte«

Dies ist die Lüge, mit der sich bei Weitem die meisten Frauen identifizierten, die wir befragt haben. 70 Prozent der Frauen gaben an, diese Lüge geglaubt zu haben. Das hat mich nicht überrascht.

Wenn Sie heute eine Frau fragen, wie es ihr geht, ist die Antwort wahrscheinlich ein Seufzer oder ein Stöhnen, begleitet von einer Bemerkung wie:

- »Ich habe so viel zu tun!«
- »In unserer Familie ist so viel los!«
- »Ich kann gar nicht alles schaffen, was ich machen muss!«
- »Ich bin total erschöpft!«

Bei den meisten Frauen (und Christinnen sind keine Ausnahme) kommt heraus, dass sie sich hilflos fühlen angesichts all dessen, was sie zu tun haben, und der wenigen Zeit, die sie dafür zur Verfügung haben. Folglich leben viele Frauen in atemloser Hektik, völlig erschöpft und entmutigt.

Vor ein paar Jahren habe ich gelesen, dass eine »normale« Frau heute genug moderne zeitsparende Einrichtungen und Geräte hat, um *fünfzig* vollzeitlich angestellte Helfer zu ersetzen. Ob diese Zahl stimmt, weiß ich nicht, aber ganz sicher haben wir viele Erleichterungen zur Verfügung, die Frauen früher nicht kannten. Stellen Sie sich vor, es gäbe noch keine Geschirrspülmaschinen, Mikrowellengeräte, Waschmaschinen, Wäschetrockner oder Autos – oder noch früher: Man hätte noch nie von Hauswasserleitungen oder elektrischem Strom gehört.

Ich erinnere mich, dass ich mich als Kind auf der Weltausstellung in einen Raum umsah, in dem man versuchte, »den Lebensstil der Zukunft« darzustellen. Hochtechnologische und elektronische Geräte verrichteten Hausarbeiten und tägliche Aufgaben aller Art. Die Menschen hatten Zeit, sich entspannt zurückzulehnen oder »wichtigere« Dinge zu tun. Diese »Zukunft« ist heute Wirklichkeit. Wir haben Geräte und Einrichtungen, von denen die kühnste Fantasie nicht träumen konnte, als ich klein war. Warum leben wir dann aber angespannter und gehetzter als je zuvor? Warum sind wir so erschöpft?

Wahrscheinlich gibt es mehrere Ursachen. Aber ein Grund ist, dass wir die Lüge angenommen haben, wir hätten nicht genug Zeit, um alles zu tun, was wir tun sollten.

Tatsächlich haben wir nicht mehr oder weniger Zeit als alle anderen Menschen, die je gelebt haben. Niemand, gleich welche Stellung und was für Pflichten er hat, hat mehr als 24 Stunden am Tag, 168 Stunden in der Woche und 52 Wochen im Jahr zur Verfügung.

Sogar der Herr Jesus selbst hatte nur ein paar kurze Jahre auf der Erde, um den ganzen Erlösungsplan auszuführen. Wenn das nicht genug Pflichten waren! Aber am Ende seines Lebens konnte Jesus den Blick auf den Vater richten und sagen: »Ich habe dich verherrlicht auf Erden; ich habe das Werk *vollendet,* das du mir gegeben hast, damit ich es tun soll« (Johannes 17,4; Hervorhebung von mir).

Das finde ich wirklich erstaunlich. Ich kann nur selten am Ende eines Tages sagen, ich hätte alles getan, was ich an diesem Tag vorhatte. Im Gegenteil: Oft falle ich abends ins Bett – im Kopf eine lange Liste der Dinge, die ich hoffte, an diesem Tag erledigen zu können. Wie konnte Jesus sein Lebenswerk abschließen – noch dazu in so kurzer Zeit?

Jesus selbst gibt uns hier einen Hinweis: eine hochwirksame Wahrheit, die uns frei macht von der Eile und der Frustration um alles, was wir zu tun haben. Welche Arbeit hat Jesus in den 33 Jahren abgeschlossen, die er hier auf der Erde war? »… ich habe das Werk vollendet, *das du mir gegeben hast, damit ich es tun soll.*« Das ist das Geheimnis. Jesus hat nicht alles getan, was seine Jünger sich von ihm wünschten. (Manche hofften, er würde die römische Regierung stürzen.) Er tat nicht alles, was die Volksmenge von ihm wollte. (Es gab immer noch Kranke, Einsame und Sterbende.) Aber er hat alles getan, was *Gott* ihm aufgetragen hatte.

Ich habe an einem 24-Stunden-Tag praktisch nie Zeit, alles zu tun, was alle anderen von mir erwarten. Ich finde auch selten die Zeit, alles zu tun, was ich selbst mir vorgenommen habe. Ich kann nicht mit jedem Menschen sprechen, der einen Termin möchte, jeden anrufen, der mit mir reden will, jeden beraten, der das braucht, jeden Plan in Angriff nehmen, von dem Leute meinen, er läge mir, alle Bücher lesen, die ich Lust hätte zu lesen, so viel Zeit mit meinen Freunden verbringen, wie ich möchte, und jedes Zimmer in meinem Haus für unangemeldete Gäste bereithalten. Das ist physisch nicht möglich.

Welche Erleichterung zu merken, *dass ich das nicht alles tun muss*!

Die Wahrheit ist, dass ich nur das zu tun brauche, was Gott mir aufträgt. Es war eine ungeheure Befreiung für mich, als ich es annehmen konnte, *dass ich Zeit genug habe, alles zu tun, was Gott für mich vorgesehen hat für den Tag, für die Woche und für mein ganzes Leben!*

Frustriert werde ich, wenn ich versuche, Pflichten zu übernehmen, die Gott nicht für mich gedacht hat. Wenn ich meinen eigenen Plan mache oder andere die Prioritäten für mein Leben setzen lasse, anstatt mir Zeit zu nehmen zu erkennen, was Gott will, dass ich tue, dann ende ich unter Stapeln von halb fertigen, schlecht ausgeführten oder gar nicht angefangenen Arbeiten und Plänen. Dann habe ich Schuldgefühle, Frustration und Hetze und kann nicht das friedliche, geordnete Leben führen, das er mir geben will.

Es ist wichtig zu beachten, dass Gottes »Besorgungsliste« für mich nicht dieselbe ist wie die für irgendjemand anderen. Jesus sagt: »Ich habe alles getan, was du *mir* aufgetragen hast« – nicht »was du Petrus oder Johannes oder meiner Mutter aufgetragen hast«. Die Arbeit, die Gott für mich hat, ist nicht dieselbe, die er für Sie oder für meine Freunde oder Mitarbeiter hat. Was Gott Ihnen als Mutter von drei Kleinkindern aufträgt, wird anders sein als das »Berufsbild«, das er für Ihren Mann, für eine junge ledige Frau oder ein kinderloses Ehepaar hat.

Außerdem gibt es verschiedene Phasen in unserem Leben. Gottes Aufträge für mich werden im Alter von 40 Jahren nicht die gleichen sein wie das, was er mir als Teenager zu tun gab oder was er für mich hat, wenn ich älter werde.

Übrigens gibt es noch eine Lüge, die mit dieser zusammenhängt, die Frauen in unserer Generation sich zu eigen gemacht haben. In gewissem Sinn ist sie das Gegenteil der Lüge, wir hätten nicht genug Zeit für alles, was wir tun »sollten«. Es ist die Täuschung: *»Ich kann es alles schaffen«* – dass ich »eine ideale Frau und Mutter sein, mein Haus sauber und geordnet halten, für meine Familie gesund kochen, in der Schule meiner Kinder, in Gemeinde und Politik aktiv sein, körperlich fit bleiben, mich über aktuelle Ereignisse informieren *und* einer Vollzeitarbeit außer Haus nachgehen können« sollte.

Frauen, die unbewusst glauben, sie müssten all diese Aufgaben ausfüllen, sind wahrscheinlich bald erschöpft und hilflos von den vielen Anforderungen an ihre Zeit.

Die Wahrheit ist: Keine Frau kann all diese Rollen effektiv ausfüllen. Früher oder später wird etwas (oder jemand) darunter leiden.

Frustration ist das Nebenprodukt des Versuchs, Pflichten zu erfüllen, die Gott nicht für uns vorgesehen hat. Freiheit, Freude und fruchtbare Arbeit stellen sich ein, wenn man versucht, für jede Lebensphase Gottes Prioritäten herauszufinden. Dann können wir anfangen, diese wichtigsten Aufgaben mit der Kraft des

Heiligen Geistes zu erfüllen in dem Wissen, dass er für die nötige Zeit und Fähigkeit für *alle* Aufgaben sorgt, die *er* uns gegeben hat. Die folgenden Berichte zeigen, wie die Lügen des Teufels über Prioritäten uns gefangen nehmen und wie die Wahrheit die Kraft hat, uns frei zu machen:

»Ich fühlte mich schuldig, weil ich nicht bei allen ›guten christlichen‹ Vorhaben helfen konnte. Ich hatte nie das Gefühl, Erfolg zu haben oder etwas gut zu machen. Es war eine enorme Erleichterung zu erfahren, dass ›genug Zeit für alles da ist, was Gott von mir will‹. Oft, wenn ich spüre, dass ich angespannt werde, sage ich mir das immer wieder. Schon die Wahrheit auszusprechen, macht mich ruhiger. Jetzt scheinen die Tage nicht mehr so schnell vorbeizufliegen, und ich kann wirklich ›jetzt‹ leben, nicht nur ›nach der Uhr‹.«

»Ich habe die Lüge geglaubt, ich hätte keine Zeit, alles zu schaffen. Ich bin meinen Pflichten nicht korrekt nachgekommen und fühlte mich hoffnungslos und verzweifelt, weil meine Wohnung immer unordentlich ist und die Kinder sich schlecht benehmen. Sobald ich erkannte, dass ich genug Zeit habe zu tun, was Gott mir zu tun gibt, musste ich zugeben, dass ich versuchte, Dinge zu tun, die er nicht für mich vorgesehen hat. Ich fange jetzt an, Aktivitäten aus meinem Leben zu streichen, wenn ich erkenne, was nicht hineingehört, und merke auch, dass ich Aufgaben abgeben kann. Ich lerne, mich mit meinem Mann zu verständigen, damit er mich von Dingen befreit, die ihm nicht wichtig sind, und mir klar sagen kann, was er wichtig findet. Das ist kein leichter Prozess, aber ich habe schon manches vereinfacht und hoffe, wenn ich weitermache, mehr Erfolg zu haben, bis ich mein Leben unter Kontrolle habe und frei bin, das zu tun, was Gott mir gibt. All das ist nur in Gang gekommen, weil Gott so freundlich ist und mich leitet.«

»Ich habe geglaubt, ich müsste immer helfen, wenn die Gemeinde mich brauchte. Wenn ich sah, dass etwas getan werden musste, musste ich es tun. Die Folge war, dass ich überfordert war – fast jeden Tag tat ich etwas in der Gemeinde. Ich machte das alles, weil ich ›musste‹, nicht weil ich es wollte. Niemand half mir, denn ich wollte niemanden bit-

ten, in irgendeinem Bereich so viel zu arbeiten wie ich. Ich hatte das Gefühl, die Einzige zu sein, die all das tun konnte, was ich tat. Als ich schließlich ausgebrannt war, konnte mein Pastor mir helfen zu erkennen, dass ich nicht alles zu tun brauche – nur das, was der Vater mir zu tun gibt. Manche Aufgaben erfülle ich weiter, aber nur die, von denen ich weiß, dass Gott will, dass ich sie beibehalte. Ich habe gelernt, ›Nein‹ zu sagen, wenn ich weiß, dass es um etwas geht, was Gott mir nicht aufträgt. Keine von meinen Aktivitäten war schlecht – sie waren nur nicht das, was ich von Gott aus tun sollte. Wegen dieser Tätigkeiten war kein Platz mehr für das, was Gott wollte, dass ich tun und sein sollte. Gott hat mich aus der Sklaverei der Betriebsamkeit befreit, sodass ich ihm jetzt wirklich dienen kann. Ich suche nicht mehr nach Möglichkeiten mitzuarbeiten, sondern warte auf Gottes Weisung und bin bereit zu gehen, wohin er will.«

19. »Ich brauche nicht regelmäßig in der Bibel zu lesen und zu beten«

Anders als bei der vorigen Lüge könnten sich nur wenige Christinnen überwinden, diese Lüge laut auszusprechen. Aber fast 48 Prozent der Frauen, die an unserer Umfrage teilnahmen, gaben zu, diese Lüge geglaubt zu haben. Gerade diese Lüge war die vierthäufigste.

Der wesentliche Inhalt des Betrugs, den Satan uns einreden will, ist, dass wir unabhängig von Gott leben könnten. Den Feind interessiert es nicht, ob wir an Gott »glauben«, ob unsere Lehre richtig ist oder ob wir unsere Zeit für viele »geistliche Aktivitäten« einsetzen, wenn er nur erreichen kann, dass wir aus eigener Kraft leben und nicht in bewusster Abhängigkeit von der Kraft des Heiligen Geistes.

Wenn es ihm gelingt, dass wir versuchen, »ein christliches Leben zu führen«, ohne eine enge Beziehung zu Jesus zu pflegen, dann weiß er, dass wir geistlich machtlos und unterlegen sind. Wenn er erreicht, dass wir viel »für Gott« tun, ohne bewusst durch Bibellesen und Gebet nach Gottes Willen zu fragen, dann können wir eine Menge religiösen Staub aufwirbeln, aber der Herrschaft des Teufels schaden wir nicht ernsthaft. Wenn wir nach unseren eigenen Ideen und Plänen arbeiten und nicht die Weisheit suchen, die von Gott kommt, dann weiß er, dass wir am Ende dem zerstörerischen Denken einer Gesellschaft ohne Gott ausgeliefert sind.

»Yvette« berichtet von der praktischen Auswirkung, die diese Täuschung auf ihr Leben hat:

»Wenn ich mir Zeit für Bibel und Gebet nehme, läuft mein Alltag problemlos – sogar mit drei Kindern unter fünf Jahren. Aber dann werde ich selbstgefällig und denke, was ich doch für eine Powerfrau bin, und nehme es nicht mehr so wichtig. Und ehe ich es merke, versinkt alles im Chaos: Ich schreie meine Kinder an, es kommt fast zur Kindesmisshandlung, und ich versuche zu begreifen, wie ich da hineingeraten bin. Und wie kann ich es wieder in den Griff bekommen? Leider dauert es eine Weile, bis ich merke, dass ich es nicht kann; ich brauche Gott! Der Betrug des Teufels schleicht sich so unmerklich ein, und wenn ich nicht auf Gottes Wort achte, fange ich an, ihm zu glauben.«

Satan weiß, dass wir, wenn er uns dazu bringt, unabhängig von Gottes Wort zu leben, in allen Lebensbereichen anfälliger für Täuschungen werden. Im Alten Testament wird sechs Mal erwähnt: »Da (be)fragte David den Herrn …« (1. Samuel 23,2.4; 30,8; 2. Samuel 2,1; 5,19.23). Er wusste, dass er ohne Gott nichts war – dass er es ohne Gott nicht erreichen konnte. Darum war das Erste, was er morgens tat, ehe er die Tagesgeschäfte in Angriff nahm, sich im Gebet ganz Gott zuzuwenden:

Höre auf die Stimme meines Schreiens, mein König und mein Gott; denn zu dir will ich beten! Ich komme der Morgendämmerung zuvor und schreie; ich hoffe auf dein Wort.

Psalm 5,3; 119,147

Ich kenne den großen Wert und die Wichtigkeit dieser täglichen Zeit allein mit Gott, mit seinem Wort und Gebet. Aber allzu oft gehe ich gleich zur Tagesordnung und den anfallenden Aufgaben über, anstatt mir zuerst die nötige Zeit zu nehmen, »den Herrn zu befragen«.

Wenn ich das tue, behaupte ich damit (obwohl ich das natürlich nie *sagen* würde), ich könnte mit diesem Tag allein fertig werden, ohne Gottes liebevolle und weise Begleitung. Ich behaupte dann, ich könnte meine Arbeit tun, mein Haus versorgen, meine Beziehungen pflegen und meine Umstände ohne ihn regeln. Eine so unabhängige, selbstzufriedene Einstellung ist ein Zeichen von Stolz. In der Bibel steht: »Gott widersteht den Hochmütigen« (Jakobus 4,6). Wenn ich mich so stolz verhalte, muss ich damit rechnen, dass Gott mir und meinen Bemühungen Widerstand entgegensetzt.

Manchmal habe ich den Eindruck, Gott könnte mir sagen: »Du willst mit diesem Tag allein fertig werden? Na dann los.« Was dabei herauskommt? Bestenfalls ein unausgefüllter, fruchtloser Tag, den ich für mich verbraucht habe. Schlimmstenfalls habe ich am Ende ein unbeschreibliches Chaos angerichtet.

Andererseits: »Den Demütigen aber schenkt er Gnade.« Wenn ich gleich am Anfang des Tages ehrlich zugebe, dass ich es allein nicht schaffe – dass ich ihn *brauche* –, dann kann ich mich darauf verlassen, dass er mich mit seiner Kraft durch den Tag trägt.

Die Wahrheit ist: *Wenn ich nicht »in ihm bleibe«* – also ständig und bewusst in seiner Nähe und von ihm abhängig bin –, *kann ich nichts tun, was für Gott und die Ewigkeit Wert hat*. Ach, ich kann eine Menge anfangen, ich kann vieles entscheiden, aber am Ende habe ich nichts wirklich Wertvolles für mein Leben vorzuzeigen.

Die Wahrheit ist, *dass ich nicht die Person sein kann, die ich für ihn sein soll, wenn ich mir nicht regelmäßig Zeit nehme, mit Bibellesen und Beten die Beziehung zu ihm zu pflegen.*

20. »Eine Berufskarriere ist wichtiger und befriedigender, als Hausfrau und Mutter zu sein«

Vor einem halben Jahrhundert machten sich eine Handvoll entschlossener Frauen in Amerika daran, eine gedankliche und gesellschaftliche Revolution in Gang zu setzen. Überzeugt, die Frauen müssten die Fesseln männlicher Unterdrückung abwerfen, schrieben sie Bücher und Zeitungsartikel, gaben Unterricht an den

Universitäten, nahmen Einfluss auf den Kongress, und es gelang ihnen, mit den verschiedensten Methoden die Gedanken und Herzen von Millionen Frauen zu gewinnen.

Sie definierten die Vorstellung, was eine Frau sein soll, ganz neu und verwarfen verbreitete Ansichten über die Lebensaufgabe und die vordergründigen Pflichten der Frau. Begriffe wie *Tugend, Keuschheit, Anstand, Häuslichkeit, Unterordnung, Sittsamkeit* wurden weitgehend aus unserem Wortschatz verbannt und durch *Entscheidungsfreiheit, Scheidung, Untreue* und *gleicher Lebensstil* ersetzt. Die Töchter und Enkeltöchter dieser Generation haben nie eine andere Denkweise gekannt.

Eine der Wirkungen dieses »neuen« Frauenbildes war es, Ehe und Mutterschaft abzuwerten und Frauen – sowohl physisch als auch emotional – aus dem Haus und in die Berufstätigkeit zu bringen. Dr. Dorothy Patterson sagt dazu:

»Die Frauen sind befreit worden – heraus aus der echten Freiheit, die sie seit Jahrhunderten genossen, ihr Haus zu regieren, die Kinder zu erziehen und sich kreativ zu betätigen; man hat ihnen gewaltsam eingetrichtert, ohne einen anerkannten und bezahlten Beruf würde eine Frau zur Sklavin von Versagen, Langeweile und Gefangenschaft in den vier Wänden ihres Heims.«[1]

Statistiken belegen, dass der Unterschied zwischen den Geschlechtern sich dramatisch verringert hat, was die Einstellungspraxis, Höhe der Gehälter und Ausbildungsmöglichkeiten angeht: Ziele, für die Aktivisten lange und hart gearbeitet haben. Aber was ist mit den ungewollten zusätzlichen Folgen dieser neuen Freiheit? Wer hätte je erwartet, dass wir mit solchen Dingen leben müssen?

- Frauen üben auf andere Frauen Druck aus, »mehr zu tun«, als »nur Hausfrau und Mutter« zu sein.
- Manchen gilt eine Hausfrau heute weniger als ein Sklave.
- Millionen von Säuglingen und Kleinkindern werden frühmorgens in Kinderkrippen abgegeben und spätabends wieder abgeholt.
- Millionen von Kindern kommen nach der Schule in ein leeres Haus oder verbringen den Nachmittag in Hortgruppen.
- Mütter verbrauchen ihre Zeit und ihre besten Kräfte für

Fremde statt für Mann und Kinder und sind dadurch ständig erschöpft und gereizt.
- Familien erleben kaum einmal eine gemeinsame Mahlzeit.
- Kinder leben von Tiefkühlkost und Fastfood, die sie unterwegs essen.
- Affären werden emotional und physisch begünstigt, weil verheiratete Frauen mehr und besser nutzbare Zeit mit Männern am Arbeitsplatz verbringen als mit ihren Ehemännern.
- Frauen werden finanziell unabhängig genug, um ihre Männer zu verlassen.
- Viele Frauen sind am Arbeitsplatz tagtäglich Grobheiten, schlechtem Betragen und sexuellen Belästigungen ausgesetzt.
- Frauen finden weder Zeit noch Kraft, eine enge Beziehung zu ihren Kindern zu pflegen, bis die erwachsenen Kinder ihnen schließlich ganz entfremdet sind.
- Kinder beschäftigen sich täglich stundenlang mit Videos, Fernsehen, Elektronikspielen und Computern.
- Nicht genug beaufsichtigte Kinder werden mit Pornografie, Alkohol, Drogen, Sex und Gewalt konfrontiert.
- Alte Eltern müssen in Heimen untergebracht werden, weil ihre Töchter und Schwiegertöchter voll berufstätig sind und sie nicht pflegen können.

Wenn wir als Christinnen unsere Prioritäten bestimmen, müssen wir uns zuerst fragen: Wozu hat Gott Frauen geschaffen? Was ist seine Absicht und sein Auftrag für uns persönlich? Gottes Wort bietet Frauen aller Generationen in allen Kulturen die Wahrheit darüber an, wozu sie geschaffen sind und was ihre wichtigste Rolle und Berufung ist. Wenn wir diese Wahrheit annehmen und unsere Prioritäten und Zeitpläne danach richten, werden wir wirklich frei.

In der Anmerkung zu 1. Mose 2,18 finden wir die erste und deutlichste Aussage darüber, warum Gott die Frau schuf:

»Und Gott der HERR sprach: Es ist nicht gut, dass der Mensch allein sei; ich will ihm eine Gehilfin machen, die ihm entspricht!« (Andere Übersetzung: *einen Beistand / eine Hilfe als sein Gegenüber.*)

Da steht es: Gott schuf die Frau als Gegenüber für den Mann – ihn zu ergänzen und seinen Bedürfnissen angepasst zu sein. Ihr Leben sollte sich um ihn drehen und nicht seines um sie. Sie ist aus dem Mann und für den Mann geschaffen und dem Mann von Gott als Geschenk gegeben worden. Ihre Beziehung zu ihrem Mann war der erste und wichtigste Wirkungskreis, in dem sie sich bewegen sollte. Ihr Mann war für die Arbeit zur materiellen Versorgung verantwortlich. Sie sollte ihm helfen und mit ihm zusammen Gottes Bild widerspiegeln, die Erde in Besitz nehmen und von Gott geprägte Nachkommenschaft haben.

Beide zusammen sollten die Erde mit nachfolgenden Generationen bevölkern, die Gott liebten und versuchten, seine Pläne in der Welt zu verwirklichen. Die Frau war von ihrem Schöpfer besonders dazu gedacht und ausgestattet – körperlich, emotional, geistig und geistlich –, Leben zu gebären und zu pflegen. Sie hatte die Fähigkeit bekommen, die Familieneinheit in vielerlei Weise mit Leben, Schönheit, Reichtum, Fülle, Annehmlichkeit und Freude auszustatten. Es gibt keinen wichtigeren Maßstab für ihren Wert oder Erfolg als Frau als das Maß, in dem sie als Herz der Familie fungiert.

Im ersten Timotheusbrief zählt Paulus mehrere Bedingungen auf, die für Witwen galten, die Anspruch darauf hatten, von der Gemeinde versorgt zu werden. In dieser Liste finden wir eine »Arbeitsbeschreibung« für christliche Frauen in allen Lebensphasen. Paulus achtete ältere Frauen, die ihr Lebenszentrum in ihrem Heim sahen und die sich der Aufgabe widmeten, anderen zu helfen und sich um deren Bedürfnisse zu kümmern. Die Eigenschaften, die Paulus hier nennt, sollten auf der Prioritätenliste jeder Christin weit oben stehen:

Eine Witwe soll nur in die Liste eingetragen werden,
wenn sie nicht weniger als 60 Jahre alt ist,
die Frau eines Mannes war und ein Zeugnis guter Werke hat;
wenn sie Kinder aufgezogen, Gastfreundschaft geübt,
die Füße der Heiligen gewaschen, Bedrängten geholfen hat,
wenn sie sich jedem guten Werk gewidmet hat.
1. Timotheus 5,9-10

Paulus spricht hier offensichtlich von Frauen, die verheiratet waren. Das passt zur biblischen Sicht, dass die Ehe für die meisten Frauen von Gott vorgesehen ist. Aber nach 1. Korinther 7,32-35 sind auch unverheiratete Frauen aufgerufen, »ein Heim aufzubauen«, aber in einem anderen Sinn. Sie sollen ihre Kräfte und Fähigkeiten einsetzen, um Glauben aufzubauen. Sie sollen selbstlos leben und nicht um ihre eigenen Interessen und Ziele kreisen, sondern um Christus und seine Herrschaft.

Die Bibel sagt deutlich, dass Leben und Arbeit einer verheirateten Frau ihr Zentrum in der Familie haben sollen. Das bedeutet nicht, dass es grundsätzlich falsch wäre, wenn eine Ehefrau und Mutter berufstätig ist. Aber der Beruf darf nicht mit der Erfüllung ihrer Aufgabe in der Familie konkurrieren oder sie beeinträchtigen. Es ist auch wichtig, dass Frauen ihre Gründe für eine Berufstätigkeit prüfen und einen eventuellen Selbstbetrug hinter diesen Gründen erkennen.

Zum Beispiel ist heute die Ansicht verbreitet, eine Familie könne ohne ein zweites Gehalt einfach nicht auskommen. Es ist leider ein Nebeneffekt der feministischen Revolution, dass unsere Wirtschaft von Familien mit zwei Einkommen abhängig geworden ist. Das muss aber nicht unbedingt immer bedeuten, dass Familien nicht auch von einem Einkommen leben können.

Die Wahrheit ist, dass Gott dem Mann die Hauptverantwortung als Ernährer seiner Frau und Kinder gegeben hat. Der Feind hat dafür gesorgt, dass es extrem schwierig geworden ist, so zu arbeiten. Aber es ist immer möglich, der Wahrheit entsprechend zu leben, wenn wir das wollen.

Ich habe mehrere gute Freunde mit sechs, sieben, acht oder neun Kindern, die sich entschieden haben, dass die Mutter mit den Kindern zu Hause bleibt. Es ist bestimmt nicht leicht. Viele materielle Dinge, die heute oft als notwendig angesehen werden, haben diese Familien nicht. Sie bringen Opfer – einerseits; aber der Verzicht verblasst vor dem, was sie dafür gewinnen. In praktisch jedem Fall

- sind diese Familien zufrieden und haben Freude;
- haben sie einen feineren Sinn für Werte und für das, was wirklich zählt, als viele Familien mit zwei Einkommen;

- haben sie gelernt, zu beten und sich in allem vom »täglichen Brot« bis zum Studium auf Gott zu verlassen;
- wissen die Eltern, wo ihre Kinder sind, und können ihre Aktivitäten begleiten und lenken;
- haben Eltern und Kinder eine enge, liebevolle Beziehung zueinander;
- engagieren sie sich bei praktischer Hilfe für andere, für die viele Familien keine Zeit (oder Kraft) haben, wenn beide Eltern berufstätig sind.

Sagen Sie selbst: Wer bringt da Opfer?

Auch viele Frauen, die nicht an Gott glauben, spüren die Spannung, die entsteht, wenn eine Frau versucht, Beruf und Familie zu vereinen. Die Schauspielerin Katharine Hepburn sagte in einem Interview:

»Ich glaube nicht, dass eine Frau überhaupt eine erfolgreiche Karriere haben und zugleich Mutter sein kann. Das Problem der Frauen heute ist, dass sie alles wollen. Aber niemand kann alles haben.«[2]

Eine andere Schauspielerin, Jane Woodward, stimmt ihr zu:

»Meine Karriere ist durch die Kinder beeinträchtigt worden, und meine Kinder haben unter meiner Karriere gelitten … Ich war zerrissen und konnte mich auf keinem Gebiet voll einbringen. Ich kenne keinen Menschen, der beides mit Erfolg tut, und ich kenne viele berufstätige Mütter.«[3]

Es ist mir klar, dass es in dieser gefallenen Welt manchmal Situationen gibt, in denen das »Ideal« unerreichbar ist. Aber Realitäten wie die Häufigkeit von Scheidungen und alleinerziehenden Müttern sollten uns nicht dazu verleiten, das Ideal zu verwerfen. Sie sollten uns eher bewusster machen, wie wünschenswert es ist, sich nach Gott zu richten. Wir dürfen nicht vor der Gesellschaft kapitulieren. Schließlich ist es zumindest zum Teil die Idee der »werktätigen Mutter«, die uns eine steigende Scheidungsrate, mehr alleinerziehende Mütter, mehr Liebesaffären, mehr Frauen, die von Sozialhilfe leben, mehr Gewalt unter Jugendlichen und mehr erschöpfte, deprimierte, ausgebrannte Frauen beschert hat.

Dorothy Patterson gibt den Frauen zu bedenken:

»Es ist wohl möglich, dass man in den Jahren der Kindererziehung auf

viele ›ideale Berufschancen‹ verzichtet, aber es gibt nur eine, die absolut sicher nie wiederkommt: die eigenen Kinder zu erziehen und ihnen die immer seltenere Möglichkeit zu bieten, zu Hause aufzuwachsen.«[4]

Einsichten eines Kühlschranks

An meinem Kühlschrank befestige ich Fotos von meinen Freunden und ihren Familien. Unter Plexiglas und mit Magneten auf der Rückseite füllen sie fast jeden verfügbaren Quadratzentimeter. Fast neunzig Familien mit zusammen über dreihundert Kindern sind da zu sehen.

Neulich nahm ich mir ein paar Stunden für die Tradition, wie jedes Jahr alte Fotos durch neue zu ersetzen, die mir in der Weihnachtszeit geschickt worden sind.

Als alle neuen Bilder angebracht waren, lehnte ich mich zurück, um den Gesamteindruck zu prüfen. Ich erinnerte mich an manche besonderen Ereignisse, die diese Familien im vergangenen Jahr erlebt hatten. Acht von ihnen war ein neues Baby geboren worden. Mindestens sieben hatten ein Enkelkind bekommen. In sieben hatte eines der Kinder geheiratet. Sechs hatten den Beruf gewechselt oder waren noch dabei.

Fast alle Personen auf diesen Bildern lächeln. Aber ich weiß, dass bei manchen hinter der fast perfekten Pose etwas anderes liegt. Mehrere von ihnen haben mir Probleme mit der körperlichen oder geistigen Gesundheit eines Familienmitglieds anvertraut. Drei haben vor Kurzem ein Mitglied des engsten Familienkreises verloren. Ein Paar steckt in einem hässlichen Scheidungsprozess.

Als ich den Anblick in mich aufnahm, der sich mir bot, erkannte ich plötzlich, welch erstaunliche Bedeutung Familien haben – zum Guten oder zum Schlechten. Im Zentrum all dessen, was uns allen wirklich wichtig ist, steht die Familie. Wenn zu Hause etwas nicht gut geht, sind alle anderen Lebensbereiche betroffen. Ich schaute die vielen Frauen an, die da wie Glucken saßen, umgeben von ihren Kindern, und fühlte mich überwältigend dankbar für die Bereitschaft dieser Frauen, Leben zu geben und zu pflegen.

Mitten zwischen all die Fotos habe ich einen Autoaufkleber geklebt, den Sie vielleicht vor mehreren Jahren einmal gesehen haben: »Leben – die herrliche Möglichkeit.« Diese Frauen haben sich für das Leben entschieden, indem sie Kinder bekamen (was nur Frauen können, möchte ich anmerken); und jeden Tag entscheiden sie sich wieder für das Leben

- mit jeder Mahlzeit, die sie zubereiten;
- mit jeder Ladung schmutziger Wäsche, die sie waschen;
- mit jeder Fahrt zum Lebensmittelladen, zur Schule, zum Zahnarzt, zur Klavierstunde, zum Fußballtraining oder zum Schuhgeschäft;
- mit jedem Pflaster, das sie auf ein aufgeschürftes Knie kleben;
- mit jedem ermutigenden Wort, das sie aussprechen;
- mit jeder Stunde, in der sie nachts ein krankes oder verängstigtes Kind beruhigen;
- mit jedem Streit, den sie schlichten;
- mit jedem Augenblick, in dem sie Bauklötze aufeinanderstapeln, malen, bei Mathematikaufgaben helfen, eine Bibelgeschichte vorlesen oder zuhören, wie der Mann oder ein Kind vom Tag erzählt;
- mit jedem noch so kurzen Gebet für das geistliche Wachstum und den Schutz ihrer Familie.

Tagaus, tagein bauen sie an einem Heim; sie geben Leben; sie legen einen Grund und schaffen Erinnerungen, die über kommende Generationen erhalten bleiben. Sie ehren ihren Schöpfer auf die beste denkbare Weise.

Lügen mit der Wahrheit begegnen

Lüge:	Die Wahrheit:
18. Ich habe nicht die Zeit, alles zu schaffen, was ich tun sollte.	– Jeder Tag gibt mir Zeit genug, alles zu tun, was Gott mir aufträgt.
19. Ich brauche nicht regelmäßig in der Bibel zu lesen und zu beten.	– Ich kann unmöglich so sein, wie Gott mich haben will, ohne mir regelmäßig Zeit zu nehmen, durch Bibellesen und Beten eine Beziehung zu ihm zu pflegen.
20. Eine Berufskarriere ist wichtiger und erfüllender, als Hausfrau und Mutter zu sein.	– Gott gibt Frauen keine höhere und wichtigere Berufung, als Ehefrau und Mutter zu sein. – Gott hat die Frau besonders dazu geschaffen, Leben zu schenken und zu pflegen. – Es gibt keinen wichtigeren Maßstab für den Wert oder Erfolg einer Frau als das Maß, in dem sie als Herz ihrer Familie fungiert. – Gottes Plan ist, dass die Aufmerksamkeit und Bemühung einer Frau zuerst darauf gerichtet ist, die Bedürfnisse ihres Mannes und ihrer Kinder zu stillen.

Zum persönlichen Gebrauch

1. Geben Sie Gott recht.
Welche Lügen über Ihre Prioritäten haben Sie geglaubt?

2. Übernehmen Sie Verantwortung.
Wie hat sich der Glaube an diese Lügen in Ihrem Leben geäußert (z.B. Einstellungen, Verhalten)?

3. Bestätigen Sie die Wahrheit.

Lesen Sie jede Aussage auf Seite 122 laut. Welche davon müssen Sie jetzt besonders für sich annehmen?

Denken Sie entsprechend dem Wort Gottes um. Lesen Sie die folgenden Abschnitte laut. Was zeigen diese Verse über Gottes Prioritäten für Sie?

- Psalm 90,10-12
- Matthäus 6,25-34
- Lukas 10,38-42
- 1. Timotheus 5,9-10
- Titus 2,4-5 (verheiratete Frauen)
- 1. Korinther 7,29-35 (unverheiratete Frauen)

4. Handeln Sie der Wahrheit entsprechend.

Welche konkreten Maßnahmen müssen Sie ergreifen, um Ihr Leben auf die Wahrheit einzustellen?

5. Bitten Sie Gott, Ihnen zu helfen, nach der Wahrheit zu handeln.

Vater, ich gebe zu, dass ich meine Zeit oft mit »weltlichen« und nebensächlichen Dingen ausfülle. Ich möchte in dieser Zeit so sein, wie du es willst, und das tun, was dir Freude macht. Das, was dir am wichtigsten ist, soll auch für mich am wichtigsten sein. Lass mich im Licht deines Wortes deinen Plan für jede meiner Lebensphasen erkennen. Hilf mir, deinen Geist richtig zu verstehen, damit ich an jedem Tag weiß, was du für mich zu tun hast. Bitte zeige mir, wie ich meine spezielle Berufung und Aufgaben als Frau erfüllen kann. Gib mir die Weisheit und den Mut, alle Aktivitäten von meinem Stundenplan zu streichen, die im Augenblick nicht dein Wille für mich sind. Hilf mir, mein Leben auf die Ewigkeit auszurichten. Am Ende meines Lebens möchte ich wie Jesus sagen können: »Ich habe dich verherrlicht auf Erden; ich habe das Werk vollendet, das du mir gegeben hast, damit ich es tun soll« (Johannes 17,4). In Jesu Namen. Amen.

Kapitel 6

Lügen über die Ehe

Liebes Tagebuch,

im Augenblick ist es ziemlich still im Haus – hauptsächlich, weil Adam und ich nicht miteinander reden. Gestern Abend hat es einen großen Streit gegeben. Ich hätte gewarnt sein müssen. Der Tag hatte schon schwierig angefangen. Adam war die ganze Nacht auf gewesen, um einer Kuh beim Kalben zu helfen. Dann musste er vor dem Frühstück weg, um das restliche Heu einzubringen.

Als er endlich nach Hause kam, war er erhitzt und verschwitzt, erschöpft und nicht in bester Stimmung. Ich war den ganzen Tag mit zwei kranken Kindern ans Haus gefesselt gewesen, und als er fragte, warum das Essen nicht fertig war, sagte ich, wenn er Essen haben wollte, sollte er es sich lieber selbst machen. Ich weiß auch nicht, warum ich ihn gerade da an verschiedene Arbeiten erinnert habe, um die er sich hätte kümmern sollen; zum Beispiel auch auf dem Weg vor dem Haus zu jäten. Der sieht schon wie ein Urwald aus vor lauter Unkraut.

Eines kam zum anderen: Adam hatte Abel erlaubt, nächste Woche mit ihm auf eine große Jagd zu gehen. Ich finde, Abel ist noch zu klein, und außerdem meine ich, er darf nicht Abel mitnehmen und Kain zu Hause lassen. Adam wollte nicht nachgeben, und es wurde ziemlich schwierig. Wir haben beide Sachen gesagt, die wir wahrscheinlich nicht hätten sagen dürfen. Ich bin früh ins Bett gegangen, und als er kam, habe ich getan, als ob ich schliefe.

Man sollte meinen, nach so vielen gemeinsamen Jahren müssten wir diese Ehesache drinhaben. Das Komische ist, im Allgemeinen scheint mir, Adam würde sagen, unsere Ehe sei sehr gut. Aber manchmal kommt es mir vor, als wären wir uns ganz fremd – und dabei kennen wir uns schon das ganze Leben. Er denkt immer, er hätte in allem recht. Wenn ich ihn einmal bitte zu versuchen, die Dinge von meinem Standpunkt aus zu sehen, sagt er, mich könnte nichts zufriedenstellen. Ich wünschte nur, er würde mehr Rücksicht auf meine Gefühle nehmen.

Was einmal vor mehreren Tausend Jahren im Garten Eden geschah, war nicht nur ein Angriff auf Gott und auf zwei Menschen, sondern auch ein Angriff auf die Ehe. Gott hatte die Ehe dazu gedacht, seine Herrlichkeit und seinen Wunsch zu vergeben sichtbar zu machen.

Es ist kein Zufall, dass der Teufel seinen heimtückischen Plan zuerst an einer verheirateten Frau ausprobierte. Er belog sie über Gott, sein Wesen und sein Wort und über die Sünde und ihre Folgen. Eva glaubte seine Lüge, handelte danach, wandte sich dann an ihren Mann und zog ihn mit in die Sünde hinein. Die Veränderungen in ihrer Ehe gingen tief.

Die Freiheit wurde von Scham verdrängt, Offenheit und Gemeinschaft von Versteckspiel und Täuschung. Die Einheit, die Eva und ihr Mann im ursprünglichen Zustand erlebt hatten, verwandelte sich jetzt in Feindschaft und Groll – nicht nur gegen Gott, sondern auch gegeneinander.

Anstatt seine Frau liebevoll zu leiten, neigte der Mann jetzt zu Extremen: entweder zu herrischer Kontrolle oder zu unbeteiligter Passivität. Der Schutz, den die Frau unter ihrem geistlichen »Haupt« genossen hatte, war nicht mehr da, und der Eigenwille, den sie gegen Gott gezeigt hatte, richtete sich jetzt gegen ihren Mann. So war sie anfällig für noch größeren Betrug, Sünde und Angriffe. Was als frohe, fruchtbare und enge Gemeinschaft zwischen einem Mann, einer Frau und ihrem Gott gedacht war, wurde zum Schlachtfeld.

Seitdem ist es in jeder Ehe so. Wie in jedem anderen Lebensbereich ist Täuschung das wichtigste Instrument des Teufels, um auch in der Ehe seine zerstörerischen Absichten zu verwirklichen. Wenn er Männer und Frauen dazu bringen kann, seine Lügen zu glauben und danach zu handeln, dann kann er sie versklaven, ihnen die Freude rauben und ihre Beziehung zerstören. Seine Lügen sind zahllos, zum Beispiel:

21. »Ich brauche einen Mann, um glücklich zu werden«

Wie viele andere Lügen ist auch diese eigentlich eine raffinierte Verdrehung der Wahrheit.

Die Wahrheit ist, dass die Ehe etwas Gutes und Richtiges ist, dass Gott die Ehe für die meisten Menschen vorgesehen hat und dass es in einer auf Gott ausgerichteten Ehe viel Freude und Schönheit geben kann (und sollte). Der Teufel verdreht die Wahrheit über die Ehe, indem er Frauen einredet, der Zweck der Ehe sei persönliches Glück und Erfüllung und sie könnten nicht wirklich glücklich werden ohne einen Mann, der sie liebt und ihre Bedürfnisse erfüllt.

Sobald sie einen Mann haben, fangen viele Frauen an, eine Variante dieser Lüge zu glauben: »Mein Mann soll mich glücklich machen.« Erst nach jahrelangem Kummer hat »Myrna« erkannt, wie töricht diese Denkweise ist:

> *»Nach zehn gemeinsamen Jahren trennten sich mein Mann und ich. Ich hatte mir eingebildet, es sei seine Pflicht, mich glücklich zu machen. Das war es gar nicht, und es ging auch nie gut. Nicht nur ich war unfrei, sondern auch er.«*

Die Wahrheit ist, dass es nicht das eigentliche Ziel der Ehe ist, uns glücklich zu machen, sondern Gott zu ehren. Frauen, die heiraten, um Glück zu finden, setzen sich einer fast sicheren Enttäuschung aus; sie finden fast nie, was sie suchen.

Wenn Frauen glauben, sie brauchten einen Mann, um glücklich zu werden, suchen sie sich damit oft nicht das Beste aus, was Gott ihnen geben wollte. »Joan« erzählte mir, wie der Glaube an diese Lüge sie gefangen nahm und schmerzliche Folgen hatte, mit denen sie nicht gerechnet hatte:

> *»Während meines Studiums war es wichtiger für mich, einen Freund und dann einen Verlobten und Ehemann zu haben, der ein guter Mensch, aber kein entschiedener Christ war, als auf Gott zu warten und ihn zu bitten, mir einen konsequenten Christen begegnen zu las-*

sen, den ich heiraten konnte. So konnten wir uns nicht zusammen als Christen weiterentwickeln. Nach 28 Jahren Ehe tun wir nicht mehr sehr viel gemeinsam. Meine Freunde sind Christen; seine Freunde sind Biertrinker. Für mich sind das Wichtigste meine Kinder; für ihn ist es seine Arbeit.«

Diese Frau ist betrogen worden. Sie hat geglaubt, sie würde einen Mann brauchen, um glücklich zu sein. Diesem Glauben entsprechend heiratete sie einen Mann, der nicht an Christus glaubte – gegen den ausdrücklichen Rat des Wortes Gottes. Sie bekam, was sie gewollt hatte (einen Mann), aber am Ende war sie geistlich unerfüllt (vgl. Psalm 106,15).

Nur wenn man die Wahrheit erkennt und sie für sich annimmt, kann man echte Freiheit finden – mit oder ohne Mann. Alle folgenden Berichte zeigen, wie es den Menschen versklavt, an eine Lüge zu glauben, und wie Freiheit entsteht, wenn man der Lüge die Wahrheit entgegensetzt:

»Ich dachte immer, ich brauchte einen Mann, der mich glücklich macht und meine Selbstachtung stärkt. Aber auch als ich verheiratet war, war ich nicht glücklich und hatte wenig Selbstachtung. Das Wissen und der Glaube, dass Gott mich zu seinem Bild geschaffen hat und dass ich meinen Wert von ihm bekomme, hat meine Ansicht über mich selbst verändert und mich davon befreit, die Befriedigung meiner Bedürfnisse in der Liebe und Annahme eines Mannes zu suchen.«

»Ich habe mit vierzehn Jahren meinen Vater verloren und mit sechzehn geheiratet. Jetzt sehe ich, dass ich zugelassen habe, dass mein Mann meine Sicherheit und Lebensberechtigung geworden ist. Als unsere Kinder erwachsen wurden und wir öfter Ehestreit hatten, lebte ich in dem Gefühl, nicht ›ohne meinen Mann leben zu können‹. Das hielt mich mindestens so sehr gefangen wie ein starkes Eisengitter vor dem Fenster. Die Gitter und Schlösser in meinem Kopf hielten mich absolut fest. Von der bloßen Erinnerung an diesen schrecklichen Zustand bekomme ich schon Herzrasen. Mein Mann konnte die erstickende Enge, die ich verursachte, nicht ertragen und fing an zu denken, er müsse ausbrechen, um atmen zu können. Gott gebrauchte

Freunde, um mir zu zeigen, dass ich ›Carl‹ loslassen und mich an Gott festhalten musste. Sobald ich das tat, war ich frei. Mein Mann ist durch all das gewachsen und hat mich nicht verlassen. Wir sind voll Lob, dass Gott uns durchgeleitet hat, sodass wir jetzt 36 Jahre Ehe feiern können.«

»Ich musste gegen die Lüge ankämpfen, ohne Ehe hätte ich keinen Wert und vielleicht sei etwas mit mir nicht in Ordnung. Weil ich diese Lüge glaubte, fand ich keine Freude daran, für andere da zu sein (weil ich so auf meine eigenen Ziele fixiert war), und konnte mich nicht damit zufriedengeben, dass es Glück ist, Gott zu dienen und zu vertrauen. Ich habe viele Jahre gebraucht, um glauben zu lernen, dass Gott souverän herrscht, dass er einen Plan für mich hat und dass ich meine Kraft in der Arbeit für ihn und in den guten Taten einsetzen kann, die er für mich bestimmt hat, und Schätze im Himmel sammeln kann. Jetzt (mit 40) konzentriere ich mich darauf, in meinem restlichen Leben die vielen Gelegenheiten zu nutzen, für ihn da zu sein und zuzulassen, dass er mich Christus so ähnlich und zugleich so weiblich macht wie möglich. Dieses Leben ist so kurz. Gott hat mir geholfen, auf die Ewigkeit zu schauen, da kann man die Kümmernisse und Enttäuschungen dieses Lebens mit Freude aushalten.«

Die Wahrheit ist, dass man Glück nicht in (oder außerhalb) der Ehe findet. Es liegt nicht in einer menschlichen Beziehung. Echte Freude kann man nur in Christus finden.

Die Wahrheit ist, dass Gott versprochen hat, uns alles zu geben, was wir brauchen. Wenn er weiß, dass ein Ehemann uns helfen würde, ihm mehr Ehre zu geben, dann wird er uns einen Mann geben. Die Wahrheit ist, dass wir nicht dadurch zufrieden werden, dass wir alles bekommen, was wir zu brauchen meinen, sondern dadurch, dass wir uns entscheiden, mit dem zufrieden zu sein, was Gott uns schon gegeben hat.

Die Wahrheit ist: Wer darauf besteht, nach eigenem Gutdünken zu handeln, gerät oft in unnötiges Leid, während die, die sich auf Gott verlassen, immer das Beste von ihm bekommen.

22. »Ich bin dafür verantwortlich, meinen Mann zu verändern«

Wir Frauen neigen zum größten Teil dazu, alles zu »regeln«: Wenn etwas schlecht ist, müssen wir es »in Ordnung bringen«. Wenn jemand falsch handelt, müssen wir ihn oder sie auf den richtigen Weg bringen. Das scheint ein fast unwiderstehlicher Instinkt zu sein, besonders bei Menschen, die mit uns unter einem Dach leben. Aber die Idee, wir müssten andere ändern, führt zwangsläufig zu Enttäuschung und Konflikten.

In der Ehe führt diese Lüge dazu, dass eine Frau sich nicht mehr auf ihre eigenen Aufgaben und ihr Leben mit Christus konzentriert, wo sie etwas bewirken kann. Stattdessen achtet sie besonders auf das Versagen und die Fehler anderer, gegen die sie nur sehr wenig oder gar nichts tun kann. Sie kann nämlich das Wesen ihres Mannes (oder ihrer Kinder) nicht ändern. Aber sie kann mit dem Heiligen Geist zusammenarbeiten, um ihr eigenes Wesen zu ändern.

Wenn eine Frau sich intensiv bemüht, die Fehler und Schwächen ihres Mannes auszumerzen, dann nimmt sie Verantwortung auf sich, die Gott ihr nicht zugedacht hat. Wahrscheinlich wird sie enttäuscht werden und es ihrem Mann und vielleicht sogar Gott übel nehmen. Sie kann Gott sogar daran hindern zu tun, was er wollte, um ihren Mann zu ändern. Manchmal frage ich mich, wie viele Ehemänner Gott ändern würde, wenn ihre Frauen bereit wären, die Sache Gott zu überlassen.

Viele Christinnen erkennen nicht, dass sie zwei hochwirksame »Waffen« zur Verfügung haben, die viel effektiver sind als Nörgeln, Jammern oder Predigen. Die erste Waffe ist eine Lebensführung, wie Gott sie will. Diese gebraucht Gott oft, um einen Mann zu überzeugen und Sehnsucht nach Gott in ihm zu wecken (s. 1. Petrus 3,1-4).

Die zweite Waffe ist das Gebet. Wenn eine Frau ständig auf das hinweist, was ihr Mann nach ihren Wünschen ändern soll, kann er leicht in Verteidigungsstellung gehen und trotzig werden. Aber wenn sie ihre Sorgen zu Gott bringt, bittet sie eine höhere Macht, in das Leben ihres Mannes einzugreifen – und ein

Mann kann Gott viel schwerer widerstehen als einer nörgelnden Ehefrau!

In dieser Hinsicht finde ich das Vorbild von Maria, der Mutter von Jesus, besonders schön. Ihr erschien ein Engel und sagte ihr, sie würde die Mutter des Messias werden: ein unglaubliches Erlebnis. Aber Sie hätten dabei sein sollen! Als sie Josef erzählte, was geschehen war, glaubte er ihre Erklärung zuerst offensichtlich nicht. Er hatte keinen Engel gesehen. Folgerichtig nahm er an, sie müsse ihm untreu gewesen sein.

Es gibt keinen Hinweis, dass Maria Josef gedrängt hätte zu glauben, was Gott ihr so eindeutig gesagt hatte. Stattdessen wartete sie auf Gott und ließ ihm die Möglichkeit, direkten Kontakt mit Josef aufzunehmen – und genau das tat Gott. Als der Engel Josef erschien, reagierte er sofort und glaubte. Maria konnte Dinge für sich behalten und »in ihrem Herzen bewegen« (s. Lukas 2,19). Sie konnte es sich leisten, ruhig abzuwarten, denn sie wusste, wie mächtig Gott ist. Sie verließ sich darauf, dass er seine Pläne für sie und ihre Familie ausführen würde.

Vor Kurzem kam auf einer Hochzeitsfeier eine Frau auf mich zu, die ich siebzehn Jahre lang nicht gesehen hatte, und sagte: »Sie haben meine Ehe gerettet!« Ich bat sie, meinem Gedächtnis nachzuhelfen. So erzählte sie, dass sie mir vor so langer Zeit von ihrer Sorge um den geistlichen Zustand ihres Mannes berichtet hatte. Dann sagte sie: »Sie haben mir gesagt: ›Es ist nicht Ihre Aufgabe, Ihren Mann zu ändern. Dafür ist Gott verantwortlich. Sagen Sie Ihrem Mann, was Sie beschäftigt, und dann halten Sie sich zurück und lassen Gott den Rest machen.‹« Weiter erzählte sie: »All die Jahre habe ich mich an diesen Rat gehalten und ihn an viele andere Frauen weitergegeben.«

Dann erzählte sie mir, wie schwer es für sie gewesen war, auf Gott zu warten. *Sechzehn Jahre lang* hatte sie gebetet und gewartet und kein Zeichen bekommen, dass Gott ihre Gebete hörte oder daraufhin handelte. Ihr Mann bezeichnete sich zwar als Christ, aber weil er weder Lust zum Bibellesen noch irgendeine geistliche Entwicklung zeigte, zweifelte sie, ob er überhaupt eine persönliche Beziehung zu Gott hatte.

Dann, nach all den Jahren, ließ der Heilige Geist ihm ohne

ersichtlichen Grund »ein Licht aufgehen«, sodass ihr Mann sich völlig veränderte. Ganz plötzlich konnte er kaum genug von der Bibel bekommen. Er nahm jetzt immer einen Notizblock mit, um aufzuschreiben, was Gott ihm durch die Bibel sagte. Sie sagte: »Vor dieser Veränderung konnte ich ihn kaum zum Frühstück aus dem Bett bekommen. Jetzt geht er jeden Morgen um halb sieben zu einer Männergebetsgruppe!« Kürzlich hat er sogar von der Möglichkeit gesprochen, sein Geschäft zu verkaufen, damit sie mehr Zeit für eine christliche Arbeit hätten. Es gibt keine menschliche Erklärung für die Veränderung in diesem Mann – nur Gott und eine treue Frau, die gelernt hat, wirklich für ihren Mann zu beten.

23. »Mein Mann soll mir dienen«

In den letzten paar Jahrzehnten hat es eine bedeutende Bewegung unter Männern gegeben: Diese Männer wollen sich Gott zur Verfügung stellen, ihre Frauen und Kinder lieben und diese Liebe durch Opfer und Dienst zum Ausdruck bringen. Es war außerordentlich ermutigend zu sehen, wie Gott Männer aufrüttelte, sich ihm und ihren Familien zuzuwenden. Aber wenn solche Schwerpunkte gesetzt werden, müssen wir Frauen darauf achten, nicht die ursprünglichen Aufgaben aus dem Blick zu verlieren, die Gott uns gegeben hat. In der christlichen Gesellschaft ist es heute »politisch korrekt«, Männer aufzurufen, nach Hause zu gehen und ihren Frauen zu helfen. Aber es ist nicht »politisch korrekt«, zu Frauen über ihre Pflicht zu reden, ihren Männern zu dienen.

Die Wahrheit ist, dass Gott den Mann nicht als »Hilfe« für die Frau geschaffen hat. Er hat die Frau als »Hilfe« für den Mann gemacht. Natürlich heißt das nicht, Männer sollten ihren Frauen und Kindern nicht dienen. Wenn Männer ihre Frauen lieben sollen, wie Christus die Gemeinde geliebt hat, müssen sie bereit sein, ihr Leben herzugeben und Diener zu werden, so wie Christus es für seine »Braut« geworden ist.

Aber wenn wir als Frauen auf das achten, was uns »zusteht«, oder darauf, was Männer für uns tun »sollten«, werden wir anfällig für Unversöhnlichkeit, sobald unsere Erwartungen nicht erfüllt werden. Segen und Freude sind die Frucht des Versuchs, nicht nur zu nehmen, sondern lieber zu geben und Wege zu finden, unseren Familien Gutes zu tun, zu dienen und ihren Bedürfnissen zu begegnen.

Unser Denken ist weitgehend von der modernen feministischen Bewegung geprägt – und die hat mit allen Mitteln versucht, den Wert von Frauen, die praktische Arbeit in der Familie leisten, zu schmälern. In ihrem ausgezeichneten Buch *Das feministische Evangelium* erwähnt Mary Kassian eine Studie, die die Soziologin Anne Oakley 1974 über das Thema Hausarbeit angestellt hat:

»Oakley … wollte die katastrophalen Arbeitsbedingungen der Frauen statistisch erfassen: schwere Arbeit, lange Arbeitszeiten, isoliert und für wenig oder gar kein Gehalt, kein ›Abfeiern‹, keine Rente, keine Ablösung, keine Freizeit, kein bezahlter Urlaub und keine Verhandlungsbasis für bessere Bedingungen … Oakley versucht zu beweisen, dass die Hausfrau, die Haushalt und Kinder versorgt, ausgebeutet und unterdrückt wird … Nach Oakley kann eine feministische Revolution nur zustande kommen, wenn Frauen erkennen, dass sie unterdrückt werden.«[1]

Meine Mutter war eine solche »unterdrückte« Frau. Als man mich bat, ein Kapitel zu einem Buch über Mütter und Töchter beizusteuern, beschrieb ich als Beispiel das Leben meiner Mutter:

»Meine Mutter war selbst außerordentlich begabt, aber sie gab eine vielversprechende Karriere als Sängerin gern auf, um die Aufgabe einer ›Hilfe‹ als ›Gegenüber‹ für ihren Mann zu übernehmen.

… Im gesellschaftlichen Klima der 60er-Jahre, als man Frauen ermutigte, Unabhängigkeit, Karrieren, persönliche Anerkennung und Selbstverwirklichung zu suchen, gestaltete meine Mutter eine andere Rolle für sich: Sie als Frau passte sich dem Wesen und der Berufung ihres Mannes an. Sie erwartete nicht, dass das Leben ihres Mannes um ihre Bedürfnisse und Interessen kreiste, sondern ihre Lebensweise richtete sich nach der ihres Mannes …

Es ist wichtig zu beachten, dass diese Rolle als ›Hilfe‹ nichts war, was mein Vater von meiner Mutter forderte; es war auch keine Aufgabe, die sie ungern oder zögerlich annahm. Sie bewunderte diesen Mann wirklich und hatte Freude daran, als Partnerin mit ihm zu leben und ihn zu ermutigen.

Mutter führte den sehr lebhaften Haushalt kompetent und gern, um ihn freizustellen, damit er Gottes Berufung für sein Leben besser erfüllen konnte. Heute würden viele Frauen diese Lebensweise als Unterdrückung betrachten. Aber meine Mutter war in keiner Weise unterdrückt. Im Gegenteil, mein Vater liebte die Partnerin, die Gott ihm zur Seite gestellt hatte, er achtete sie hoch und freute sich daran, dass sie ihre gottgegebenen Fähigkeiten und Möglichkeiten optimal nutzte.«[2]

Die Wahrheit ist, dass wir Jesus nie ähnlicher sind, als wenn wir uns für ihn oder für andere einsetzen. Es gibt keine höhere Berufung, als Diener zu sein.

Was mir an der »edlen Frau« in Sprüche 31 mit am meisten auffällt, ist die Tatsache, dass sie so vollkommen selbstlos ist. Sie sucht keine »Selbstverwirklichung«; sie will nicht »ihre Karriere« fördern, ein eigenes Bankkonto haben oder für ihre persönlichen Fähigkeiten bekannt werden. Im Gegenteil: Es scheint, als wäre sie gar nicht interessiert an ihren eigenen Wünschen und Bedürfnissen. Sie konzentriert sich stattdessen darauf, den praktischen Bedürfnissen ihres Mannes und ihrer Kinder, aber auch anderer Menschen in ihrem Ort zu begegnen. Beim ersten Lesen dieses Textes könnte man versucht sein, Anne Oakleys These zuzustimmen, Hausfrauen seien eine unterdrückte Gruppe. Aber schauen Sie diese Frau noch einmal neu an:

- Sie ist gut angezogen (Vers 22).
- Sie und ihre Familie haben genug zu essen und können noch abgeben (Verse 15 und 20).
- Sie führt ein geordnetes Leben; sie ist seelisch stabil und hat keine Angst vor der Zukunft (Verse 21 und 25).
- Ihr Mann ist ganz verliebt in sie: Er ist ihr treu, er findet, sie »übertrifft sie alle«, und sagt es ihr auch, und er gibt vor seinen Freunden mit ihr an (Verse 11, 28, 29 und 31).
- Ihre Kinder achten und loben sie (Vers 28).

Das sieht mir nicht nach Unterdrückung aus! Würde nicht jede Frau begeistert sein, so belohnt zu werden? Aber wie ist sie in den Genuss all dieser »Vorteile« gekommen? Nicht indem sie darauf bestand, dass ihr Mann die Ärmel aufkrempelte und bei den Hausarbeiten half (obwohl es natürlich ganz richtig ist, wenn

Männer das tun), sondern indem sie den Weg des Dienens wählte: Sie machte es zur ersten Priorität (nach ihrer Beziehung zu Gott), die Bedürfnisse ihrer Familie zu erfüllen.

»Vicki« beschreibt, wie Gott sie von der Täuschung befreit hat, sie könne erwarten, dass ihr Mann ihr dient:

»Vor mehreren Jahren bin ich von einem großen Betrug befreit worden. Ich erwartete immer, mein Mann müsse mir dienen: mir bei Hausarbeiten und Kinderversorgung helfen. Wenn er es nicht oder nicht gut genug tat, nahm ich es übel. Es ärgerte mich, ihm nachzuräumen oder ihm irgendwie zu helfen oder zu dienen. Ich hatte schon immer gewusst, dass Eva als Hilfe für Adam geschaffen worden war, aber eines Tages machte mir der Heilige Geist klar, dass das für mich gilt, und zeigte mir, dass ich meine Aufgabe als ›Hilfe‹ für meinen Mann nicht angenommen hatte. Jetzt hebe ich die Socken oder die Zeitungen meines Mannes auf und denke daran, dass ich ihm ›helfe‹. Ich bin dankbar für alles, was er für mich tut (und das ist wirklich viel), und ich suche nach Möglichkeiten, ihm zu helfen, sein Pensum zu schaffen, anstatt zu erwarten, dass er mir hilft, mein Pensum zu schaffen. Das war sehr hilfreich für unsere Ehe.«

24. »Wenn ich mich meinem Mann unterordne, werde ich nur unglücklich«

Vor ein paar Jahren löste eine große protestantische Gruppe in der evangelikalen Welt einen Sturm der Entrüstung aus, weil sie eine Zusammenstellung biblischer Aussagen über Ehe und Familie akzeptiert hatte, in der auch der Satz vorkam:

»Die Ehefrau soll sich bereitwillig der dienstbereiten Leitung ihres Mannes unterordnen, so wie die Gemeinde sich bereitwillig der Oberhoheit Christi unterordnet.«[3]

Der Kampf gegen die Unterordnung ist nicht auf Frauen unserer Zeit beschränkt. Das war sogar schon der Kern der Versuchung, die Eva damals im Garten Eden erlebte. Was die Schlange Eva nahelegte, war im Wesentlichen die Herausforderung: Hat Gott das Recht, über dein Leben zu bestimmen? Im Prinzip sagte der Teufel: »Du kannst dein Leben selbst lenken; du brauchst dich niemand anderem unterzuordnen.«

Er überzeugte Eva, wenn sie sich Gottes Anweisung unterordnete, würde sie unglücklich und es entginge ihr etwas Gutes. Von da an bis heute hat der Satan es meisterhaft verstanden, Frauen zu überzeugen, der Plan zur Unterordnung sei engstirnig, schlecht und schränke sie ein. Er hat eine schöne, vollkommene und wirkungsvolle Wahrheit genommen und zu etwas Hässlichem, Furchterregendem und Unerwünschtem entstellt.

Der Teufel weiß: Wenn wir die Wahrheit über die biblische Form der Unterordnung erkennen könnten – sie ist nämlich eines der befreiendsten Prinzipien in der ganzen Bibel –, würden wir sie freudig begrüßen. Er kann sich nicht erlauben, uns den Weg der Unterordnung wählen zu lassen. Wenn wir das tun würden, würde er seine Autorität verlieren und wäre machtlos gegen uns und die, die wir lieben.

Im Innersten der menschlichen Natur nach dem Sündenfall (und ich glaube, auch im Kern der feministischen Ideologie) liegt das Problem der Autorität. Wir wollen einfach nicht, dass jemand uns vorschreibt, was wir tun sollen. Wir wollen unser Leben selbst führen und selbst entscheiden. Kleinkinder ärgern sich, wenn man ihnen verbietet, zerbrechliche Gegenstände anzufassen. Teenager wollen nicht hören, wann sie abends zu Hause sein sollen. Wir Erwachsenen wollen nicht, dass uns jemand vorschreibt, auf Landstraßen nicht schneller als 100 km/h zu fahren und einen Sicherheitsgurt anzulegen.

Wenn es um Unterordnung geht, ist der Gedanke, dass eine Frau sich ihrem Mann unterordnen soll, für viele Frauen besonders anfechtbar, immer mehr auch für die in den christlichen Gemeinden. Zum Teil liegt das, glaube ich, an einem Mangel an biblischer Lehre und Verständnis davon, was Unterordnung bedeutet und wie wertvoll sie ist. Auch hier hat der Teufel Lügen in zahllosen Varianten bereit.

Lügen über Unterordnung

1. *»Die Frau ist weniger wert als der Mann.«* In der Bibel steht, dass sowohl der Mann als auch die Frau nach Gottes Bild geschaffen

sind, beide haben vor Gott den gleichen Wert, und beide haben das Recht, durch Buße und Glauben seine erlösende Gnade zu erleben (1. Mose 1,27; Galater 3,28; 1. Petrus 3,7). Die Pflicht einer Frau, sich ihrem Mann unterzuordnen, macht sie nicht weniger wertvoll oder unwichtiger als ihren Mann.

2. *»Als Oberhaupt darf der Mann streng oder diktatorisch gegen seine Frau sein.«* Die Männer werden angewiesen, ihre Frauen so zu lieben, wie sie sich selbst lieben, so selbstlos, aufopfernd und dienstbereit, wie der Herr Jesus seine Gemeinde liebt, der sogar sein Leben für sie gelassen hat (Epheser 5,25-29).

3. *»Die Frau soll ihrem Mann keine Vorschläge machen oder ihm gegenüber ihre Meinung äußern.«* Gott hat die Frau als »Hilfe und Gegenüber« für ihren Mann geschaffen. Das heißt, er braucht ihre Hilfe. Er braucht die Ideen und Einsichten, die sie in verschiedenen Situationen beisteuern kann. Es heißt aber auch: Wenn eine Frau freundlich ihren Standpunkt in einer Sache ausgedrückt hat und ihr Mann sich entscheidet, gegen ihren Rat zu handeln, muss sie bereit sein, sich zurückzuhalten und die Folgen der Entscheidung ihres Mannes Gott zu überlassen.

4. *»Der Mann hat immer recht.«* Der Apostel Petrus spricht speziell Frauen an, deren Männer »nicht an die Botschaft Gottes glauben«. Vielleicht ist der Mann kein Christ oder er gehorcht Gott auf irgendeinem Gebiet nicht. Nach 1. Petrus 3,1 ist das beste Mittel, einen solchen Mann zu beeinflussen, nicht Betteln und Weinen, unwiderstehliche Logik oder ständiges Ermahnen, sondern die Macht der Unterordnung:

Gleicherweise sollen auch die Frauen
sich ihren eigenen Männern unterordnen,
damit, wenn auch etliche sich weigern, dem Wort zu glauben,
sie durch den Wandel der Frauen ohne Wort gewonnen werden,
wenn sie euren in Furcht keuschen Wandel ansehen.
1. Petrus 3,1.2

Befreiende Wahrheit über Unterordnung

Meine Ansicht über die Unterordnung hat sich in dem Maß entwickelt, in dem ich etwas davon verstanden habe, wozu Gott

Autoritäten eingesetzt hat. Gott wollte, dass Autorität dazu dient, dem anderen geistlichen Schutz zu bieten.

Wenn Sie Ihrem zweijährigen Kind sagen, dass es nicht allein über die verkehrsreiche Straße vor Ihrem Haus gehen darf, dann ist das nicht tyrannisch oder grausam. Sie wissen, dass auf dieser Straße »grausame« Autos fahren, und tun das im Interesse Ihres Kindes. Sie gebrauchen Ihre Autorität, um Ihr Kind zu schützen (auch wenn es nicht weiß, dass es geschützt werden muss).

Wenn wir uns unter den geistlichen Schutz der Autoritäten stellen, die Gott uns vorgesetzt hat, dann schützt Gott uns. Wenn wir andererseits darauf bestehen, selbst zu entscheiden und aus diesem Schutz herauszutreten, öffnen wir uns dem Einfluss und den Angriffen des Feindes.

Ich glaube, dass viele Frauen in ihren Gedanken, Gefühlen und ihrem Willen so anfällig für die Angriffe des Teufels sind, weil sie sich nicht der Autorität ihres Mannes unterstellen. Wenn wir uns der Autorität entziehen – gleich ob in wichtigen oder in scheinbar unbedeutenden Bereichen –, werden wir »Freiwild« für den Teufel.

Damit will ich nicht sagen, dass eine Frau, die unter der Autorität bleibt, automatisch vor allen Leiden und Anschuldigungen geschützt sei. Es bedeutet auch nicht, eine Frau würde nur dann schlecht behandelt, wenn sie sich nicht der rechtmäßigen Autorität unterstellt. Nach der Bibel kann auch ein rechtschaffener, gehorsamer Mensch verfolgt werden. Das kann die Form von Beleidigungen oder schlechter Behandlung annehmen. Der erste Petrusbrief erklärt praktisch, welche Ziele Gott mit dem Leiden verfolgt und wie wir reagieren sollen, wenn wir für gute Taten leiden müssen.

Es gibt Ausnahmesituationen, in denen eine gehorsame Frau sich und/oder ihre Kinder aus der Nähe ihres Mannes entfernen muss: Wenn es nämlich Gefahr für Leib und Leben bedeutet, da zu bleiben. Aber selbst in solchen Fällen kann – und muss – eine Frau die Achtung vor der Stellung ihres Mannes bewahren. Ihr Ziel ist nicht, ihn als Ehemann herabzusetzen oder sich ihm zu widersetzen, sondern letztlich zu sehen, wie Gott ihn zum Gehorsam zurückbringt. Wenn sie durch ihre Haltung, ihr Reden oder ihr Verhalten solche Situationen provoziert oder verschlimmert, dann mischt sie sich in das ein, was Gott mit ihrem Mann tun will, und ist nicht mehr frei, Gottes Schutz und Eingreifen für sich in Anspruch zu nehmen.

Wenn Sie selbst oder eine Ihrer Bekannten in solch einer ernsten Lage sind, dann bitten Sie Gott, Ihnen eine Möglichkeit zu guter geistlicher Beratung zu zeigen, am besten einen Ältesten oder geistlichen Leiter Ihrer Gemeinde. (Es gibt noch andere Faktoren und Hilfsmöglichkeiten, die vielleicht in besonderen Fällen berücksichtigt werden müssen.)

Ich habe gemerkt, dass das Grundproblem beim Thema Unterordnung eigentlich meine Bereitschaft ist, *Gott* zu vertrauen und mich *seiner* Autorität unterzuordnen. Wenn ich bereit bin, ihm zu gehorchen, merke ich, dass es lange nicht so schwierig und beängstigend ist, mich menschlichen Autoritäten unterzuordnen, die er mir vorgesetzt hat.

Sprüche 21,1 sagt uns: »Gleich Wasserbächen ist das Herz des Königs in der Hand des HERRN; er leitet es, wohin immer er will.« Unsere Bereitschaft, uns von Gott gesetzten Autoritäten unterzuordnen, ist das sicherste Zeichen, wie viel wir Gottes Macht und Größe zutrauen.

Die Wahrheit ist, dass jede menschliche Autorität unter der Kontrolle einer höheren Macht steht. Letztlich bestimmt kein Mensch über uns. Die Unterordnung setzt uns in den Stand, von unserem weisen, liebevollen, allmächtigen himmlischen Vater beschützt zu werden, der »das Herz des Königs« lenkt.

Die Frage ist: Glauben wir wirklich, dass Gott größer ist als alle menschliche Macht? Glauben wir, dass er mächtig genug ist, wenn nötig den Charakter dieser Macht zu ändern? Glauben wir, dass er groß genug ist, uns zu schützen, wenn wir unseren angemessenen Platz unter einer Autorität einnehmen? Glauben wir, dass er weiß, was am besten für uns ist? Sind wir bereit, uns darauf zu verlassen, dass er die vollkommenen ewigen Ziele verwirklicht, die er für uns hat?

Die Wahrheit, die 1. Petrus 3,1-2 uns zeigt, ist, dass eine Frau, wenn sie sich ihrem Mann unterordnet, Gott damit Raum gibt, in ihm zu arbeiten und ihn zum Gehorsam zu führen. Weiter sagt Petrus auch, dass die gehorsame Grundhaltung einer Frau eine unvergleichliche, strahlende und beständige Schönheit bewirkt:

Euer Schmuck soll nicht der äußerliche sein, Haarflechten und Anlegen von Goldgeschmeide oder Kleidung, sondern der verborgene Mensch des Herzens in dem unvergänglichen Schmuck eines sanften und stillen Geistes, der vor Gott sehr kostbar ist. Denn so haben sich einst auch die heiligen Frauen geschmückt, die ihre Hoffnung auf Gott setzten und sich ihren Männern unterordneten, wie Sarah dem Abraham gehorchte und ihn »Herr« nannte. Deren Töchter seid ihr geworden, wenn ihr Gutes tut und euch keinerlei Furcht einjagen lasst.

1. Petrus 3,3-6

Wenn eine Frau sich ihrem Mann unterordnet, egal wie er zum Glauben steht, befreit sie das in Wirklichkeit von Angst, weil sie sich Gott anvertraut hat, der die entscheidende Kontrolle über ihren Mann und ihre Situation hat.

In ihrem inhaltsreichen Buch *The True Woman* (Die wahre Frau) fasst Susan Hunt die Einstellung zusammen, die der Unterordnung zugrunde liegt:

»Ich kann keine logischen Gründe für Unterordnung anführen. Es entzieht sich der Logik, dass Jesus auf alle Schönheit des Himmels verzichtet hat, um uns die Schönheit des Himmels geben zu können. Unterordnung lebt nicht von der Logik; sie lebt von der Liebe.

Jesus hat uns so geliebt, dass er sich freiwillig dem Tod an einem Kreuz unterworfen hat. Er weist uns an, dass Frauen sich ihren Männern unterordnen sollen. Das ist ein Geschenk, das wir dem Mann, dem wir im Gehorsam gegen unseren geliebten Retter Liebe versprochen haben, freiwillig geben …

Gott sagt, dass der Mann eine Hilfe braucht. Eine echte Frau begrüßt diese Aufgabe und verhält sich bestärkend und nicht gegnerisch, mitfühlend anstatt herrisch, als Partnerin und nicht als Hauptperson. Sie ordnet sich nicht oberflächlich, sondern in ihrem Wesen unter.

Die wahre Frau hat keine Angst, sich in eine untergeordnete Stellung zu begeben. Sie braucht nichts festzuhalten; sie braucht nichts zu kontrollieren. Ihre Angst verschwindet vor Gottes Versprechen, ihr Gott zu sein und in ihr zu leben. Unterordnung ist einfach eine Bestätigung ihres

Vertrauens auf die unbegrenzte Macht Gottes, der Herrscher ist. Unterordnung ist eine sichtbare Auswirkung ihrer Erlösung.«[4]

25. »Wenn mein Mann nichts tut, muss ich die Initiative ergreifen, sonst geschieht nichts«

Als wir Frauen befragten, welche von den Lügen in diesem Buch sie geglaubt hatten, war diese Lüge die dritthäufigste. Mir fällt nicht viel ein, was Frauen mehr frustrieren kann als »passive Männer«. Auch dies ist kein neuer Streitpunkt. Wie viele Probleme reicht auch dies bis ins Paradies zurück:

Und die Frau sah, dass von dem Baum gut zu essen wäre, und dass er eine Lust für die Augen und ein begehrenswerter Baum wäre, weil er weise macht; und sie nahm von seiner Frucht und aß, und sie gab davon auch ihrem Mann, der bei ihr war, und er aß.
1. Mose 3,6

Diese Stelle weckt in meiner Vorstellung ein beunruhigendes Bild: Das Paar ist zusammen im Garten. Die Schlange kommt zu ihnen, ignoriert den Mann und fängt ein Gespräch mit der Frau an, weiß aber genau, dass Gott sie der Autorität ihres Mannes unterstellt hat und dass beide unter Gottes Herrschaft stehen. (Achten Sie auf die Taktik des Teufels, Gottes Machtstruktur zu verkehren, indem er direkt die Frau anspricht.) Satan fängt das Gespräch mit einer Frage an Eva an: »Sollte Gott wirklich gesagt haben, dass ihr von keinem Baum im Garten essen dürft?« (1. Mose 3,1).

Hier ist wichtig zu beachten, was die Frau *nicht* tut: Sie ignoriert ihren Mann, der neben ihr steht. Sie sagt nicht zur Schlange: »Darf ich bekannt machen? Mein Mann.« Sie wendet sich nicht an ihren Mann und fragt: »Schatz, was denkst *du*, was wir machen sollen?«, oder: »Adam, sag ihr doch, was Gott zu uns gesagt hat.« Sie führt das gesamte Gespräch mit der Schlange, als ob ihr Mann nicht da wäre.

Dann, als es Zeit wird, eine Entscheidung zu treffen, nimmt sie die Sache selbst in die Hand. Sie spricht nicht mit ihrem

Mann darüber. Sie bittet ihn nicht um eine Äußerung oder Anweisung. Sie handelt einfach: »... und sie nahm ... und aß ...« (Vers 6).

Und was tut Adam die ganze Zeit? Er tut, was viele Frauen mir sagen, dass ihre Männer es die meiste Zeit tun: *nichts*. Er mischt sich nicht ein. Er engagiert sich nicht – außer um etwas von der Frucht zu essen, als seine Frau sie ihm gibt. Ganz plötzlich ist der erste Rollentausch da.

Gott hat den Mann zuerst geschaffen und ihm die Verantwortung gegeben, die Menschen *zu leiten und zu ernähren*, die ihm anvertraut sind. Die Frau, aus dem Mann geschaffen, sollte Empfängerin sein, auf die Initiative ihres Mannes eingehen. Sogar in den körperlichen Unterschieden zwischen Männern und Frauen drückt sich dieser grundlegende Unterschied aus.

Aber wer leitet und ernährt in diesem Bericht? Nicht der Mann, sondern die Frau. Und wer geht auf den anderen ein? Nicht die Frau, sondern der Mann. An diesem Bild stimmt etwas nicht. Seitdem stimmt mit den Söhnen und Töchtern dieses Paares immer wieder dasselbe nicht. Dieser Rollentausch ist zum Muster geworden für die Art, wie Männer und Frauen sich nach dem Sündenfall zueinander verhalten.

Seit diesem verhängnisvollen Tag in Eden ist es ein natürlicher Trieb von Frauen, ihre Männer zu kontrollieren, über sie zu herrschen und unabhängig von ihnen zu handeln.[5] Wir Frauen neigen von Natur aus dazu, die Zügel zu übernehmen, selbst die Initiative zu ergreifen. Ironischerweise sehnen wir uns aber auch danach, zu reagieren, weil Gott uns so geschaffen hat. Wir wünschen uns, dass unsere Männer handeln.

Wie Adam und Eva im Garten Eden geben wir instinktiv der anderen Seite die Schuld an dem Problem. Wir Frauen sind schnell dabei, unsere Männer zu passiv zu finden und zu behaupten, wenn sie nicht so inaktiv wären – wenn sie nur *irgendetwas täten* –, würden wir die Sache nicht selbst in die Hand nehmen.

Viele Frauen haben mir im Lauf der Jahre beteuert, die Passivität ihres Mannes habe sie »gezwungen«, selbst zu handeln:

- »Mein Mann will nicht arbeiten. Wenn ich nicht ginge und Arbeit suchte, würden wir verhungern!«

- »Wenn ich meinen Mann in Geldsachen bestimmen ließe, würde er uns bankrott machen.«
- »Er kümmert sich einfach nicht um die Kinder. Wenn ich sie nicht dazu erziehen würde, das Richtige zu tun, könnten sie alles tun, was sie wollen.«

Ich bin selbst eher ein aktiver Typ und weiß, wie es ist, wenn einen die scheinbare Passivität mancher Männer frustriert. Ich habe im Lauf der Zeit in vielen Versammlungen gesessen – wo gläubige Männer waren – und mir auf die Zunge gebissen, um nicht aufzuspringen und selbst zu handeln, wenn ich das Gefühl hatte, diese Männer seien zu zögerlich.

Aber ich habe beobachtet, wie Männer und Frauen aufeinander reagieren, habe meine eigenen Reaktionen in solchen Situationen ausgewertet und frage mich, wie weit wir Frauen die Männer um uns mit unserer Eile, die Dinge zu übernehmen, demotiviert und ihnen Kräfte entzogen haben, anstatt zu warten, bis Gott die Männer zum Handeln bewegt. Es ist so leicht, Männern die Lust zu nehmen, sich der Herausforderung zu stellen und die notwendige Führung zu übernehmen. Noch schlimmer: Wenn sie dann handeln und von den Frauen Ermutigung und Beifall erwarten, erklären ihnen die, wie sie es hätten besser machen können – und korrigieren sie noch.

Ich erinnere mich, dass ein verheirateter Mann erzählte, wie er vor Jahren, als er und seine Frau frisch verheiratet waren, ihr gemeinsames Gebet leitete. Als sie fertig waren, hatte sie angefangen, seine Art zu beten zu kritisieren. Es überrascht nicht, dass dieser Mann nach Jahren sagte: »Ich beschloss, das sei das letzte Mal gewesen, dass ich mit ihr betete.« Mit der Ablehnung seiner Rolle als Mann konnte er nicht umgehen. Erst nach mehreren Jahren, als Gott noch einmal ganz neu zu ihm sprach, fand er wieder den Mut, das Risiko einzugehen und seine Frau zu leiten.

Meistens ist es leider so: Wenn die Frau die Verantwortung übernehmen will, tritt der Mann zurück und überlässt sie ihr. Elizabeth Rice Handford schreibt dazu:

»Die meisten Männer hassen ›Szenen‹. Verwirrung und Unordnung meiden sie. Sie würden nahezu alles tun, um Frieden in ihrem Haus zu

haben. Lieber lassen sie eine Frau tun, was sie will, als zu widersprechen und zu streiten. Aber was ein Mann dafür hergibt, das ist seine Rolle als Mann. Ehe Sie sich beschweren, Ihr Mann wolle die Führung Ihrer Familie nicht wahrnehmen, prüfen Sie sich selbst gründlich: Verlassen Sie sich wirklich auf sein Urteil? Sind Sie bereit, seine Entscheidungen von vornherein mitzutragen? Wenn nicht, dürfen Sie sich nicht beklagen, dass er die Führung nicht übernimmt. Vielleicht kämpft er nicht um seine Entscheidungsgewalt, um Frieden zu haben.«[6]

Wir können nun einmal nicht beides haben. Wir können nicht darauf bestehen, die Dinge zu steuern, und dann erwarten, dass die Männer zuerst aktiv werden, die Initiative ergreifen und »geistliche Leiter« sind.

Manchmal frage ich Frauen, die von der Inaktivität ihrer Männer frustriert sind: »Was würde passieren, wenn Sie nicht eingriffen und die Sache übernähmen?« Meinen Sie, Sie müssten arbeiten gehen, weil er sich keine Arbeit sucht? Wenn er Hunger bekommt, wird er höchstwahrscheinlich arbeiten! Sie sind sich sicher, Sie müssten das Geld verwalten, weil er nicht verantwortlich damit umgeht? Vielleicht geht er dann bankrott. Aber es kann sein, dass Gott genau das braucht, um ihn aufmerksam zu machen und sein Wesen zu ändern. Sie müssen bereit sein, ihn versagen zu lassen – und glauben, dass Ihre Sicherheit letztlich nicht bei Ihrem Mann liegt, sondern bei einem allmächtigen Gott, der Sie nicht im Stich lässt.

In der Bibel wird Sara als Frau gelobt, die ihren Mann ehrte und ihm gehorchte. Aber bei mindestens einer Gelegenheit, als Gott nicht so schnell handelte, wie sie es für gut hielt, tappte sie in die Falle und versuchte, die Sache selbst zu regeln. Vor zehn Jahren hatte Gott ihrem Mann Abraham versprochen, er würde viele Nachkommen haben und sie würden zu einem großen Volk werden. Jetzt war sie 76 Jahre alt und immer noch kinderlos. Sie wurde ungeduldig und entschied, jemand müsse etwas tun. Also setzte sie ihren Mann unter Druck, damit er handelte:

Und Sarai, Abrams Frau, gebar ihm keine Kinder;
aber sie hatte eine ägyptische Magd, die hieß Hagar.
Und Sarai sprach zu Abram: Sieh doch, der HERR hat mich

verschlossen, dass ich keine Kinder gebären kann.
Geh doch ein zu meiner Magd; vielleicht werde ich durch sie
Nachkommen empfangen! Und Abram hörte auf die Stimme Sarais.
1. Mose 16,1.2

Sara wandte damit eine übliche Sitte an, nach der eine unfruchtbare Frau durch eine ihrer Sklavinnen ein Kind bekommen konnte. Zuerst schien Saras Plan prächtig aufzugehen: Hagar erwartete schon bald ein Kind. Aber es dauerte nicht lange, bis die Lage unangenehm wurde. Das Verhältnis zwischen der kinderlosen Frau und der schwangeren Sklavin wurde unerträglich, sodass Sara wieder zu Abraham ging und sagte: »Das Unrecht, das mir zugefügt wird, treffe *dich*!« (1. Mose 16,5; Hervorhebung von mir).

Dreizehn Jahre später, als Sara 90 Jahre alt war, griff Gott durch ein Wunder ein und gab Abraham und Sara ein eigenes Kind. Isaak sollte dem alten Ehepaar und allen nachfolgenden Generationen viel Gutes bringen. Aber Ismael, der aus der Verbindung von Abraham und Hagar hervorging, bereitete ihnen ihr Leben lang Konflikte und Kummer. Wie oft muss Sara ihr Vorgehen bedauert und sich gefragt haben: »Warum konnte ich nicht auf Gott warten? Warum musste ich selbst bestimmen?«

Wir können Dinge selbst in die Hand nehmen und erreichen vielleicht sogar gleich etwas. Aber am Ende bleibt gewöhnlich ein bitterer Nachgeschmack. Oft geben wir dann denen die Schuld, die uns unserer Meinung nach zum Handeln getrieben haben.

Was kann uns von dem Hang befreien, die Männer, mit denen wir zu tun haben, zu beherrschen? Wir müssen lernen, *auf Gott zu warten*; denn für die, die das tun, handelt er auf seine Art und zu seiner Zeit.

Harre auf den HERRN!
Sei stark, und dein Herz fasse Mut, und harre auf den HERRN!
Psalm 27,14

26. »Manchmal ist es besser, sich scheiden zu lassen, als in einer schlechten Ehe zu bleiben«

Der Feind suggeriert uns oft, in einer scheinbar hoffnungslosen Lage gäbe es keine Möglichkeit, »richtig« zu handeln.

Tatsache ist, dass eine Ehe schwer ist, und eine gute Ehe ist sogar noch schwerer. Kein Ehepaar »passt zueinander« – schon allein darum, weil Männer und Frauen sehr verschieden sind. Ganz zu schweigen von der Tatsache, dass an jeder Ehe zwei Menschen beteiligt sind, die von Natur aus Egoisten sind. Wenn zwei Menschen unter einem Dach leben, gibt es immer einmal Rücksichtslosigkeiten. Man verletzt sich. Es gibt Missverständnisse. Man kann die Bedürfnisse des anderen nicht immer erfüllen. Dass Menschen heiraten und dann »für immer glücklich leben«, gibt es nur im Märchen. Seit dem Sündenfall hat es noch nie eine leichte oder schmerzfreie Ehe gegeben.

Sobald ein Paar »Ja« sagt, hebt die Schlange ihren hässlichen Kopf und versucht, diese Ehe zu zerstören. Sie weiß, dass jede Scheidung ein Angriff auf den guten Ruf Gottes ist und auf das Bild, das Menschen von der Erlösung durch Gott bekommen. Ehe die Hochzeitsfeier vorbei ist, sucht Satan schon nach Möglichkeiten, das junge Paar für seinen Betrug empfänglich zu machen.

Meist fängt die Täuschung nicht mit ausgewachsenen Lügen an. Die würden zum größten Teil gleich abgelehnt werden. Zuerst sind es Halbwahrheiten, gemischt mit halben Lügen. Es beginnt unmerklich mit Gedanken, die den Anschein von Wahrheit haben, und Gefühlen, die uns richtig vorkommen.

So kann Ihr Ehemann den zweiten Jahrestag Ihrer ersten Begegnung vergessen. Oder er

- kommt eine Stunde zu spät zu einer Verabredung und vergisst anzurufen;
- sagt zu, dass Sie beide in der Kleinkinderarbeit der Gemeinde mitarbeiten, ohne vorher mit Ihnen zu sprechen;
- verspricht seinen Eltern, sie zu Weihnachten mit Ihnen zu besuchen, und Sie haben gehofft, zu Weihnachten bei Ihren Eltern zu sein;

- begeht irgendeine von den zahllosen möglichen »Kränkungen«.

Wenn man das Gekränktsein pflegt, anstatt bewusst zu vergeben und die Sache loszulassen, wird man anfällig für Täuschungen, die mit der Zeit größer und stärker werden:

- Er ist immer rücksichtslos.
- Es kümmert ihn nicht, dass er mich verletzt hat.
- Man kann unmöglich mit ihm leben.
- Er wird sich nie ändern.
- XY (ein anderer Mann am Arbeitsplatz oder in der Gemeinde) ist so viel rücksichtsvoller und einfühlsamer. Er behandelt seine Frau nicht so.
- Diese Ehe kann unmöglich gut gehen.
- Wenn ich XY (den »anderen« Mann) geheiratet hätte, wäre ich glücklicher.
- Wenn mein Mann mich nicht liebt und achtet, habe ich das Recht, ihn zu verlassen.
- Manchmal können sich zwei Leute einfach nicht aufeinander einstellen; anscheinend sind wir nicht füreinander gedacht.
- Wenn ich mich scheiden lasse, geht es mir besser, als wenn ich in einer unglücklichen Ehe bleibe.
- Ich habe keine Wahl. Ich kann einfach nicht mehr mit ihm zusammenbleiben.

In diesem Szenario hat die Frau sich überzeugt, ihr Mann sei allein (oder zum größten Teil) der Schuldige. Sie ist blind für das, was in ihrem eigenen Verhalten geändert werden muss – oder jedenfalls nimmt sie ihre Fehler nicht so wichtig wie seine. Sie sieht seine Fehler durch ein Mikroskop und ihre durch ein umgedrehtes Fernglas. Sie erkennt nicht, dass sie selbst Unrecht tut und dass sie wie er Gottes Vergebung braucht.

Außerdem dreht sich ihr Leben um sie selbst: ihr Glück und ihre Verletzungen. Sie ist mehr darauf bedacht, ihre Probleme zu lösen und ihre Bedürfnisse zu befriedigen, als auf eine Heilung und Veränderung durch Gott – für sich selbst und für ihren Mann. Sie hat keine Vorstellung, wie Gott sie gebrauchen könnte, um ihrem Mann Gutes zu tun. Oder sie will nicht den Preis zahlen, den es kostet, auf diese Weise gebraucht zu werden.

Vor allem hat sie Gott gar nicht in Betracht gezogen. Sie erkennt nicht sein ewiges Ziel für ihre Ehe. Sie sieht auch nicht, wie die Schwächen ihres Mannes und die Eheschwierigkeiten dieses Ziel fördern könnten. Sie glaubt nicht, dass Gott mächtig genug ist, sie selbst, ihren Mann und diese Ehe auf wunderbare Weise in etwas sehr Schönes und Wertvolles zu verwandeln. Mit dem Wunsch, aus der Ehe auszubrechen, stellt sie ihr persönliches Glück und Wohlbefinden über das, was Gott über die Gültigkeit von Eheversprechen und die Schwere eines Verstoßes gegen diese Versprechen sagt.

Aus diesem Denken heraus kam »Annette« zu dem Schluss:

> *»Ich habe ein Recht, glücklich zu sein. Mein Leben ist zum größeren Teil vorbei, und ich habe einen Anspruch darauf, den Rest glücklich verheiratet mit jemandem zu verbringen, der mich liebt und schätzt – natürlich nicht mit meinem Mann.«*

Wenn jahrelang angesammelte Verletzungen nicht so behandelt werden, wie Gott es will, können sie Menschen dazu bringen, sich von etwas zu überzeugen, von dem sie dachten, sie würden es nie glauben, und Entscheidungen zu rechtfertigen, die sie für sich nie für möglich gehalten hätten. Die innere Härte und Hoffnungslosigkeit, die darauf folgen, beweisen augenfällig, dass sie in die Falle des Betrügers gegangen und seinen Täuschungen zum Opfer gefallen sind.

Der einzige Weg, diesen Teufelskreis zu durchbrechen und frei zu werden, ist, sich den Lügen entgegenzustellen, die unsere Gedanken und Gefühle bestimmen, und ihnen die Wahrheit vorzuhalten, die Gott uns in seinem Wort bekannt gemacht hat. Die Wahrheit ist:

- Es gibt keine Ehe, die Gott nicht heilen könnte. Es gibt keinen Menschen, den Gott nicht ändern könnte.
- Das erste Ziel der Ehe ist nicht, glücklich zu sein, sondern

Gott zu ehren und die erlösende Liebe sichtbar zu machen, die er uns zusagt.

- Gott gebraucht die Schwächen jedes Ehepartners, um den anderen Christus ähnlich zu machen. Die »Ecken und Kanten« Ihres Partners können für Gott ein Werkzeug werden, um Sie zu der Frau zu machen, die er sich bei Ihrer Erschaffung vorgestellt hat.
- Echte Liebe – Gottes Liebe – kennt keine Bedingungen und hört nie auf. Von uns aus können wir keinen Menschen vollkommen lieben. Aber Gott kann durch uns jeden Menschen lieben, wenn wir bereit sind, das zuzulassen. Liebe ist kein Gefühl, sondern die feste Entschlossenheit, so zu handeln, wie es für den anderen am besten ist. Mit Gottes Hilfe können wir entscheiden, jeden Menschen zu lieben, auch wenn wir keine Zuneigung zu ihm spüren.
- Die Ehe ist ein Bund. Gott hält seinen Bund. Er hat seine Versprechen an das Volk Israel gehalten, auch als es ihn verlassen und andere »Liebhaber« gesucht hatte (s. Jeremia 11,10; Hesekiel 20,16; Hosea 2,12). Der Herr Jesus hält seine Versprechen an seine »Braut«, die Gemeinde, auch wenn wir ihm untreu sind. Weil er treu ist und seine Versprechen hält, ist es nie richtig, wenn wir den Ehebund brechen, der ein Bild für die befreiende Beziehung zwischen Gott und seinem Volk sein sollte.
- Gott hat uns befohlen, unbegrenzt zu vergeben.
- Ihre Treue und Bereitschaft, Ihrem Mann opferbereite Liebe entgegenzubringen, kann zu seiner geistlichen Heilung führen, so wie das Leiden Christi das Mittel zu unserer Heilung war (1. Petrus 2,24-25; 1. Korinther 7,12-14).
- Ihre Probleme werden durch einen anderen Partner nicht gelöst. (Nach den Statistiken werden zweite Ehen häufiger geschieden als erste.)
- Gottes Gnade ist stark genug, um Sie fähig zu machen, Ihrem Partner treu zu bleiben, ihm unbegrenzt zu vergeben und ihn zu lieben.
- Gott verlässt Sie nie. Unabhängig davon, was Sie durchmachen müssen, ist er da und hilft Ihnen durch.

- Vielleicht erlebt man den vollen Lohn für Treue in diesem Leben nicht vor der Ewigkeit. Aber Treue wird ganz sicher belohnt, und der Lohn ist das Warten wert!

Vor mehreren Jahren gab mir eine Frau, die mich auf einer Konferenz hatte sprechen hören, ein Stück Papier. Die handgeschriebene Überschrift lautete:

Nur durch Vergeben kann man von Gott das Beste bekommen!

Dann kam eine Reihe von einzelnen Sätzen, an denen sich die bewegende Geschichte des Weges dieser Frau von der Täuschung zur Wahrheit ablesen lässt:

- Vor vielen Jahren tat mein Mann mir Unrecht.
- Ich beantragte die Scheidung.
- Ich bekam einen Brief von einem Freund, dessen Frau gestorben war. Darin stand einfach nur: »Demütige dich.«
- Ich tat es, aber unwillig und unzufrieden.
- Je mehr ich meine Ansprüche zurückstellte und versuchte, meinen Mann zu lieben, umso mehr entwickelte er sich zu einem bewundernswerten Christen.
- Jetzt war ich stolz, seine Frau zu sein. Ich genoss es sogar! (Sehr.)
- An einem Heiligabend umarmten wir uns voll Staunen. Gott hatte unsere Ehe auf allen Gebieten besser wiederhergestellt, als wir es hätten erträumen können.
- 26. Dezember: Wir beteten zusammen und umarmten uns. Ich küsste ihn zum Abschied. Eine Stunde später war er tot.
- Gott hat mir geschenkt, dass ich nichts bereuen muss. So schwer es ist, ohne ihn zu leben, ist es doch nicht zusätzlich belastet, weil ich nichts bereue.
- Ich würde einer verheirateten Frau sagen: Verschwende keine kostbare Zeit, wenn du von Gott das Beste im Leben bekommen kannst. Verzichte und gib nach. Gib deinem Mann Raum und Zeit, mit Gott zu leben. Es kostet Zeit und Opfer, aber das Ergebnis ist unglaublich schön und erfüllend!

Der Feind hat aus der Ehe ein Chaos und eine Karikatur gemacht. Seine Lügen haben Leben und Familien unzähliger Menschen zerstört. Nur die Wahrheit ist stark genug gutzumachen, wiederherzustellen und zu erneuern.

Lügen mit der Wahrheit begegnen

Lüge:	Die Wahrheit:
21. Ich brauche einen Mann, um glücklich zu werden.	– Glück findet man nicht in (oder außerhalb) der Ehe. – Kein Mensch kann meinen tiefsten Mangel ausfüllen. Ohne Gott kann mich nichts und niemand wirklich glücklich machen. – Gott hat versprochen, für alles zu sorgen, was ich brauche. Wenn es ihm mehr Ehre bringt, dass ich verheiratet bin, wird er mir einen Mann geben. – Wer auf Gott wartet, bekommt immer das Beste von ihm. Wer darum kämpft, zu bekommen, was er will, wird oft unglücklich.
22. Ich bin dafür verantwortlich, meinen Mann zu verändern.	– Die besten Mittel für eine Frau, ihren Mann zu beeinflussen, sind ein von Gott bestimmtes Leben und Gebet. – Es ist sehr viel effektiver, wenn eine Frau Gott bittet, ihren Mann zu verändern, als wenn sie versucht, direkt Druck auf ihn auszuüben.
23. Mein Mann soll mir dienen.	– Wenn ich erwarte, bedient zu werden, werde ich sehr oft enttäuscht. Wenn ich versuche, anderen zu dienen, ohne eine Gegenleistung zu erwarten, werde ich nie enttäuscht. – Gott hat die Frau als Hilfe für den Mann geschaffen. – Wir sind Jesus immer dann am ähnlichsten, wenn wir für andere da sind.

Lüge:	Die Wahrheit:
24. Wenn ich mich meinem Mann unterordne, werde ich nur unglücklich.	– Wenn ich mich unterordne, stehe ich unter dem Schutz Gottes, der »das Herz des Königs« lenkt. – Wenn ich mich aus dem Schutz der Autorität entferne, bin ich anfällig für feindliche Angriffe. – Meine Bereitschaft, mich gottgegebener Autorität zu unterstellen, ist das beste Zeichen dafür, für wie groß ich Gott wirklich halte. – Respektvolle Unterordnung ist das beste Mittel einer Frau, einen Mann zu beeinflussen, der nicht mit Gott lebt. – An der Reaktion einer Frau auf die Autorität ihres Mannes sollte man sehen, wie sich die Gemeinde der Autorität des Herrn Jesus unterordnen soll.
25. Wenn mein Mann nichts tut, muss ich die Initiative ergreifen, sonst geschieht nichts.	– Gott hat den Mann zum Handeln aus eigenem Antrieb geschaffen und die Frau dazu, auf den Mann einzugehen. – Wenn eine Frau von sich aus handelt, anstatt zu warten, bis Gott ihren Mann motiviert, wird der Mann wahrscheinlich weniger bereit sein, seine gottgegebene Verantwortung zu übernehmen.
26. Manchmal ist es besser, sich scheiden zu lassen, als in einer schlechten Ehe zu bleiben.	– Die Ehe ist ein Bund fürs Leben und soll das Wesen Gottes sichtbar machen, der Versprechen hält. Wir sollen unseren Ehebund so treu halten, wie er seinen Bund hält. – Gott kann jede Ehe heilen. Gott kann jeden Menschen ändern. – Gott gebraucht die Schwächen jedes Ehepartners, um den anderen Christus ähnlicher zu machen. – Gottes Gnade kann Sie fähig machen, Ihrem Partner treu zu sein, ihn bedingungslos zu lieben und ihm unbegrenzt zu vergeben.

Zum persönlichen Gebrauch

1. Geben Sie Gott recht.
Welche Lügen über die Ehe haben Sie geglaubt?

2. Nehmen Sie die Verantwortung an.
Wie hat sich der Glaube an diese Lügen bei Ihnen geäußert (z.B. Haltungen, Handlungen)?

3. Bestätigen Sie die Wahrheit.
Lesen Sie alle wahren Aussagen auf den Seiten 150 und 151 laut. Welche von diesen Aussagen müssen Sie jetzt besonders annehmen?
Lassen Sie Ihr Denken durch die Bibel erneuern. Lesen Sie die folgenden Stellen laut. Was zeigen diese Verse über Gottes Sicht der Ehe allgemein und speziell der Aufgabe der Frau?

- Markus 10,6-9
- Sprüche 31,10-12
- Epheser 5,22-24.32-33
- 1. Petrus 3,1-6

4. Handeln Sie der Wahrheit entsprechend.
Welche konkreten Maßnahmen müssen Sie ergreifen, um Ihr Leben auf die Wahrheit einzustellen?

5. Bitten Sie Gott, Ihnen beim Leben nach der Wahrheit zu helfen.
Lieber Vater, ich danke dir, dass du die Ehe geschaffen hast. Danke, dass du uns damit auf der Erde ein Bild für deine unverbrüchliche Liebe, deinen großen Erlösungsplan und die Beziehung gibst, die Jesus Christus zur Gemeinde hat. Bitte zeige mir, wo ich eine Sicht der Ehe angenommen oder selbst vertreten habe, die nicht ganz biblisch ist. Ich gebe zu, dass auch die besten menschlichen Ehen lange nicht das erreichen, was du wolltest, denn wir sind stolz und egozentrisch. Ich danke dir für deine Gnade, die Männer fähig machen kann, ihre Frauen so zu lieben und zu leiten, wie Christus seine Braut liebt und leitet, und Frauen fähig machen kann, ihre Männer zu achten und sich ihnen unterzuordnen, wie die Gemeinde sich nach ihrem Bräutigam richten soll.

(Verheiratete Frauen:) Weil du deinem Bund treu bist, verpflichte ich mich, meinem Mann treu zu sein, solange wir beide leben. Bitte hilf mir, ihn zu lieben, wie du es willst (Titus 2,4), seine Schwächen anzunehmen und zu vergeben, ihn als mein »Haupt« zu achten und mich ihm so unterzuordnen, dass andere den Wunsch entwickeln, sich Christus unterzuordnen. Schenke mir, dass an mir ein ungetrübtes, sanftes, stilles Wesen sichtbar wird, damit mein Mann auf Gebieten, auf denen er vielleicht ungehorsam ist, für dich gewonnen werden kann.

(Unverheiratete Frauen:) Zeig mir, wie ich die Ehe von anderen stärken, schützen und bewahren kann. Halte mich rein, damit ich nie den heiligen Ehebund anderer Menschen verletze. Danke für Jesus, meinen himmlischen Bräutigam. Ich möchte ihm ganz zur Verfügung stehen und die Einheit mit ihm pflegen, und ich möchte mit all dem, was ich an ihm habe, zufrieden sein. In Jesu Namen. Amen.

Kapitel 7

Lügen über Kinder

Liebes Tagebuch,

Adam hat davon geredet, noch ein Kind haben zu wollen. Ich weiß nicht, ob die Idee gut ist. Ich habe unsere Söhne lieber als alles andere auf der Welt. Aber Mutter zu sein, ist schwere Arbeit!

In letzter Zeit hat es zwischen den Jungen viel Streit gegeben. Kain hat anscheinend immer das Gefühl, seinem jüngeren Bruder unterlegen zu sein. Als ob er sich irgendwie beweisen müsste. Seine Haltung ist immer schlimmer geworden. Er zieht sich mehr zurück als sonst und ist manchmal auch mürrisch und deprimiert. Er spricht einfach nicht. Ich versuche immer, ihn zu bestätigen, aber anscheinend hilft nichts, was ich sage. Sonst war er so nahe bei Gott, und jetzt sagt er, er wüsste nicht, ob er überhaupt an Gott glaubt.

Sein Vater ist manchmal ganz ratlos seinetwegen. Irgendwie können sie sich nicht verständigen. Manchmal denke ich, Adam ist zu streng zu ihm. Dann erinnere ich ihn daran, dass wir auch einmal solche Kämpfe erlebt haben.

Ich als Mutter fühle mich so unfähig, meine Kinder richtig zu erziehen. Ich mache mir Sorgen, wie das alles auf Abel wirkt. Ich kann mir nicht vorstellen, wie Adam meint, dass wir mit noch einem Kind zurechtkommen sollen.

Niemand hat größere Fähigkeit zu Freude und Liebe, aber auch zu Schmerz und Enttäuschung, als eine Mutter. Ob ihr Kind ein Sportstar ist oder über die eigenen Füße stolpert, ob es ein Genie oder geistig behindert ist, ob es als Erwachsener ein Firmenmanager oder ein Gewohnheitsverbrecher wird – eine Mutter hört nie auf, für das Kind, das sie einmal in den Armen gehalten hat, zu hoffen, zu träumen und zu wünschen.

Gerade in dieser sensibelsten Beziehung – mit dem eigenen Fleisch und Blut – sind viele Frauen besonders anfällig für Täuschungen. Wie auf jedem anderen Gebiet hat der Teufel ein riesiges Arsenal von Lügen, mit denen er Frauen über ihre Kinder und über ihre eigene Aufgabe als Mutter betrügt.

Die Absicht des Satans bei der Verbreitung dieser Lügen ist, nicht nur die Mütter zu versklaven, sondern auch den Betrug an die nächste Generation weiterzugeben, damit sie die Wahrheit und ihre befreiende Macht nie erfährt.

In diesem Kapitel wollen wir uns mit mehreren raffinierten Lügen und Halbwahrheiten befassen, die in der heutigen christlichen Gesellschaft weitgehend akzeptiert sind. Diese falschen Vorstellungen haben in unseren christlichen Familien schwerwiegende Folgen. Diese Folgen werden in zukünftigen Generationen noch zunehmen, wenn wir die Lügen nicht erkennen, zurückweisen und durch die Wahrheit ersetzen.

27. »Es ist ausschließlich unsere persönliche Angelegenheit, zu bestimmen, wie groß unsere Familie sein soll«

Heute Morgen erzählte mir eine Freundin, sie erwarte ihr viertes Kind. Sie und ihr Mann freuen sich sehr darüber. Aber sie merken jetzt, dass nicht alle ihre Begeisterung teilen. »Stell dir vor«, sagte sie zu mir, »die kritischsten Bemerkungen kommen zum Teil von Leuten aus unserer Gemeinde.«

Meine Freundin musste zugeben, dass diese ablehnenden Reaktionen sie manchmal unsicher gemacht hätten: »Bin *ich* denn jetzt verrückt geworden?«

Gott hat das Leben erfunden und geschaffen, und er gibt es. Da überrascht es nicht, dass der Teufel als Gottes eingeschworener Feind das Leben hasst. Er versucht schon immer, es zu zerstören. Er hat Adam und Eva verleitet, von der verbotenen Frucht zu essen, weil er wusste, dass sie dann sterben würden, wie Gott es gesagt hatte. Als Adam und Eva zwei Söhne bekommen hatten, reizte er den älteren von beiden, seinen jüngeren Bruder zu ermorden.

Der Teufel ist der Dieb, von dem Jesus spricht, der nur »stehlen, töten und verderben« will (vgl. Johannes 10,10). Seine Absicht und sein Vorgehen sind Gottes Plan genau entgegengesetzt, denn im selben Vers sagt Jesus: »Ich aber bin gekommen, um ihnen das Leben in ganzer Fülle zu schenken.«

Als Lebenszerstörer ist der Satan ganz sicher nicht fürs Kinderbekommen. Jedes Kind, das geboren wird, hat die Möglichkeit, seine Absichten zunichtezumachen, indem es von Gott angenommen und ein Bürger im Reich Gottes wird. Daher ist alles, was Frauen von ihrer gottgegebenen Aufgabe abhält, Leben weiterzugeben und zu pflegen, im Sinn des Teufels.

Abtreibung und Homosexualität sind Beispiele für lebenszerstörende Praktiken, die in unserer ganzen Gesellschaft weithin geduldet werden. Bibelgläubige Christen lehnen solche offensichtlich bösen Verhaltensweisen im Allgemeinen spontan ab. Aber die christliche Gemeinschaft – einschließlich mancher »Sprecher für das Leben« – hat einige Denk- und Verhaltensmuster angenommen, die versteckt kinderfeindlich und lebensfeindlich sind.

Einer der fundamentalen Lehrsätze der feministischen Ideologie ist von Anfang an das Recht einer Frau, ganz allein zu bestimmen, ob und wann sie Kinder haben will und wie viele Kinder sie haben will. Shulamit Firestone, eine bekannte feministische Philosophin und Schriftstellerin in den 60er- und 70er-Jahren, sprach für die Bewegung, als sie behauptete: *»Der Kern der Unterdrückung von Frauen ist ihre Rolle als Gebärende und Erziehende.«*[1]

Die Maßstäbe, nach denen die meisten Menschen die Größe ihrer Familien bestimmen, werden oft von Angst, Selbstsucht oder der natürlichen menschlichen Vernunft bestimmt:

- »Wie sollen wir noch mehr Kinder ernähren? Wir kommen so schon kaum aus. Wer soll die Ausbildung finanzieren?«
- »Mehr Kinder schaffe ich körperlich nicht. Die zwei zu versorgen, die ich jetzt habe, erschöpft mich schon.«
- »Ich habe einfach nicht genug Geduld, um mit mehr Kindern umzugehen.«
- »Mit mehr Kindern hätten wir nicht mehr genug Zeit füreinander.«
- »Meine Freunde (oder Eltern) halten uns für verrückt, wenn

> wir noch Kinder bekommen. Sie finden, wir hätten jetzt schon zu viele.«

Die Gesellschaft sagt: »Kinder sind eine Last.« Gottes Wort sagt, dass Kinder eines der größten Geschenke sind, die er einem Ehepaar geben kann (Psalm 127,3-5). Aber wir schauen zum Himmel auf und sagen: »Herr, bitte gib uns nicht noch mehr Geschenke!«

Die Gesellschaft sagt: »Die Ehe ist dazu da, uns glücklich zu machen. Das kann mit oder ohne Kinder sein.« Aber die Bibel sagt, dass eines der Ziele der Ehe ist, Kinder zu haben, die Gott achten und ehren (Maleachi 2,15).

Im ersten Brief des Paulus an Timotheus erinnert er daran, dass Gebären eine wesentliche gottgegebene Aufgabe von Frauen ist. Paulus fordert junge Witwen auf, sie sollen »heiraten, *Kinder gebären*, den Haushalt führen und dem Widersacher keinen Anlass zur Lästerung geben« (1. Timotheus 5,14; Hervorhebung von mir). Am Ende des zweiten Kapitels stellt er fest: »Sie (die Frau) soll aber … bewahrt werden durch das Kindergebären, wenn sie bleiben im Glauben und in der Liebe und in der Heiligung samt der Zucht.«

Das bedeutet natürlich nicht, dass eine Frau durch Gebären das ewige Leben bekommt. Dieser Vers ist grammatisch genauso aufgebaut wie Paulus' Aufforderung an Timotheus in Kapitel 4, Vers 16: »Habe acht auf dich selbst und auf die Lehre; bleibe beständig dabei! Denn wenn du dies tust, wirst du sowohl dich selbst retten als auch die, welche auf dich hören.«

Paulus sagt damit, dass Timotheus die Aufgabe hatte zu predigen und dass er, wenn er wirklich Gott gehörte, auch seiner Berufung treu sein würde. Das Predigen war für Timotheus kein *Mittel* zur Rettung, sondern ihre *notwendige Frucht*. So ist auch die Bereitschaft einer Frau, ihre gottgegebene Aufgabe und Berufung (Kinder zu bekommen) anzunehmen und nicht davor zu fliehen, eine notwendige Frucht, die eine echte Bekehrung begleitet. Sie ist der Beweis, dass sie Gott gehört und gehorcht.

(Das bedeutet nicht, dass alle Frauen von Gott berufen wären, zu heiraten und Kinder zu haben, sondern nur, dass dies im Allgemeinen die Hauptaufgabe ist, die Gott für Frauen vorgesehen hat.)

Maria von Nazareth ist ein schönes Beispiel einer Frau, die durch ihre Bereitschaft, ein Kind zu bekommen, Glauben bewiesen hat, obwohl es nicht in ihren Zeitplan passte. Wir können nur ahnen, wie viele Einwände dieses sehr junge Mädchen vielleicht zurückstellen musste, als der Engel ihr sagte, dass sie einen Sohn bekommen sollte:

- »Ich bin noch zu jung! Ich bin noch gar nicht darauf vorbereitet, ein Kind zu haben.«
- »Wenn ich auf ein Baby aufpassen muss, habe ich keine Zeit, bei Josef und bei meinen Freunden zu sein.«
- »Ich möchte mich erst in meinem neuen Haus eingewöhnen.«
- »Was werden die Leute sagen? Das versteht keiner.«
- »Wir können uns noch gar kein Kind leisten. Josef hat sich gerade erst selbstständig gemacht.«
- »Das Baby wird mitten in der Volkszählung geboren, wenn ich gar nicht zu Hause bin!«

Aber es gibt keinen Hinweis, dass Maria so gezögert oder sich geweigert hätte. Sie antwortete nur: *»Siehe, ich bin die Magd des Herrn; mir geschehe nach deinem Wort«* (Lukas 1,38). Im Prinzip sagte sie damit: »Du bist mein Herr. Ich bin deine Dienerin. Mein Körper gehört dir; ich nehme jede Härte oder Unannehmlichkeit in Kauf, die das mit sich bringt. Wichtig ist mir nur, den Zweck zu erfüllen, zu dem du mich geschaffen hast. Ich stelle mich dir mit Freuden zur Verfügung. Gebrauche mich, wie du willst.«

Wie dankbar bin ich für meine Mutter, die ebenso auf Gottes Berufung für sich geantwortet hat! Sie war hochmusikalisch, und als sie mit 19 Jahren Art DeMoss heiratete, planten sie, mindestens fünf Jahre zu warten, bevor sie Kinder bekamen, damit sie ihre Gesangsausbildung weiterführen konnte. Aber Gott hatte andere Pläne. In den ersten fünf Jahren ihrer Ehe gab er ihnen sechs Kinder! In derselben Zeit half meine Mutter meinem Vater, sich selbstständig zu machen. In all diesen frühen Jahren als Ehefrau und Mutter und auch mehrere Jahre später, als ein siebtes Kind ankam, begrüßte sie jedes Kind, das Gott ihr gab. Ich habe nie gehört, dass meine Mutter etwas anderes als Dankbarkeit für die Freude geäußert hätte, Kinder zu haben und Mutter zu sein.

Maria von Nazareth und meine Mutter: Diese Frauen sind ein Ebenbild von Jesus, der Kinder gern annahm, sich Zeit für sie nahm und seine Nachfolger anwies, dasselbe zu tun (Matthäus 19,13-15).

28. »Kinder müssen die ›Realität‹ erleben, damit sie sich durchzusetzen lernen«

Wenn der Teufel Christinnen nicht davon abhalten kann, Kinder zu gebären, versucht er mit aller Macht, sie darüber zu täuschen, wie man sie erziehen soll. Auch bei den Eltern wendet er dieselbe Taktik an wie bei Eva: Er behauptete, wenn sie die verbotene Frucht äße, würde sie etwas lernen, was sie wissen müsste: »... an dem Tag, da ihr davon esst, werden euch die Augen geöffnet ... und (ihr) werdet erkennen, was gut und böse ist« (1. Mose 3,5). Der Teufel hatte recht: Als Eva aß, wurden ihr wirklich die Augen geöffnet (Vers 7). Sie lernte etwas, was sie vorher nicht wusste: Sie lernte das Böse kennen. Das Ergebnis dieses Wissens waren Scham, Schuld und die Entfremdung von Gott und ihrem Mann.

Gott hat nie geplant, dass Sie und ich das Böse selbst erfahren sollten. Er wünscht sich, dass wir »das Gute klar erkennen und uns von allem Bösen fernhalten« (vgl. Römer 16,19). Aber der Satan sagt: »Du musst es selbst erleben.« Er sagt den Eltern: »Eure Kinder müssen es selbst erleben. Wenn ihr sie vor der ›Realität‹ behütet, lernen sie nicht, sich ihr anzupassen und darin zu überleben.«

Die Wahrheit ist: Es ist nicht unsere Aufgabe, Kinder zu erziehen, die »sich anpassen« und in dieser Welt nur gerade »überleben« können. Kinder christlicher Eltern sollen nicht nur »gute« Menschen werden, sondern die Wahrheit mit Freude für sich annehmen, richtiges Handeln lieben und Böses hassen. Gott will sie gebrauchen, um diese Welt zu *verändern*.

Ich kann Gott nicht genug danken, dass er meine Eltern angeleitet hat, in uns eine tief verwurzelte Liebe zu seiner Vollkommenheit und eine starke Abneigung gegen das Böse zu fördern –

weniger aus Angst vor den gesellschaftlichen Folgen als aus Hochachtung vor Gott und Liebe zu ihm.

Sie hätten uns in einer feinen weltlichen Privatschule in unserer Gegend anmelden können. Aber sie zogen es vor, uns in eine weniger renommierte christliche Schule zu schicken. Man hätte sagen können, anderswo hätten wir eine bessere Ausbildung bekommen, aber meine Eltern wussten, dass »die Furcht des Herrn der Weisheit Anfang« ist und die beste Vorbereitung auf das Leben Vertrautheit mit der Wahrheit von Gottes Wort und mit ihren Bezügen zu allen akademischen Disziplinen ist.

Sie unternahmen praktische Schritte, um unsere jungen Seelen vor dem Einfluss der Wertvorstellungen der weltlichen Gesellschaft zu schützen. Gott hat meiner Mutter in manchen Dingen, die vielen Eltern heute selbstverständlich sind, ein feines Gespür für das Richtige gegeben. Als zum Beispiel fast alle anderen Mädchen mit Barbiepuppen spielten, kannten wir sie kaum. Sie erkannte, dass es eine gottgewollte Sicht des Geschlechtslebens nicht fördern würde, wenn kleine Mädchen mit Puppen mit voll entwickelter Figur spielten.

Als ich ein Kind war, brodelten Unruhen, Aufstände und Umsturzversuche im ganzen Land. Gegner drückten ihre Ablehnung des Vietnamkrieges mit Märschen durch die Straßen und Flaggenverbrennungen aus. Millionen von jungen Leuten berauschten sich an Drogen, Sex und Rockmusik. Das Oberste Gericht entschied, dass Frauen ein verfassungsmäßiges Recht auf Abtreibungen hätten. Chruschtschow hatte gedroht, die Vereinigten Staaten zu bombardieren. Diese Entwicklungen gingen nicht unbemerkt an uns vorbei, aber wir hörten sie auch nicht in den Abendnachrichten. Meine Eltern glaubten, dass es Dinge gibt, die Kindern nicht guttun würden, wenn sie darüber nachdenken würden. Sie fühlten sich verpflichtet, unsere Ansichten über das, was in der Welt vorging, zu prägen.

Das Ergebnis? Ich war ein sehr behütetes junges Mädchen. Ich kann mich nicht erinnern, vor dem Schulabschluss ein einziges blasphemisches Wort gehört zu haben. Ich wusste praktisch nichts von den bekannten Zeichentrickfiguren, Filmen und Fernsehprogrammen der Zeit.

Aber weil Gott gut ist und mich durch christliche Eltern geprägt hat, wusste ich ein paar Dinge, die sonst wenige junge Leute wussten. Ich kannte den Unterschied zwischen Gut und Böse. Ich hatte einen guten Überblick über die Bibel. Außer den Familienandachten und der gesunden Lehre in der Gemeinde sah der Lehrplan unserer Grundschule vor, dass die ganze Bibel zweimal gelesen wurde. Ich hatte mir große Teile der Bibel genau gemerkt, kannte im Großen und Ganzen die Hauptlehren des christlichen Glaubens und konnte alle Strophen vieler inhaltsreicher Kirchenlieder auswendig singen. Ich hatte Biografien von vielen echten Helden gelesen: Männern und Frauen wie Hudson Taylor, Georg Müller, William Carey und Gladys Aylward.

Aber wichtiger, als das alles zu »wissen«, war meine lebendige persönliche Beziehung zu Jesus, meinem Herrn. Diese Beziehung hat mich getragen, als ich dann allein lebte, und motivierte mich zu richtigen Entscheidungen auch außerhalb der schützenden Mauern unseres Hauses. Der »Glaube der Väter« war jetzt auch mein eigener.

Ich habe keinen Grund, mit diesen Dingen anzugeben – nichts davon ist meine Leistung. Es sind Geschenke von Gott und von Eltern, die ihre Aufgabe ernst nahmen, ihren Töchtern und Söhnen lebendigen Glauben zu vermitteln.

Kinder entwickeln Lust auf das, was man ihnen in den ersten, prägenden Lebensjahren gegeben hat. Ich kenne junge Leute aus »engagierten« christlichen Familien, die von Filmstars und Rockgruppen mehr wissen als von den Patriarchen oder den Aposteln.

Sie können alle beliebtesten Schlager mitsingen, kennen aber nicht die berühmten christlichen Lieder. Ich kann nur annehmen, dass sie Lust auf das haben, was ihnen angeboten wurde.

Wenn wir unseren Kindern erlauben, Musik zu hören, Filme zu sehen, Bücher und Zeitschriften zu lesen und sich mit Freunden herumzutreiben, die Gott verächtlich machen, destruktive Einstellungen, unerlaubten Geschlechtsverkehr, Rebellion und Gewalt fördern, dürfen wir uns nicht wundern, wenn sie die Denkweise der Allgemeinheit annehmen.

Während ich dies schreibe, liegen draußen etwa 20 cm Schnee, und es schneit schon den ganzen Tag ständig weiter. Niemand würde daran denken, an einem solchen Tag eine zarte junge Pflanze zu nehmen, sie draußen auszupflanzen und zu hoffen, dass sie überlebt. Erst wenn sie gut entwickelte Wurzeln hat und stark genug ist, Widrigkeiten auszuhalten, kann man sie nach draußen umsetzen.

Als ich siebzehn Jahre alt war, schickten meine Eltern mich quer durch die Vereinigten Staaten zum Studium an ein staatliches College in Südkalifornien. In diesen letzten zwei Studienjahren wohnte ich zwar bei einer christlichen Familie, aber ganz plötzlich hatte ich mehr »Freiheit« als je zuvor in meinem Leben. Ich konnte hingehen, wohin ich wollte, und alles tun, was ich wollte. Aber was ich wollte, das war mir schon klar: Ich liebte Gott und wollte tun, wovon ich wusste, dass es ihm Freude macht. Meine Entscheidungen traf ich nicht aus Angst, was meine Eltern denken würden, sondern vielmehr aus dem sicheren Gefühl, dass Gott da ist, vollkommen ist und mich lieb hat.

In dieser Zeit lernte ich Denk- und Lebensweisen kennen, die mir fremd waren. Aber ich hatte keine Lust auf etwas, was mit Gottes Wort nicht übereinstimmte. Ich hatte Verständnis für die Menschen, die so dachten und lebten, und wünschte mir, sie könnten Christus kennenlernen. Aber ihre Lebensweise lockte mich nicht.

Zu Hause hatte ich aus erster Hand erlebt, wie schön es ist, wenn Menschen Gott innig lieben und sich froh seiner Leitung anvertrauen. Diese Erziehung hatte in mir den Wunsch wachsen lassen, Gott Freude zu machen und mich an die Wahrheit zu halten.

Der Apostel Paulus warnt Christen aus allen Zeiten und Kulturen: »Und passt euch nicht diesem Weltlauf an« (Römer 12,2). Stattdessen, sagt er, sollen wir »ein lebendiges, heiliges, Gott wohlgefälliges Opfer« sein (Vers 1) – und »lasst euch in eurem Wesen verwandeln durch die Erneuerung eures Sinnes« (Vers 2). Wir sollen nicht wie so viele Christen heute von der Gesellschaft geprägt sein, sondern so erfüllt mit dem Geist und dem Wort Gottes, dass unsere Lebensweise in die Gesellschaft um uns ausstrahlt und ihre Schwächen aufdeckt. Das ist die Herausforderung, vor der christliche Eltern stehen: eine Generation von jungen Menschen zu erziehen, die nicht mitlaufen, sondern die Richtung weisen.

29. »Alle Kinder machen eine rebellische Phase durch«

Der Feind möchte, dass Eltern glauben, es gäbe keine Hoffnung, dass ihre Kinder in der Pubertät und als junge Erwachsene doch bei einer an Gott orientierten Lebensweise bleiben. Wenn sie diese Lüge glauben, können Eltern das Heranwachsen ihrer Kinder fürchten, anstatt sich darauf zu freuen. Es kann auch dazu führen, dass sie trotzige Einstellungen und Verhaltensweisen ihrer Kinder dulden oder entschuldigen. Wenn Kinder wissen, dass ihre Eltern erwarten, dass sie stark rebellieren, werden sie diese Erwartung wahrscheinlich auch erfüllen.

Tatsache ist, dass wir *alle* von Natur aus Rebellen sind. Unsere Eltern haben unabhängig von Gott gehandelt, wir selbst haben von Geburt an diese Neigung, und unsere Kinder und Enkel werden mit demselben natürlichen Hang zur Rebellion geboren (Psalm 51,6; 58,4; Jesaja 59,2-8).

Darum ist das Evangelium so wichtig. Sobald das erste Paar Gott nicht gehorchte, entwickelte er einen Plan zur Versöhnung: ein Mittel, sie und ihre Kinder aus der Rebellion zu befreien. Er sorgte für ein Opfer, das als Ersatz gegeben wurde, sodass Ungehorsame wieder in seine Nähe kommen können. Gottes Absicht war, dass jede Generation wieder seine Nähe und Vergebung erleben, seinen Bund halten und ihn an die eigenen Kinder weitergeben sollte.

Sarah Edwards, die Frau des Predigers Jonathan Edwards, der im 18. Jahrhundert in Neuengland wirkte, war eine tief religiöse Frau und versuchte, in allen Lebensbereichen die Wahrheit zu glauben und danach zu handeln. Das zeigte sich besonders in ihrer Rolle als Mutter von elf Kindern. Jonathan Edwards schreibt in seinen *Memoiren*, dass sie diese fordernde Aufgabe zuversichtlich und mit dem Entschluss anging, ihre Kinder so früh wie möglich Gehorsam zu lehren:

»Sie hatte eine ausgezeichnete Art, ihre Kinder zu leiten … Sie brauchte nur einmal etwas zu sagen; sie gehorchten ihr gern; Maulen und Widerspruch kannten sie nicht. Sie benahmen sich ausnehmend respektvoll gegen ihre Eltern … Streit und Eifersucht, die es unter Kin-

dern allzu oft gibt, waren in ihrer Familie völlig unbekannt … Ihre Erziehung zur Disziplin fing in einem sehr frühen Alter an, und sie machte es sich zur Regel, die erste und auch jede weitere Äußerung von Ärger oder Ungehorsam bei dem Kind zu bestrafen, auch wenn es noch so klein war, bis sein Wille sich dem Willen seiner Eltern untergeordnet hatte, denn sie erkannte, dass ein Kind nie dazu gebracht werden kann, Gott zu gehorchen, wenn es seinen Eltern nicht gehorcht.«[2]

Kürzlich erzählte mir eine Mutter, als ihr ältester Sohn noch ein Kind war, habe sie angefangen, ihm zu erklären, dass zwar die meisten jungen Leute in der Pubertät gern rebellieren. Das bedeute aber nicht, dass er das auch unbedingt tun müsse. Sie und ihr Mann haben in ihren drei Kindern eine Vorstellung geweckt, wie sie anders sein können. Sie betonen vor ihren Kindern und zeigen es an sich selbst, wie wichtig und vorteilhaft es ist, freiwillig zu gehorchen.

Wenn Rebellion aufkommt, zucken kluge Eltern nicht die Achseln und sagen: »Das müssen wohl alle Kinder durchmachen.« Sie wissen, dass ihre Kinder körperliche und hormonelle Veränderungen erleben, die oft wechselnde Gefühle mit sich bringen. Aber sie können ihren Kindern zeigen, wie man mit ausufernden Gefühlen umgehen kann, sodass sie nicht das Leben bestimmen müssen. Wenn nötig, sprechen sie Probleme direkt an – mit Liebe und Festigkeit. Sie versuchen, die Beziehung zu den Kindern zu bewahren, Möglichkeiten zur Kommunikation offenzuhalten und ihre Kinder immer wieder auf Gott hinzuweisen. Wenn die Kinder sich falsch entscheiden, hat das Folgen. Wenn sie es bereuen, wird ihnen verziehen. Diese Eltern haben keine Angst, selbst Fehler zuzugeben und um Vergebung zu bitten, wenn sie als Eltern versagen.

Vor allem beten sie ernstlich für ihre Kinder. Sie verlassen sich darauf, dass Gottes Geist sie für sich gewinnt, und sie lehren ihre Kinder, dass sie das Wissen von Gottes Versöhnungsbund an die nächste Generation weitergeben sollen.

In unserer Gesellschaft brauchen wir Eltern, die sich selbst als Verwalter von Gottes Bund verstehen. Mütter und Väter, die Mut haben, seine Zusagen für ihre Kinder und Enkel in Anspruch zu nehmen, Eltern, welche die Wahrheit glauben:

Aber die Gnade des HERRN währt von Ewigkeit zu Ewigkeit
über denen, die ihn fürchten,
und seine Gerechtigkeit bis zu den Kindeskindern.
Psalm 103,17

... damit unsere Söhne in ihrer Jugend wie Sprösslinge emporwachsen,
unsere Töchter den Säulen gleichen,
gemeißelt nach der Art eines Tempelbaus ...
Psalm 144,12

Und alle deine Kinder werden vom HERRN gelehrt,
und der Friede deiner Kinder wird groß sein.
Jesaja 54,13

30. »Ich weiß, dass mein Kind Christ ist, denn es hat Jesus schon früh gebeten, in sein Leben zu kommen«

Unzählige Frauen haben mir im Lauf der Jahre ihre Sorgen um einen Sohn oder eine Tochter mitgeteilt, der oder die weit von Gott weg ist, ein erwachsenes Kind oder Enkelkind, das kein Verständnis oder Interesse für geistliche Dinge hat und ohne Gott lebt. Trotz allem sind diese Frauen überzeugt, dass ihre Kinder Christen sind. Die folgenden Briefe von Müttern sind nur Beispiele für dieses Problem, von dem ich immer häufiger höre:

> *»Ich habe eine Tochter, die Striptease-Tänzerin ist, und einen schwulen Sohn. Ich möchte, dass sie zu Gott zurückkommen. Sie sind beide gerettet und getauft.«*

> *»Keiner von meinen Söhnen lebt für Gott. Als Kinder haben sie Christus angenommen, aber als sie mit dem Studium anfingen, haben sie das alles vergessen.«*

Ich glaube, der Teufel macht viele Eltern blind für den wahren geistlichen Zustand ihrer Kinder, um diese Kinder unter seiner finsteren Herrschaft gefangen halten zu können. Für diese Lüge sind solche Eltern am empfänglichsten, die ihre Kinder in eine Gemeinde gebracht haben und sie gelehrt haben, Gutes und Böses zu unterscheiden, und deren Kinder schon früh eine Art Glaubensbekenntnis ausgesprochen haben. Vielleicht haben sie sogar eine Zeit lang großes Interesse an geistlichen Dingen gehabt. Diese Eltern nehmen oft an, weil all das oben Gesagte stimmt, müsste ihr Kind ein echter Christ sein.

Aber in der Bibel wird deutlich gesagt, dass ein Mensch alles über Gott wissen und immer das Richtige sagen, vielleicht sogar tief gehende religiöse Erlebnisse gehabt haben kann, ohne wirklich zu Gott umgekehrt zu sein. Nur Gott kennt die innere Einstellung eines Menschen. Aber er hat uns ein paar objektive Maßstäbe gegeben, nach denen wir ein Glaubensbekenntnis beurteilen können – unser eigenes und das eines anderen. Der erste Brief des Johannes ist geschrieben worden, um solchen, die wirklich neu angefangen hatten, mit Gott zu leben, Sicherheit zu geben, dass sie gerettet sind – und um die zu warnen, die keine echte Basis für ihre Überzeugung hatten, gerettet zu sein. Johannes nennt bestimmte Kennzeichen, um Menschen, die wirklich mit Christus leben, von denen zu unterscheiden, die den Glauben an Jesus kundtun, aber nur »religiös« sind:

Und daran erkennen wir, dass wir ihn erkannt haben,
wenn wir seine Gebote halten.
Wer sagt: »Ich habe ihn erkannt«,
und hält doch seine Gebote nicht, der ist ein Lügner,
und in einem solchen ist die Wahrheit nicht;
wer aber sein Wort hält, in dem ist wahrhaftig die Liebe Gottes
vollkommen geworden. Daran erkennen wir, dass wir in ihm sind.
Wer sagt, dass er in ihm bleibt, der ist verpflichtet,
auch selbst so zu wandeln, wie jener gewandelt ist.
1. Johannes 2,3-6

Wer sagt, dass er im Licht ist, und doch seinen Bruder hasst,
der ist noch immer in der Finsternis.
1. Johannes 2,9

Wenn jemand die Welt lieb hat,
so ist die Liebe des Vaters nicht in ihm.
1. Johannes 2,15b

Sie sind von uns ausgegangen,
aber sie waren nicht von uns;
denn wenn sie von uns gewesen wären,
so wären sie bei uns geblieben.
Aber es sollte offenbar werden, dass sie alle nicht von uns sind.
1. Johannes 2,19

Daran sind die Kinder Gottes und die Kinder des Teufels offenbar:
Jeder, der nicht Gerechtigkeit übt, ist nicht aus Gott,
ebenso wer seinen Bruder nicht liebt.
1. Johannes 3,10

Das Wesen des echten Lebens mit Christus ist keine Frage des Bekenntnisses oder der Leistung, sondern eine Verwandlung: »Darum: Ist jemand in Christus, so ist er eine neue Schöpfung; das Alte ist vergangen; siehe, es ist alles neu geworden!« (2. Korinther 5,17). Ein Mensch, der wirklich mit Christus lebt, hat ein neues Leben, eine neue innere Haltung, ein neues Wesen, eine neue Zugehörigkeit und einen neuen Herrn: »Er hat uns errettet aus der Herrschaft der Finsternis und hat uns versetzt in das Reich des Sohnes seiner Liebe« (Kolosser 1,13).

Zu dem neuen Bund gehört auch die Sicherheit, dass wir an unserem Glauben festhalten werden. Gott hat versprochen: »... und ich werde die Furcht vor mir in ihr Herz geben, *damit sie nicht mehr von mir abweichen*« (Jeremia 32,40b; Hervorhebung von mir). Und der Schreiber des Hebräerbriefs setzt voraus, dass das Durchhalten bis zum Ende ein Zeichen wahren Glaubens ist: »Denn wir haben Anteil an Christus bekommen, *wenn wir* die anfängliche Zuversicht *bis ans Ende standhaft festhalten*« (Hebräer 3,14; Hervorhebung von mir).

Der Apostel Paulus warnt die Christen in Ephesus vor Menschen, die behaupten, Christus zu kennen, aber in ihrem Verhalten nicht zeigen, dass sie wirklich neu geworden sind:

Denn das sollt ihr wissen,
dass kein Unzüchtiger oder Unreiner
oder Habsüchtiger (der ein Götzendiener ist),
ein Erbteil hat im Reich des Christus und Gottes.
Lasst euch von niemand mit leeren Worten verführen!
Denn um dieser Dinge willen
kommt der Zorn Gottes über die Söhne des Ungehorsams.
Epheser 5,5.6 (Hervorhebung von mir)

Wenn Eltern annehmen, ihre Kinder hätten ein neues Leben angefangen, obwohl das nicht an ihrer Lebensweise zu erkennen ist, können daraus mehrere Gefahren entstehen: Es kann die Kinder in falscher Sicherheit über ihre geistliche Zukunft wiegen. Es kann die Eltern davon abhalten, so zu beten, wie es nötig wäre, und einen geistlichen Kampf um das Leben ihrer Kinder auf sich zu nehmen. Es fördert die Vorstellung von »billiger Gnade«, die die Person und das Opfer von Christus verniedlicht. Es füllt unsere Kirchenbänke mit Leuten, die denken, mit ihnen sei alles in Ordnung. Sie glauben das, obwohl sie keine Beziehung zu Christus haben und ihre Lebensführung die Bibel beleidigt und Außenstehende zum Fragen bringt, was Christentum denn eigentlich ist.

Natürlich ist es möglich, dass Menschen, die echte Christen sind, Gott nicht gehorchen oder eine Zeit lang wegfallen. Aber wer wirklich glaubt, kann nicht absichtlich und gewohnheitsmäßig Böses tun, ohne dass der Heilige Geist ihn darauf aufmerksam macht.

Die Wahrheit ist: Ganz gleich, wie »geübt« ein Kind (oder ein Elternteil!) in geistlichen Dingen ist, egal, wie leidenschaftlich sie eine Zeit lang anscheinend waren – wenn sie kein Verständnis für Gott und keine Sehnsucht nach ihm haben, wenn sie Gottes Wort und seine Ordnung konsequent ablehnen, dann müssen sie noch einmal überlegen, ob sie damals wirklich ein neues Leben angefangen haben.

31. »Wir sind nicht verantwortlich dafür, was aus unseren Kindern einmal wird«

Vielleicht das häufigste Fürbitteanliegen, das Frauen mir im Lauf der Jahre genannt haben, sind ihre eigenwilligen Kinder und Enkelkinder. Der Schmerz und die Sehnsucht, die solche Mütter empfinden, könnten ein ganzes Buch füllen:

»Meine Sechzehnjährige ist vor neun Monaten weggelaufen und bei ihrem Freund eingezogen – das hat mich sehr tief verletzt.«

»Meine 28-jährige Tochter hat ihrem Glauben an Christus abgesagt und ein lesbisches Verhältnis angefangen.«

»Beten Sie, dass Gott meinen achtzehnjährigen Sohn aufrüttelt und ihn von der Bindung an Pornografie befreit (die er von klein auf hat).«

»Ich bin sehr enttäuscht von meinen jugendlichen Söhnen, die nichts von Gott und seiner Sache wissen wollen – und von meinem Versagen, Kinder zum Glauben zu erziehen.«

Wer es nicht erlebt hat, kann nur ahnen, welch unerträglichen Schmerz diese Frauen durchmachen. Ich habe beobachtet, dass der Feind zwei gegensätzliche Lügen benutzt, um Eltern zu binden. Die erste besagt, sie hätten weder Kontrolle noch Einfluss darauf, was aus ihren Kindern geworden ist. Sie seien nicht verantwortlich, man hätte es nicht ändern können. Wenn sie diese Lüge glauben, geben sie die persönliche Verantwortung ab und fühlen sich als hilflose Opfer.

Die zweite Lüge, die Eltern glauben, ist die, sie seien ganz allein verantwortlich dafür, wie ihre Kinder jetzt sind: Sie seien an allem schuld. Sie sehen nicht, dass jeder Mensch, unabhängig davon, was für gute oder schlechte Eltern er hat, die Verantwortung für die eigenen Entscheidungen tragen muss.

Wenn Kinder rebellieren, scheint der Teufel die Eltern oft von einem dieser Extreme ins andere zu treiben. Entweder überwältigt sie die Scham, oder sie flüchten aus der Verantwortung. Beide Täuschungen sind in Wirklichkeit raffinierte Verdrehungen der Wahrheit und können Eltern ein Gefühl von Verzweiflung und Hoffnungslosigkeit einflößen.

Der Apfel fällt nicht weit vom Stamm ...

In der Bibel gibt es sowohl Berichte von frommen Menschen, die eigenwillige Kinder hatten, als auch solche von Menschen, die nichts von Gott wissen wollten, deren Kinder aber Gott suchten. Es wird nicht viel erklärt, warum das so ist. Aber ein paar Hinweise werden uns gegeben, die Eltern helfen können, wenn sie wollen, dass ihre Kinder ehrlich Christus nachfolgen lernen.

Die Geschichte von Abrahams Neffen Lot zeigt, welchen Einfluss das Beispiel und das Wertebewusstsein der Eltern haben. Lot wählte eine Lebensweise, die Bequemlichkeit, Wohlstand und Beliebtheit einschloss. Diese irdischen Wünsche bewegten ihn, in eine Stadt zu ziehen, in der Arroganz, Unmoral und Perversion herrschten. Ist es da ein Wunder, dass seine Töchter sich mit Männern verlobten, die Lots geistliche »Überzeugungen« verachteten und sich weigerten, auf seine Bitte hin dem kommenden Gericht auszuweichen? Muss es uns überraschen, dass seine Töchter nach der Flucht aus Sodom ihren Vater absichtlich betrunken machten und dann nacheinander mit ihm schliefen, um nicht kinderlos zu bleiben?

Im Neuen Testament steht, Lot sei ein »gerechter Mann« gewesen. Lot hat sich nicht selbst an der offensichtlichen Bosheit der Stadt beteiligt. Es heißt sogar, dass »dadurch, dass er es mit ansehen und mit anhören musste, … (er) Tag für Tag seine gerechte Seele mit ihren gesetzlosen Werken (quälte)« (2. Petrus 2,8). Aber obwohl er an Gott glaubte, achtete er nicht auf seine innere Einstellung. Was die menschliche Gesellschaft bietet, gefiel ihm. Lot versuchte, mit einem Bein in Gottes Reich und mit dem anderen in der Welt zu stehen. Durch sein Beispiel brachte er seine Familie dazu, sich der Gesellschaft anzubiedern.

Der Preis, den Lot für seine Orientierung auf Irdisches zahlte, erscheint hoch, aber das Gesetz des Säens und Erntens besagt, dass die Ernte zwangsläufig ein Mehrfaches der ausgesäten Menge beträgt. Es gilt: »Was Eltern in Maßen dulden, rechtfertigen ihre Kinder im Übermaß.«

Der Bericht von Elis Familie zeigt, wie notwendig es ist, dass Eltern christliche Maßstäbe für das Verhalten ihrer Kinder setzen und dann die nötige Disziplin üben, um diese Maßstäbe durchzusetzen. Eli war Israels Hoherpriester in der finsteren Zeit der Richter und stellte sich Gott ganz zur Verfügung. Seine beiden Söhne Hofni und Pinhas wuchsen in einem außerordentlich frommen Haus und einer ebensolchen Umgebung auf, aber nach dem biblischen Bericht waren sie »Söhne Belials; sie kannten den HERRN nicht« (1. Samuel 2,12).

Als Priestersöhne hatten sie kaum eine andere Möglichkeit, als selbst den Priesterberuf zu ergreifen. Aber sie missbrauchten ihre göttliche Berufung. Sie raubten das Volk aus, indem sie Opfer erpressten, die Gott bekommen sollte, und ließen sich sogar auf sexuelle Beziehungen mit den Frauen ein, die im Außenbereich der Stiftshütte arbeiteten (1. Samuel 2,13-17.22). Wie konnte ein Mensch, der Gott ganz gehorchen wollte, schließlich zwei solche Söhne haben? Zweifellos hatte die dekadente Gesellschaft um sie herum sie beeinflusst, aber die Bibel erwähnt auch etwas über ihren Vater, das anscheinend dazu beigetragen hat.

Wir wissen, dass Eli, als er starb, übergewichtig war (1. Samuel 4,18). Könnte es eine Verbindung geben von seinem Mangel an körperlicher Disziplin zu dem Unrecht seiner Söhne, sich mit dem Fleisch, das sie von den Opferwilligen erpressten, den Bauch zu füllen?

Die Bibel berichtet auch, dass Eli mindestens einmal erfuhr, was seine Söhne taten, und sie wegen ihres bösen Verhaltens ansprach (1. Samuel 2,22-25). Aber da war er schon »sehr alt«. Man muss sich fragen, warum er so lange wartete und ob er ihr Handeln vorher ignoriert hatte. Seine Söhne jedenfalls »hörten nicht auf die Stimme ihres Vaters« (Vers 25). Noch zweimal schickte Gott später einen Boten, der Eli an seine Verantwortung für die Sache erinnern musste. Was Elis Söhne taten, war offensichtlicher und weithin bekannt, aber sie hatten die Neigungen ihres Vaters zum Übermaß gesteigert:

Warum tretet ihr denn meine Schlachtopfer und Speisopfer, die ich für meine Wohnung angeordnet habe, mit Füßen? Und du ehrst deine Söhne mehr als mich, sodass ihr euch mästet von den Erstlingen aller Speisopfer meines Volkes Israel!
1. Samuel 2,29

Denn ich habe ihm gesagt, dass ich sein Haus auf ewig richten werde wegen der Sünde, von der er wusste; weil seine Söhne sich den Fluch zugezogen haben, und er hat ihnen nicht gewehrt.
1. Samuel 3,13

Eli musste für seine Nachsicht einen hohen Preis zahlen.

Diese Beispiele sind kein Beweis, dass es zwischen der geistlichen Lebensführung von Eltern und dem Ergebnis bei jedem einzelnen Kind einen direkten ursächlichen Zusammenhang geben würde. Aber sie zeigen doch, dass Eltern sehr viel Einfluss haben und dass es ihre Aufgabe ist, Einstellung und Verhalten ihrer Kinder zu prägen. So einfach es ist, die Schuld auf Gleichaltrige, Lehrer, Unterhaltung, christliche Jugendgruppen oder die verweltlichte Gesellschaft zu schieben – die Tatsache bleibt bestehen, dass wir für den geistlichen Zustand der Menschen verantwortlich sind, die Gott uns anvertraut hat.

Ich möchte Ihnen sagen, was ich dazu meine: Ich glaube, viele christliche Eltern sind einfach blind für die Wirkung ihres eigenen Beispiels auf das Verhalten ihrer Kinder und auch für die Wirkung der Entscheidungen, die sie für ihre Kinder treffen (oder nicht). Ich muss zugeben, dass manches, was gutwillige christliche Eltern ihren Kindern erlauben (als ob sie als Eltern da gar nichts zu sagen hätten), mich erstaunt und zugleich tief beunruhigt. Sie erlauben ihren Kindern, unbeaufsichtigt mit Gleichaltrigen umzugehen, die nichts von Gott wissen wollen. Sie erlauben ihren Kindern, mit Nichtchristen auszugehen, sich respektlos und mürrisch zu benehmen und sich von weltlicher Musik, Fernsehen, Filmen und Videos unterhalten zu lassen. Später wundern sie sich, dass ihre Kinder das alles lieben und gegen das Christentum eingenommen sind.

Vor einiger Zeit wurde ich gebeten, zum Personal einer großen christlichen Schule zu sprechen. Die Lehrerin, die mich eingeladen hatte, äußerte ihre Sorge um den geistlichen Zustand der Schüler. Sie sagte zu mir: »Die Kinder in dieser Schule hassen Gott. Sie hassen die Bibel. Sie interessieren sich nicht für geistliche Dinge.« Wenn das so ist, müssen wir so ehrlich sein und uns fragen: Was haben diese jungen Menschen zu Hause erlebt (oder nicht erlebt), das zu diesem Ergebnis geführt hat?

Wir können dankbar sein, dass es in der jungen Generation einige bemerkenswerte Ausnahmen gibt. Aber meine Beobachtungen in christlichen Jugendgruppen überall im Land führen zu der Annahme, dass die Mehrheit der jungen Leute, die in »christlichen Familien« aufwachsen, wenig oder kein Interesse an Gottes Sache haben.

Die Wahrheit ist: Wenn unsere Kinder aufwachsen, ohne etwas mit Gott zu tun haben zu wollen, oder – noch schlimmer – behaupten, Christen zu sein, und im Widerspruch zur Bibel leben, dann ist mit uns – unserer erwachsenen Generation von Christen – etwas nicht in Ordnung. Das bedeutet nicht, dass alle wirklich konsequent christlichen Eltern nur Kinder hätten, die an Gott glauben. Aber wenn es wie eine Seuche um sich greift, dass junge Menschen, die in christlichen Familien aufwachsen, das zurückweisen, wofür ihre Eltern einstehen sollten, dann müssen wir zugeben, dass in dieser Elterngeneration etwas fehlt.

Wenn wir an der Lüge festhalten, wir seien nicht verantwortlich für unsere Kinder, spielen wir dem Feind in die Hände, der entschlossen ist, die nächste Generation unter seine Herrschaft zu bringen. Nach der Bibel ist jede Generation verpflichtet, der nächsten den Glauben an Gott weiterzugeben. Das ist ein Ehrfurcht gebietendes Privileg und zugleich eine schwere Verantwortung. Es ist eine ernüchternde Tatsache, dass wir für die Saat, die wir säen, verantwortlich sind und mit der Ernte, die daraus wächst, leben müssen. Wenn wir halbherzig und undiszipliniert und nach den Maßstäben der Gesellschaft leben, können wir nicht auf eine spontane Änderung in der nächsten Generation hoffen.

Natürlich steht dagegen die andere biblische Wahrheit, dass jede Generation selbst für ihren Lebenswandel verantwortlich ist.

Unabhängig davon, was seine Eltern richtig oder falsch gemacht haben, wird jeder einzelne Mensch einmal Gott für seine Entscheidungen Rechenschaft geben (5. Mose 24,16; Jeremia 31,29-30).

Elternschaft ist eine wichtige und hohe Aufgabe. Es gibt keine anspruchsvollere Tätigkeit. Auch die besten Eltern sind ganz und gar vom Heiligen Geist abhängig, damit ihren Kindern »ein Licht aufgeht«. Darum ist das wichtigste Hilfsmittel für eine Mutter das Gebet.

Der Teufel betrügt Eltern, weil er die Weitergabe der Wahrheit von einer Generation an die andere verhindern will. Wenn Eltern seine Lügen glauben und danach handeln, nehmen sie sich und ihren Kindern die Freiheit. Aber Eltern, die die Wahrheit glauben und danach handeln, werden frei, ihre Kinder zu lieben, sich an ihnen zu freuen, sie zu erziehen und für sie zu sorgen.

Lügen mit der Wahrheit begegnen

Lüge:	Die Wahrheit:
27. Es ist allein unsere eigene Angelegenheit zu bestimmen, wie groß unsere Familie sein soll.	– Gott ist es, der Leben schafft und gibt. – Gott hat den Frauen die Aufgabe gegeben, Leben zu gebären und zu erhalten. Der Teufel will sie davon abhalten, in den Plänen Gottes zu leben. – Kinder zu bekommen, ist eine grundlegende Aufgabe, die Gott Frauen gegeben hat. Kinder sollen als Geschenk von Gott angenommen werden.
28. Kinder müssen die ›Realität‹ erleben, damit sie sich durchzusetzen lernen.	– Wir sollen keine Kinder erziehen, die sich dieser Welt anpassen oder nur gerade darin überleben, sondern solche, die Gott gebrauchen kann, um die Welt zu verändern. – Kinder müssen wie zarte Jungpflanzen vor widergöttlichen Einflüssen geschützt werden, bis sie geistlich reif genug sind, um damit umgehen zu können. – Ehrfurcht vor Gott und eine lebendige persönliche Beziehung zu ihm sind das beste Mittel, Kinder darauf vorzubereiten, dem Einfluss der Gesellschaft standzuhalten und unsere Welt zu verändern.
29. Alle Kinder machen eine rebellische Phase durch.	– Wenn Eltern erwarten, dass ihre Kinder stark rebellieren, erhöhen sie die Wahrscheinlichkeit dafür. – Gott hat versprochen, Eltern, die seinen Bund halten und dies auch ihre Kinder lehren, Gutes zu tun. – Eltern können ihre Kinder nicht zwingen, mit Gott zu leben, aber sie können ein Beispiel dafür geben und in der Familie ein Klima schaffen, das den Wunsch nach Gemeinschaft mit Gott fördert und den Kindern geistliche Nahrung bietet, damit sie wachsen.

Lüge:	Die Wahrheit:
30. Ich weiß, dass mein Kind Christ ist, denn es hat Jesus schon früh gebeten, in sein Leben zu kommen.	– Wer sich nicht für Gott interessiert, mit seiner Sache nichts zu tun haben will und Gottes Wort und seine Ordnungen konsequent ablehnt, kann nicht von seiner sicheren Rettung ausgehen. – Wenn Eltern meinen, ihr Kind sei trotz seiner Lebensweise Christ, können sie ihm ein falsches Gefühl der Sicherheit geben und beten vielleicht nicht ernsthaft genug für ihr Kind.
31. Wir sind nicht verantwortlich dafür, was aus unseren Kindern einmal wird.	– Durch Beispiel, Lehre und Leitung haben Eltern enorme Möglichkeiten, das Leben ihrer Kinder zu formen. – Jede Generation hat die Aufgabe, das Wissen von Gott und die Wichtigkeit einer lebendigen Beziehung zu ihm an die nächste weiterzugeben. – Eltern müssen Gott für den geistlichen Zustand der Menschen, die er ihnen anvertraut hat, Rechenschaft geben. – Jeder Mensch ist selbst für seine Lebensweise und seinen Gehorsam gegen Gott verantwortlich. Unabhängig davon, wie seine Eltern waren, muss jeder Mensch Gott persönlich für seine Entscheidungen Rechenschaft ablegen.

Zum persönlichen Gebrauch

1. Geben Sie Gott recht.
Welche Lügen über Elternschaft und Kinder haben Sie geglaubt?

2. Nehmen Sie die Verantwortung an.
Wie hat sich der Glaube an diese Lügen in Ihrer Lebensweise geäußert (z.B. Einstellungen, Handlungen)?

3. Bestätigen Sie die Wahrheit.
Lesen Sie jede Aussage auf den Seiten 175 und 176 laut. Welche davon müssen Sie im Augenblick besonders annehmen?

Erneuern Sie Ihr Denken durch die Bibel. Lesen Sie die folgenden Stellen laut. Was zeigen diese Verse über Gottes Sicht von Kindern und Elternschaft?

- Psalm 127
- Matthäus 19,13-15
- Psalm 78,1-8
- 1. Thessalonicher 2,7

4. Handeln Sie der Wahrheit entsprechend.
Welche konkreten Maßnahmen müssen Sie ergreifen, um Ihr Leben der Wahrheit anzupassen?

5. Bitten Sie Gott, Ihnen zu helfen, nach der Wahrheit zu leben.
Danke, lieber Herr, dass du der vollkommene Vater bist. Danke, dass du mich durch Christus als Kind angenommen hast und dass du so gut für mich sorgst, mir gibst, was ich brauche, und daran arbeitest, mich geistlich weiterzuführen. Danke, dass du Kinder lieb hast. Hilf mir, sie anzunehmen und zu lieben wie du.
Danke, dass du mich als Frau dazu geschaffen hast, Leben zu gebären und zu erhalten. Bitte zeige mir, wie ich meine Aufgabe als Mutter erfüllen kann – für meine leiblichen Kinder oder für geistliche Kinder, die du mir gibst. Hilf mir, die, die du mir anvertraut hast, treu zu versorgen und zu fördern. Ich wünsche mir, dass meine Lebensführung in der nächsten Generation den starken Wunsch nach Gerechtigkeit und die Sehnsucht weckt, ihrem himmlischen Vater ähnlich zu werden. In Jesu Namen. Amen.

Kapitel 8

Lügen über Gefühle

Liebes Tagebuch,

jetzt ist es fast zwei Jahre her, dass wir Abel verloren haben. Ich denke ständig an ihn – es tut immer noch so weh. Von Kain haben wir seit Monaten nichts gehört. Manchmal bin ich so wütend auf ihn, weil er uns das angetan hat. Dann wieder möchte ich ihn nur auf dem Schoß wiegen und ihm etwas singen – wie früher, als er ein Baby war.

Adam spricht einfach nicht über seine Gefühle. Manchmal frage ich mich, ob er überhaupt Gefühle hat. Es scheint ihn zu ärgern, wenn ich versuche, ihm verständlich zu machen, was ich fühle.

Mir scheint, ich komme aus diesem leeren, einsamen Loch einfach nicht heraus. Manchmal kann ich mich kaum zwingen aufzustehen. Es kommt mir vor, als ob die Dunkelheit mich auffressen will. Ich weiß nicht, wie lange ich das noch aushalten kann. Ich weiß gar nicht mehr, wie es war, nicht verletzt zu sein. Kann ich überhaupt wieder glücklich werden?

Auf einer Frauenkonferenz, an der ich vor mehreren Jahren teilnahm, gab man uns eine Magnetplatte und eine Liste von Wörtern, die ganz verschiedene Gefühle ausdrückten, wie *verwirrt, ekstatisch, wütend, frustriert, traurig, zuversichtlich, glücklich* und *deprimiert*. Über jedem Wort war eine Strichzeichnung mit einem Gesicht, das die jeweilige Gefühlslage darstellte.

Mit dieser Liste kam ein kleinerer Magnet in Form eines rechteckigen Rahmens, auf dem stand: »Heute fühle ich mich …« Diesen sollten wir über irgendeine von den Zeichnungen setzen, um auszudrücken, »wie ich mich heute fühle«.

Wenn manche von uns jedes Mal den Rahmen umgelegt hätten, wenn unsere Gefühle sich änderten, hätten wir viel zu tun gehabt. Viele Frauen haben die meisten dieser Gefühle mindestens einmal im Monat! Wahrscheinlich ist es vor allem unsere weibliche Gefühlsstruktur, die Männer manchmal dazu veranlasst zu sagen:

»Ich geb's auf. Ich kann dich einfach nicht verstehen!« Kann man ihnen das wirklich verübeln?

Wenn man mit unkontrollierbaren Gefühlen kämpfen muss, kann man leicht zu dem Schluss kommen, Gefühle seien in sich böse oder falsch und man sollte sie unterdrücken. Wir müssen bedenken, dass wir deshalb die Fähigkeit haben, ganz verschiedene Gefühle zu empfinden und auszudrücken, weil wir als Bild Gottes geschaffen sind. Gott zeigt ein ganzes Spektrum von reinen Gefühlen: zum Beispiel Freude, auch sehr große Freude, Zorn, Eifersucht und Trauer. Gott hat es so geplant, dass wir viele verschiedene Gefühle haben und sie so äußern können, dass sein wunderbares Wesen darin sichtbar wird.

Das Problem ist nicht, dass wir Gefühle *haben*. Sie sind ein Geschenk Gottes. Das Problem ist, dass sie (anders als Gottes Gefühle) durch den Sündenfall verdorben sind. Es geht darum, uns auf dem Gebiet unserer Gefühle so vom Heiligen Geist führen und formen zu lassen, dass wir sie auf angemessene Weise äußern können.

Ich kenne kein Mittel, das der Teufel effektiver benutzt, um uns Frauen zu versklaven, als unsere Gefühle. Das erreicht er dadurch, dass er uns Dinge über unsere Gefühle glauben macht, die schlicht nicht wahr sind.

32. »Wenn ich etwas fühle, muss es wahr sein«

Der Feind will uns davon überzeugen: Wenn wir uns ungeliebt *fühlen*, dann *wären* wir auch ungeliebt. Wenn wir das *Gefühl* haben, eine Last nicht mehr tragen zu können, dann muss es stimmen und wir schaffen es auch nicht. Wenn wir das *Gefühl* haben, Gott hätte uns verlassen oder in irgendeiner Sache ungerecht behandelt, dann hat er uns wohl wirklich im Stich gelassen. Wenn wir *fühlen*, dass unsere Lage hoffnungslos ist, dann kann es keine Hoffnung geben. Wenn wir uns nicht gerettet *fühlen*, sind wir es vielleicht auch nicht. Wenn wir nicht *fühlen*, dass uns vergeben ist, dann kann es auch nicht so sein.

Die Wahrheit ist: Weil wir nicht mehr den ungetrübten Kontakt mit Gott haben, haben unsere Gefühle oft sehr wenig mit der Realität zu tun. In vielen Fällen sind Gefühle einfach kein sicheres Zeichen für das, was wirklich stimmt. Wenn wir zulassen, dass sie von unseren Lebensumständen abhängen – die sich ja ständig ändern – und nicht von der unveränderlichen Wirklichkeit des wahren Gottes, dann können unsere Gefühle uns heftig beeinflussen.

Es ist nicht viel nötig, um uns frohe und zuversichtliche Gefühle zu geben: ein schöner sonniger Tag; eine Beförderung am Arbeitsplatz; ein Kompliment von einem Freund; der erfolgreiche Abschluss eines großen Vorhabens oder die Feststellung, dass wir zwei Kilo abgenommen haben. Ebenso können emotionale Tiefs eine Reihe von Anlässen haben, zum Beispiel (aber nicht nur): eine Reihe von trüben Tagen; ein schwieriger Tag im Büro; ein Anruf mit einer enttäuschenden Nachricht; die Tatsache, dass uns die Kleider zu eng geworden sind; die Periode; eine schlaflose Nacht oder eine Pizza, die wir am Vorabend zu spät gegessen haben.

Wenn man »große« Ereignisse noch dazunimmt, etwa die Geburt des vierten Kindes in fünf Jahren, einen größeren Umzug, den Verlust der Arbeitsstelle, den Tod des Partners oder eines Kindes, die Pflege eines alzheimerkranken Elternteils, die Wechseljahre oder die Nachricht, dass man Krebs hat, dann können die Gefühle völlig durcheinandergeraten.

Bei den Achterbahnfahrten, die unsere Emotionen manchmal mit uns machen, müssen wir unsere Gedanken immer wieder zur Wahrheit zurückbringen. Die Wahrheit ist, dass Gott gut ist! Ob wir nun fühlen, dass er gut ist, oder nicht. Die Wahrheit ist, dass Gott mich lieb hat, ob ich mich geliebt fühle oder nicht. Die Wahrheit ist: Wenn ich glaube, dass Jesus Christus für mich sein Leben hergegeben hat, dann ist mir vergeben, ob ich das nun fühle oder nicht. Die Wahrheit ist: Gott verlässt mich nie; er ist jederzeit bei mir, auch wenn ich mich einsam und verlassen fühle.

Wenn wir frei bleiben wollen, müssen wir zur Kenntnis nehmen, dass wir unseren Gefühlen nicht immer trauen können, und bereit sein, Gefühle, die nicht mit der Wahrheit übereinstimmen, zurückzuweisen.

»Connie« erzählt, dass sie ihre Überzeugungen nach ihren

Gefühlen gerichtet hat anstatt nach der Wahrheit. Beachten Sie, wie ihre ganze Denkweise sich geändert hat, als sie erkannte, dass Gottes Wahrheit über ihre Gefühle bestimmen konnte, wenn sie es zuließ:

»Ich war zwar ein Kind Gottes, aber ich hatte mein Leben lang geglaubt, bestimmte Aspekte der Wahrheit seien für jeden gültig, nur nicht für mich. Gott war gut zu denen, nicht zu mir. Gott liebte sie, nicht mich. Andere waren für Gott sehr wertvoll, aber nicht ich. Ich wusste die Fakten: dass Gott gut ist, mich lieb hat und dass ich für ihn sehr wertvoll bin. Aber in meinem Denken gab es keine Verbindung zwischen den Fakten und meinem Gefühl. Wenn Gott mich liebte und ich ihm so wichtig wäre, würde ich mich doch bestimmt geliebt und wertvoll fühlen. Durch Ihr Seminar ›Lügen, die wir Frauen glauben‹ hat Gott mir gezeigt, dass seine Wahrheit feststeht, unabhängig von meinem Gefühl. Nichts kann Gott, die Wahrheit seines Wortes oder sein Wesen ändern. Er ist gut zu mir. Er liebt mich wirklich. Ich kann mich entscheiden, mich an der Wahrheit festzuhalten oder die Lügen des Teufels zu glauben. Aber Gottes Wahrheit ist unveränderlich und unwiderlegbar.«

Im letzten Kapitel des Philipperbriefs gibt uns der Apostel Paulus ein Rezept für geistige Gesundheit und emotionale Stabilität:

Freut euch im Herrn …
Sorgt euch um nichts; sondern in allem lasst durch Gebet und Flehen
mit Danksagung eure Anliegen vor Gott kundwerden. …
alles, was wahrhaftig, was ehrbar, was gerecht, was rein,
was liebenswert, was wohllautend, was irgend eine Tugend
oder etwas Lobenswertes ist, darauf seid bedacht!
Philipper 4, 4.6.8

Was erreicht man damit?

Und der Friede Gottes, der allen Verstand übersteigt,
wird eure Herzen und eure Gedanken bewahren in Christus Jesus!
Philipper 4,7

33. »Ich kann meine Gefühle nicht unter Kontrolle halten«

Diese Lüge benutzt der Teufel, um uns weiszumachen, wir könnten gar nicht anders, als uns von unseren Gefühlen beherrschen zu lassen. Bis zu einem gewissen Grad ist es zwar wahr, dass wir nicht beeinflussen können, was wir fühlen, aber die Wahrheit ist, dass unsere Gefühle nicht unser Leben bestimmen müssen.

Vielleicht können Sie es nicht ändern, dass Sie vor einer bevorstehenden ärztlichen Untersuchung Angst haben. Aber das heißt nicht, Sie könnten nicht aufhören, sich über das Ergebnis zu ängstigen und Sorgen zu machen. Vielleicht können Sie nichts dagegen tun, dass Sie sich zu bestimmten Zeiten nervös und reizbar fühlen. Darum brauchen Sie aber nicht mit jedem, der Ihnen zufällig in den Weg kommt, grob zu reden oder umzugehen. Wenn Sie sich begehrt fühlen, weil Sie zurzeit sehr allein sind und ein verheirateter Mann sich für Sie interessiert, können Sie das vielleicht nicht ändern. Das heißt jedoch nicht, dass Sie sich in ihn verlieben müssten und nichts dagegen tun könnten.

Die Wahrheit ist: Unabhängig davon, welche Gefühle in uns durcheinanderwirbeln, gibt Gott uns die Möglichkeit, uns willentlich auf ihn zu konzentrieren, ihm zu vertrauen und zu gehorchen. Wenn wir das tun, erleben wir seinen Frieden und bekommen die Kraft, treu zu sein, auch wenn unsere Lebensumstände sich nicht ändern.

Die beliebte Schriftstellerin Hannah Whitall Smith musste in Verhältnissen leben, die sie zu einem emotionalen Wrack hätten machen können. Sie war mit einem Prediger verheiratet, der sich aber als geistlich und seelisch labil erwies und ihr immer wieder untreu war. Zwei von ihren fünf Kindern starben an Scharlach. Eine Tochter verließ ihren Mann und brannte mit einem Künstler durch. Eine andere Tochter heiratete einen bekennenden Atheisten. Hannah selbst litt an einer schmerzhaften Arthritis. Aber sie wollte ihr Leben nicht von Gefühlen bestimmen lassen. Ihre Schriften zeigen ihre feste Entschlossenheit, ihren Willen einzusetzen, um Gott unabhängig von ihren Gefühlen zu gehorchen:

»Wir müssen uns entscheiden, ohne Rücksicht auf unsere augenblick-

lichen Gefühle, wie unser Wille sich zu Gott stellen will. Wir müssen erkennen, dass unsere Gefühle nur Diener unseres Willens sind …

Unser Wille kann unsere Gefühle beherrschen, wenn wir nur fest dazu entschlossen sind. Oft, wenn meine Gefühle mir etwas aufdrängen wollten, was gar nicht stimmte, habe ich die Gefühle völlig verändert, indem ich mich unbeirrt auf das Gegenteil berief …

Wie ein hin- und hergeworfenes Schiff, das sich durch den stetigen Zug des Ankers nach und nach stabilisiert, müssen heftig aufwallende Gefühle, wenn sie durch unsere Willensentscheidung mit der mächtigen Kraft Gottes verbunden werden, sich ihm früher oder später unterordnen.«[1]

Die Bibel ist voll mit Zusagen und Anweisungen von Gott, die es uns möglich machen, unsere Gefühle in noch so heftigen Stürmen zu beruhigen:

- Gott verspricht: »Ich bin bei euch alle Tage« (Matthäus 28,20). Darum braucht uns Einsamkeit nicht zu überwältigen.
- Gott verspricht: »Mein Gott aber wird allen euren Mangel ausfüllen« (Philipper 4,19). Darum brauchen wir nachts nicht wach zu liegen aus Sorge, wie wir die Hypothek bezahlen sollen.
- Gott verspricht: »Denn die Berge mögen weichen und die Hügel wanken, aber meine Gnade wird nicht von dir weichen« (Jesaja 54,10). Darum brauchen wir uns nicht vor einer ungewissen Zukunft zu fürchten.
- Gott sagt: »… euer Herz erschrecke nicht und verzage nicht!« (Johannes 14,27). Das bedeutet, dass wir der Angst nicht nachzugeben brauchen – unabhängig von den Umständen.
- Gott sagt: »Sorgt euch um nichts …« (Philipper 4,6). Das bedeutet, dass wir auch mitten in anstrengenden Situationen nicht unruhig zu werden brauchen.
- Gott sagt: »Seid in allem dankbar« (1. Thessalonicher 5,18). Das heißt, wir können uns entscheiden, dankbar zu sein, auch wenn um uns alles zu zerbrechen scheint.
- Gott sagt: »Liebt eure Feinde« (Matthäus 5,44). Das bedeutet, wir können jeden Menschen willentlich lieben – gleichgültig, wie viel Unrecht er uns getan hat.

- Gott sagt: »… vergebt, wenn ihr etwas gegen jemand habt« (Markus 11,25). Das heißt, es gibt niemanden, dem wir nicht vergeben könnten, wenn wir wollen. Auch wenn er uns noch so tief verletzt oder uns noch so viel Böses getan hat.

Wenn wir uns auf Christus konzentrieren und jeden Gedanken mithilfe der Wahrheit unter Kontrolle bringen, befreit der Heilige Geist unsere Gefühle von falschen Motiven und gibt uns Gnade, Trost und Frieden von Gott:

Wenn ihr nun mit Christus auferweckt worden seid, so sucht das,
was droben ist, wo der Christus ist, sitzend zur Rechten Gottes.
Trachtet nach dem, was droben ist,
nicht nach dem, was auf Erden ist; …
Kolosser 3,1.2

… und jeden Gedanken gefangen nehmen
zum Gehorsam gegen Christus …
2. Korinther 10,5b

Einem festen Herzen bewahrst du den Frieden,
den Frieden, weil es auf dich vertraut.
Jesaja 26,3

34. »Wenn meine Hormone verrückt spielen, kann ich meine Reaktionen nicht immer steuern (zu bestimmten Zeiten bin ich eben aggressiv)«

Wenn wir die Lüge akzeptieren, wir könnten unsere Gefühle nicht beherrschen, dann glauben wir auch, wir könnten nichts gegen unser Verhalten tun, wenn unsere Gefühle empfindlich oder unberechenbar sind. Wir *glauben* unseren Gefühlen nicht nur zu leicht, wir sind auch viel zu schnell bereit, ihnen zu *gehorchen*.

Wenn wir also abends um zehn plötzlich Lust auf eine große Portion Schokoladeneis bekommen, gehen wir zum Gefrierfach und holen das Eis. Wenn wir aufbleiben und spätabends einen

Film sehen möchten, tun wir das. Wenn wir dann am nächsten Morgen keine Lust haben aufzustehen, ziehen wir die Decke über den Kopf und melden uns im Büro krank. Wenn wir abends keine Lust mehr haben zu kochen, bestellen wir eine Pizza. Wenn wir keine Lust haben, unser Haus zu putzen, lassen wir es, bis es so verwahrlost ist, dass es uns wirklich deprimiert.

Das Problem ist: Wenn wir in diesen kleinen Alltäglichkeiten unsere Gefühle bedienen und unser Handeln von ihnen bestimmen lassen, werden wir anfälliger dafür, auch bei großen Veränderungen und in schwierigen Lebenslagen von unseren Gefühlen beherrscht zu werden.

In letzter Zeit ist viel über die verschiedenen Lebensphasen einer Frau geforscht, geschrieben und diskutiert worden. Diese Aufmerksamkeit hat etwas dazu beigetragen zu verstehen, dass wir »wunderbar gemacht« sind. Aber sie hat auch viele Frauen dazu verleitet, sich nur noch mit sich selbst zu beschäftigen, und ihnen eine Ausrede für unentschuldbare Einstellungen und Handlungen gegeben.

Ich kenne Frauen, die ihre schlechte Laune und entsprechende Reaktionen gewohnheitsmäßig auf den Ablauf ihres Monatszyklus schieben (ich selbst neige auch oft dazu). Dieses Denken hätte »Marie« fast ihre Ehe gekostet:

> *»Ich bin 52 Jahre alt und sehe jetzt, dass diese Lüge mich völlig getäuscht hat. Mein Mann hat versucht, mir die Wahrheit zu zeigen und verständlich zu machen, aber ich war so davon eingenommen und wurde von den Befürwortern noch bestärkt, dass ich überhaupt nicht zuhören wollte. Erst als ich mit der Möglichkeit rechnen musste, dass mein Mann mich verlässt, wurden mir die Augen geöffnet.«*

Für manche Frauen »erklärt« (und das heißt: rechtfertigt) eine schwierige Schwangerschaft plötzliche Stimmungsumschwünge und unberechenbares Verhalten. Ich habe auch Frauen kennengelernt, die anscheinend schon einplanen, einen Nervenzusammenbruch zu bekommen, wenn sie die Wechseljahre erreichen.

Was in unserem Körper passiert, beeinflusst zweifellos unser Fühlen, Denken und sogar unser geistliches Leben. Wir können diese verschiedenen Aspekte unserer Person nicht isolieren. Sie sind untrennbar miteinander verflochten. Aber wenn wir rein irdisch orientiertes, unrechtes Denken und Verhalten allein mit unserem körperlichen Zustand oder Hormonumstellungen rechtfertigen, gehen wir in die Falle des Teufels.

Meine Erinnerung an das Jahr, als ich zwölf war, ist, dass ich das ganze Jahr lang viel weinte – ohne ersichtlichen Grund. Im Rückblick verstehe ich jetzt besser als damals, welche Veränderungen in meinem Körper vorgingen, während ich erwachsen wurde. Aber jetzt verstehe ich auch besser als damals, dass diese Veränderungen keine Entschuldigung für die schlechte Laune und das Auftrumpfen waren, die in dem Jahr zu meinem Verhalten gehörten.

Ich weiß noch, wie ich vor Jahren einmal nach einem intensiven Vortragsprogramm physisch und emotional völlig ausgelaugt war. Meine Haltung und meine Bemerkungen waren ständig gereizt. Ich war negativ eingestellt und machte es meinen Mitmenschen schwer. Unbewusst rechtfertigte ich mich mit meinem Befinden. Eine Freundin, die zufällig in Reichweite meiner mürrischen Stimmung geriet, schaute mich an und sagte nur: »Unbeherrschtheit darfst du nicht mit deiner Erschöpfung entschuldigen.« Ich muss zugeben, dass ich die Zurechtweisung in diesem Augenblick nicht besonders schätzte. Aber sie war genau das, was mir gesagt werden musste: eine schmerzliche, aber notwendige Erinnerung an die Wahrheit.

Gott hat unseren Körper wie andere Naturphänomene so geplant, dass er in Phasen und Zyklen funktioniert. Natürlich hat jede Lebensphase ihre Schwierigkeiten. Eine der Folgen des Sündenfalls ist, dass Schwangerschaften und Geburten von Leid und Schmerzen begleitet werden. Und nicht nur dann spüren wir diese Folgen. So sind auch die Schwierigkeiten, die manche Frauen mit dem Monatszyklus haben, eine praktische Erinnerung daran, dass wir gefallene Menschen sind.

Aber jeder Monatszyklus erinnert uns auch daran, dass Gott uns als Frauen geschaffen hat und dass zum Frau-Sein die Fähigkeit gehört, Leben weiterzugeben und zu pflegen. Auch ich als Alleinstehende merke, dass das ein freundlicher und wertvoller

Hinweis ist, wer ich bin, wozu Gott mich geschaffen hat und wie ich ihn hier auf der Erde am besten ehren kann.

Hat Gott nicht unseren Körper geschaffen? Versteht er nicht, wie er funktioniert? Meinen Sie, Dinge wie Monatszyklen, Hormone, Schwangerschaft oder Wechseljahre könnten ihn überraschen?

Der Psalmdichter lobt Gott gerade wegen seiner aufmerksamen Fürsorge und seines unvergleichlichen Plans für die Erschaffung unseres Körpers:

Denn du hast meine Nieren gebildet;
du hast mich gewoben im Schoß meiner Mutter.
Ich danke dir dafür, dass ich erstaunlich und wunderbar gemacht bin ...
Mein Gebein war nicht verhüllt vor dir,
als ich im Verborgenen gemacht wurde,
kunstvoll gewirkt tief unten auf Erden.
Deine Augen sahen mich schon als ungeformten Keim,
und in dein Buch waren geschrieben alle Tage, die noch werden sollten,
als noch keiner von ihnen war.
Psalm 139,13-16

Was für ein unvorstellbarer Gedanke! Lange bevor Sie geboren wurden, wurde jedes Molekül Ihres Körpers und jeder Tag Ihres Lebens von der Empfängnis bis zum Grab sorgfältig von Gott durchdacht und geplant. Er hat bestimmt, an welchem Tag Ihre Menstruation anfangen sollte, wann und wie oft Sie empfangen können und wann genau die Menopause eintritt. Er weiß genau, was in jeder Phase und bei jedem Wechsel in Ihrem Körper vorgeht.

Ist es vorstellbar, dass dieser weise und liebevolle Schöpfer nicht wüsste, wie Ihr Hormonspiegel in jeder Lebensphase ist, oder nicht richtig für jedes Alter vorgesorgt hätte? Gott bietet uns keinen leichten und problemlosen Wachstumsprozess an. Aber er hat versprochen, uns alles zu geben, was wir brauchen, und uns mit der Kraft auszustatten, den Schwierigkeiten und Herausforderungen zu begegnen, die sich in jeder Lebensphase ergeben.

Lange bevor irgendjemand ein Buch über Östrogene oder Wechseljahre verfasst hatte, schrieb Franz von Sales (1567-1622) beherzigenswerte Worte für Frauen aller Generationen:

»Schau nicht ängstlich auf die kommenden Veränderungen und Wechselfälle des Lebens, sondern erwarte sie voll Hoffnung, dass Gott, dem du gehörst, dich, wenn sie kommen, daraus befreien wird. Er hat dich bis jetzt behütet – halte du nur seine liebende Hand fest, und er wird dich sicher durch alles führen; und wenn du nicht stehen kannst, wird er dich in seinen Armen tragen. ... Derselbe ewige Vater, der heute für dich sorgt, wird dich auch morgen und jeden Tag versorgen. Entweder wird er dich vor Leid schützen, oder er wird dir genug Kraft geben, es zu tragen. Sei darum ruhig und lege alle ängstlichen Gedanken und Vorstellungen ab.«[2]

Das Gebet des Paulus am Ende des ersten Briefs an die Thessalonicher gilt nicht nur für Gläubige des ersten Jahrhunderts. Es gilt auch nicht nur für Männer. Ich glaube, dieses Gebet können Frauen in jedem Lebensalter in Anspruch nehmen. Wir können erwarten, dass Gott dieses Gebet erhört, wenn wir glauben und es zulassen:

Er selbst aber, der Gott des Friedens, heilige euch durch und durch,
und euer ganzes Wesen, der Geist, die Seele und der Leib,
möge untadelig bewahrt werden bei der Wiederkunft
unseres Herrn Jesus Christus!
Treu ist er, der euch beruft; er wird es auch tun.
1. Thessalonicher 5,23.24

35. »Depressionen muss man zuerst mit Medikamenten und/oder Psychotherapie behandeln«

Während ich dieses Kapitel schrieb, bekam ich Besuch von der Frau eines Pastors. Sie klagte mir ihr Leid über einen viele Jahre langen Kampf, den ihr Mann gegen Depressionen führen muss. Die Auswirkungen auf die Ehe und das Leben der Frau sind gravierend.

Im Lauf des Gesprächs stellte sie Fragen, wie sie viele in ähnlichen Situationen stellen: Könnte das ein erbliches Problem sein? (In der Familie ihres Mannes ist ein Selbstmordfall bekannt.) Könnte es organisch bedingt sein? Könnte eine dämonische Aktivität damit zu tun haben? Ist da eine geistliche Wahrheit, die er nicht erkennt, und ist er darum so gefangen und bedrängt?

Depressionen sind ein besonders schwieriges Problem für Frauen. Doppelt so viele Frauen wie Männer leiden an Depressionen. Niemals vorher hat es so viele depressive Frauen gegeben, wie wir es heute in der westlichen Welt erleben. Obwohl Ärzte sehr schnell Depressionen diagnostizieren und sie mit Psychotherapie und Medikamenten behandeln, wächst die Zahl der Patienten ständig. Nur verhältnismäßig wenige werden auf Dauer geheilt.

Eine Nachforschung in der Bibel über Depressionen und Verzweiflung zeigt, dass der Schmerz, den wir als emotionale Depression bezeichnen, manchmal einfach eine unvermeidliche Folge der Tatsache ist, dass wir in einer gefallenen Welt leben. In Römer 8 erklärt Paulus, dass die ganze Schöpfung unter der Last ihrer Unvollkommenheit »seufzt« (Vers 22) und sich nach der endgültigen Befreiung von Tod und Vergänglichkeit sehnt.

Viele Naturwissenschaftler und Mediziner haben daran gearbeitet, die Zusammenhänge zwischen Depressionen, erblicher Veranlagung und anderen physiologischen Faktoren zu erforschen. Über diese Dinge und über die Langzeitwirkungen verschiedener Behandlungsmethoden gibt es noch viel zu lernen. Was wir aber wissen, ist, dass physische Symptome, die mit Depressionen zusammenhängen, in vielen Fällen die Auswirkungen von Problemen sind, die im seelisch-geistigen Bereich ihre Wurzeln haben: Problemen wie Undankbarkeit, ungelöste Konflikte, unverantwortliches Verhalten, Schuld, Bitterkeit, Mangel an Vergebungsbereitschaft, Unglaube, Bestehen auf Rechten, Zorn und Egozentrik.

Wenn diese Grundprobleme nicht auf Gottes Art gelöst werden, zeigen sich die Folgen zwangsläufig in unserem Körper und unserer Seele und schaffen sehr reale physische und emotionale Symptome. In manchen Fällen können Medikamente helfen, die

Symptome einer Depression zu lindern. Aber wenn die Depression nicht von mangelhaften Körperfunktionen herrührt, können Medikamente das Problem nicht auf Dauer lösen. Richtig angewandt können Medikamente einen schwer depressiven Menschen so weit stabilisieren helfen, dass er klar denken kann. So wird dieser Person eine Möglichkeit geboten, die Dinge anzugehen, die die Krankheit verursacht haben. Aber es gibt kein Medikament, das die tieferen geistlichen Fehlhaltungen korrigieren kann. Leider betrachten viel zu viele, die an Depressionen leiden, Medikamente als die »Lösung« ihres Problems. Wenn aber die Patientin nicht die Frage der inneren Haltung in Angriff nimmt, hat sie keine Hoffnung, je wirklich frei zu werden.

Vielleicht überrascht es Sie, dass viele Personen in der Bibel an dem litten, was wir heute »depressive Störungen« nennen würden. Ihre Geschichten geben uns einen hilfreichen Einblick in manches, was zu Depressionen beitragen kann.

König Ahab zum Beispiel wurde depressiv, als er nicht bekommen konnte, was er wollte. Als Ahabs Nachbar sich weigerte, ihm ein Grundstück zu verkaufen, das er unbedingt haben wollte, bekam er einen Wutanfall. Er wurde »missmutig und zornig … Und er legte sich auf sein Bett, wandte sein Angesicht ab und aß nichts« (1. Könige 21,4). Ahabs Frau Isebel versuchte ihn aus der Depression zu holen, indem sie versprach, ihm zu beschaffen, was er sich wünschte. Sie sagte zu ihm: »Steh auf und iss etwas und sei guten Muts! Ich will dir den Weinberg Nabots, des Jesreeliten, verschaffen« (Vers 7).

Für mich selbst muss ich zugeben, dass meine emotionalen Tiefs gewöhnlich eintreten, wenn etwas nicht so läuft, wie ich will. Tief innerlich bin ich wütend; aber anstatt die Wut zu äußern, falle ich in ein emotionales Loch und hoffe, dass jemand es merkt und versucht, mich aufzumuntern – so wie es Isebel mit Ahab gemacht hat.

Die Geschichte von Jona zeigt, wie Depressionen und Selbstmordgedanken aus Ärger über Gottes Handeln entstehen können. Als Gott die Niniviten nicht vernichtete, die es nach Jonas Meinung verdient hatten, geschah Folgendes: »Das aber missfiel

Jona sehr, und er wurde zornig. Und Jona betete zum HERRN und sprach: … Und nun, HERR, nimm doch meine Seele von mir; denn es ist besser, ich sterbe, als dass ich lebe« (Jona 4,1-3). Gottes Antwort zwang Jona, sich seine Wut einzugestehen: »Da sprach der HERR: Ist es recht, dass du so zornig bist?« (Vers 4). Kurze Zeit später entspann sich noch einmal das gleiche Gespräch, denn Jona wurde noch deprimierter, als eine Staude, die ihm Schatten gespendet hatte, vertrocknete. Gott wollte dem Propheten zeigen, dass es in Wirklichkeit nicht seine Situation war, die die Depression verursachte, sondern seine wütende Reaktion auf Gottes souveränes Handeln.

Hanna war eine fromme Frau; sie bekam Depressionen, als sie über längere Zeit dem Zusammentreffen von unerfüllten Wünschen mit einer schwierigen Beziehung ausgesetzt war. Sie hatte einen frommen Mann, der sie zärtlich liebte. Aber aus Gründen, die nur Gott kennt, bekam sie keine Kinder. Hannas Kummer über ihre Unfruchtbarkeit wurde noch verschlimmert durch Peninna, die zweite Frau ihres Mannes, die keine Schwierigkeiten hatte, Kinder zu bekommen, und Hanna das gern vorhielt:

Und ihre Widersacherin reizte sie sehr mit kränkenden Reden, um sie darüber zu erzürnen, dass der HERR ihren Leib verschlossen hatte. Und so ging es Jahr für Jahr; sooft sie zum Haus des HERRN hinaufzog, kränkte jene sie so, dass sie weinte und nichts aß.
1. Samuel 1,6.7

Wenn wir in unserer Lage nicht Gottes Handeln erkennen können oder wenn wir uns gegen seine Beschlüsse für unser Leben wehren, werden wir anfällig für emotionale und geistliche Depressionen.

König Davids Lebensgeschichte zeigt, dass unsere eigene Sünde Depressionen verursachen kann, dass es aber manchmal auch einfach der Schmerz ist, in dieser gefallenen Welt leben zu müssen.

Psalm 32 berichtet von der körperlichen und seelischen Qual, die David erlebte, als er sein Unrecht gegen Batseba und Uria nicht eingestehen wollte:

Als ich es verschwieg, da verfielen meine Gebeine durch mein Gestöhn den ganzen Tag. Denn deine Hand lag schwer auf mir Tag und Nacht, sodass mein Saft vertrocknete, wie es im Sommer dürr wird.
Psalm 32,3.4

Im Unterschied zu der Depression, die sein eigenes Unrecht ausgelöst hatte, erlebte David auch Zeiten intensiver seelischer Dunkelheit, die nicht direkt mit eigener Sünde in Verbindung standen. Mehrere Psalmen schildern seine tiefe Verzweiflung:

Höre auf mich und antworte mir!
Ich bin unruhig in meiner Klage und stöhne … Mein Herz bebt in mir, und die Schrecken des Todes haben mich überfallen;
Furcht und Zittern kommt mich an, und Schauder bedeckt mich.
Psalm 55,3.5-6

Meine Tränen sind meine Speise bei Tag und bei Nacht …
Psalm 42,4a

Durch solche Zeiten lernte David, Gott in seinen tiefsten Krisen an sich heranzulassen. Er wusste, wie notwendig es ist, sich selbst die Wahrheit einzugestehen, sich unangenehme Fragen zu stellen und sich an das wahre Wesen Gottes zu erinnern.

Was betrübst du dich, meine Seele, und bist so unruhig in mir?
Harre auf Gott, denn ich werde ihm noch danken für die Rettung, die von seinem Angesicht kommt!
Mein Gott, meine Seele ist betrübt in mir; darum gedenke ich an dich ...
Am Tag wird der HERR seine Gnade entbieten, und in der Nacht wird sein Lied bei mir sein, ein Gebet zu dem Gott meines Lebens.
Psalm 42,6.7.9

In seinem klassischen Buch *Spiritual Depression* (Geistliche Depression) schreibt Dr. Martyn Lloyd-Jones folgenden Absatz an Depressive:

»Du musst zu deiner Seele sagen: ›Was betrübst du dich?‹ – Aus welchem Grund bist du beunruhigt? Du musst dich selbst anspornen und

dir sagen: ›Harre auf Gott‹ – und nicht so unglücklich und deprimiert protestieren. Und weiter musst du an Gott denken, wer Gott ist und wie Gott ist und was Gott getan hat und was er sich verpflichtet hat zu tun.«[3]

Im letzten Kapitel des Jakobusbriefs finden wir eine Stelle, die Menschen, die mit Depressionen zu kämpfen haben, praktische Hilfe anbietet:

Leidet jemand von euch Unrecht? Er soll beten!
Ist jemand guten Mutes? Er soll Psalmen singen!
Ist jemand von euch krank? Er soll die Ältesten der Gemeinde
zu sich rufen lassen; und sie sollen für ihn beten
und ihn dabei mit Öl salben im Namen des Herrn.
Und das Gebet des Glaubens wird den Kranken retten,
und der Herr wird ihn aufrichten;
und wenn er Sünden begangen hat, so wird ihm vergeben werden.
Bekennt einander die Übertretungen
und betet füreinander, damit ihr geheilt werdet!
Das Gebet eines Gerechten vermag viel, wenn es ernstlich ist.
Jakobus 5,13-16

Das Erste, was in diesem Absatz wichtig ist, ist dies: Unabhängig davon, was wir gerade fühlen oder was wir durchmachen, soll unsere erste Reaktion sein, uns an Gott zu wenden. Ob es uns gut oder schlecht geht, ob wir froh oder traurig, gesund oder krank sind – vor allem anderen müssen wir wahrnehmen, dass Gott bei uns ist, und ihn bitten, mit uns durch diese Zeit zu gehen, unsere Reaktionen auf die Situation zu leiten und uns mit seinen Möglichkeiten auszustatten, mit der Lage fertig zu werden.

Anscheinend ist unsere erste Reaktion aber meistens, uns an jemanden oder etwas zu wenden – nur nicht an Gott. Wenn wir verletzt sind, suchen wir schnell nach greifbaren Hilfsmitteln, um Trost, Erleichterung oder Auswege zu finden. Schließlich ist es viel einfacher, einen Freund anzurufen, damit er uns zuhört, als vor der offenen Bibel zu knien und zu hören, was Gott uns in der »dunklen Seelennacht« sagen will. Es ist viel leichter, zu versuchen, den Schmerz mit überreichlichem Essen oder Schlaf zu verdecken, als den Willen aufzubringen, unsere natürlichen Wünsche zurückzustellen und uns nach dem Heiligen Geist zu richten. Es ist leichter, unsere Gefühle mit dem Gedudel des Fernsehprogramms zu übertönen, als vor uns selbst ehrlich zu sein und Gott und andere um Vergebung für unsere Wut zu bitten. Es ist leichter, eine neue Packung Tabletten zu kaufen, als Gott zu bitten, uns zu zeigen, ob wir undankbar, fordernd oder bitter sind. All das erleichtert vielleicht ein wenig, aber wahrscheinlich reicht es nicht aus und wirkt nur kurz. In solchen Zeiten kann nichts anderes als der »Gott allen Trostes« unsere tiefsten Bedürfnisse stillen.

Das bedeutet nicht, dass alles andere falsch wäre. Für eine Mutter mit zwei Kindergartenkindern und einem Neugeborenen kann eine durchgeschlafene Nacht eine große Verbesserung der Gefühlslage bringen. Manchmal kann eine geänderte Ernährung unser körperliches Wohlbefinden enorm steigern, was wiederum das seelische und geistige Befinden beeinflusst. Sport kann erstaunlich gut gegen körperliche Symptome von Depressionen wirken. Freunde können uns Mut geben, besonders wenn sie unsere Gedanken wieder auf die Wahrheit ausrichten. Ein Arzt kann eine körperliche Störung finden und sie beheben helfen, die unseren seelischen Zustand beeinträchtigt. Aber unsere Neigung, Fachleute und Pillen in Anspruch zu nehmen, um Probleme zu lösen, die oft seelischen oder geistlichen Ursprungs sind, hat dazu geführt, dass Millionen von Frauen zu viel einnehmen, bankrott gehen, enttäuscht werden und sich nicht besser fühlen als vorher.

Die zweite Tatsache, die Jakobus betont, ist die Bedeutung und Verantwortung der Gemeinde, wenn es gilt, verletzten Seelen Hilfe und Heilung zu bringen.

In den letzten paar Jahrzehnten haben wir die Vorstellung entwickelt, nur »Fachleute« könnten Menschen helfen, die an verschiedenen seelischen oder geistigen Krankheiten leiden. Das hat auch viele Pastoren veranlasst, sich unfähig zu fühlen, mit solchen Dingen umzugehen, sodass sie geplagte Menschen aus der Seelsorge routinemäßig an »Experten« weiterleiten: ausgebildete Psychologen, Psychiater und Psychotherapeuten.

Ich will damit nicht sagen, Menschen, die so etwas gelernt haben, hätten keine Aufgabe, wenn ihre Beratung auf dem Wort und den Ordnungen Gottes beruht. Aber wir sollten nicht vergessen, dass Gott den »Leib Christi« mit allen Mitteln ausgestattet hat, verzweifelten und hilfsbedürftigen Menschen zu helfen. Er hat uns sein Wort und seinen Geist gegeben. Wir müssen lernen, die heilende Wirkung von Gottes Wort anzunehmen und verletzten Menschen in der Gemeinde von Christus weiterzugeben.

Also, sagt Jakobus, wenn du verletzt bist, wenn deine Seele krank ist, dann soll die Gemeinde dir im Namen von Jesus Gnade zusprechen. Bete zuerst selbst, dann werde aktiv und teile deinen Mangel den anderen mit – besonders deinen Gemeindeleitern. Bitte sie, für dich zu beten. Bekenne alles Unrecht, das vielleicht zu emotionaler Schwäche oder Krankheit bei dir geführt hat, und sei bereit, der Gemeinde während des Heilungs- und Wiederherstellungsprozesses Rechenschaft zu geben.

Wenn es um den Umgang mit unseren Gefühlen geht, müssen wir bedenken, dass »ein gutes Gefühl« nicht das eigentliche Ziel eines christlichen Lebens ist. Gott verspricht nicht, dass alle, die mit ihm gehen, von allen problematischen Gefühlen frei bleiben. Wir werden sogar, solange wir in diesem Körper leben, in wechselndem Maß Schmerzen und Leiden erleben.

Im nächsten Kapitel werden wir sehen, dass der Schwerpunkt unseres Lebens nicht sein soll, Dinge so zu ändern oder zu »regeln«, dass wir uns besser fühlen, sondern Gottes Ehre und seiner Absicht, Menschen in dieser Welt frei zu machen, Raum zu schaffen. Alles andere ist entbehrlich. Echte Freude entsteht, wenn wir uns diesem Ziel ganz widmen.

Lügen mit der Wahrheit begegnen

Lüge:	Die Wahrheit:
32. Wenn ich etwas fühle, muss es wahr sein.	– Meinen Gefühlen kann ich nicht immer trauen. Oft haben sie wenig mit der Wirklichkeit zu tun und können mich leicht verleiten, Unwahres zu glauben. – Ich muss Gefühle, die nicht zur Wahrheit passen, bewusst abweisen.
33. Ich kann meine Gefühle nicht unter Kontrolle halten.	– Ich brauche mich nicht von meinen Gefühlen beherrschen zu lassen. – Ich kann mich bewusst auf Gottes Wahrheit konzentrieren, jeden Gedanken darin »gefangen nehmen« und Gott über meine Gefühle bestimmen lassen.
34. Wenn meine Hormone verrückt spielen, kann ich meine Reaktionen nicht immer steuern (zu bestimmten Zeiten bin ich eben aggressiv)	– Gott gibt mir die Fähigkeit, ihm bewusst zu gehorchen, unabhängig von meinen Gefühlen. – Für falsche Einstellungen und Reaktionen und hässliches Verhalten gibt es keine Entschuldigung. – Meine körperliche und seelische Entwicklung ist in allen Stadien unter der Kontrolle dessen, der mich gemacht hat, sich für mich interessiert und für jede Lebensphase vorgesorgt hat.

35. Depressionen muss man zuerst mit Medikamenten und/oder Psychotherapie behandeln.	– Körperliche und seelische Symptome von Depressionen können durch geistliche Probleme entstehen, die man lösen muss. – Wenn meine Depression nicht von einer körperlichen Krankheit herrührt, können Medikamente sie nicht auf Dauer heilen. – Ich habe kein »Recht«, mich »wohlzufühlen«. Unabhängig von meinen Gefühlen kann ich Gott danken, ihm gehorchen und hilfsbereit zu anderen sein. – Gott hat uns wirksame Hilfsmittel gegeben: seine Gnade, seinen Geist, sein Wort, seine Zusagen, die Gemeinde. Damit können unsere emotionalen Bedürfnisse befriedigt werden.

Zum persönlichen Gebrauch

1. Geben Sie Gott recht.
Welche Lügen über Ihre Gefühle haben Sie geglaubt?

2. Nehmen Sie die Verantwortung an.
Wie hat sich der Glaube an diese Lügen in Ihrer Lebensweise geäußert (z. B. Einstellungen, Verhalten)?

3. Bestätigen Sie die Wahrheit.
Lesen Sie jede Aussage auf den Seiten 196 und 197 laut. Welche davon müssen Sie im Augenblick besonders beherzigen?
Lassen Sie Ihr Denken von Gottes Wort erneuern. Lesen Sie die folgenden Stellen laut. Was zeigen diese Verse über die Art, wie man mit Gefühlen umgehen soll?

- Philipper 4,4-8
- Kolosser 3,1-4
- Jesaja 26,3-4

4. Handeln Sie der Wahrheit entsprechend.
Welche konkreten Maßnahmen müssen Sie ergreifen, um Ihr Leben mit der Wahrheit in Einklang zu bringen?

5. Bitten Sie Gott, Ihnen zu helfen, nach der Wahrheit zu leben.
Danke, Vater, dass du uns Gefühle gegeben hast: dass du uns erlaubst, uns am Guten zu freuen und dafür zu begeistern. Danke auch für die Fähigkeit, Schmerz zu empfinden. Ich sehe ein, dass Schmerz in dieser gefallenen Welt unausweichlich zur Wirklichkeit gehört. Ich gebe zu, dass ich oft meinen Gefühlen glaube und danach handle und nicht überlege, ob sie der Wahrheit entsprechen oder nicht. Oft erlaube ich mir, so zu reagieren, wie ich mich gerade fühle und wie meine Situation ist – und nicht deinem Wort und deinem Geist entsprechend. Danke, dass deine Wahrheit immer gilt und sich nicht ändert, unabhängig von meinen Gefühlen und den Eindrücken, die sie mir vermitteln. Hilf mir, mich auch in Trauer, Schmerz, Verwirrung und Verlusten auf dich zu verlassen und dir zu gehorchen – egal was ich fühle. Danke, dass du Frieden in allen Lebenslagen versprochen hast, wenn ich mich ganz auf dich konzentriere. In Jesu Namen. Amen.

Kapitel 9

Lügen über unsere Lebensumstände

Liebes Tagebuch,

das war ein Jahr! Wir bekamen die Nachricht, dass einer von Kains Söhnen bei der Arbeit an einem Bauprojekt für seinen Vater schwer gestürzt ist. Anscheinend hat er sich ziemlich schwer verletzt. Man konnte nicht viel Genaues erfahren, weil wir mit Kain und seiner Familie so wenig Kontakt haben. Die ganze Beziehung ist immer noch sehr gespannt, und die Erinnerung tut manchmal so weh.

Die Ernte war dieses Jahr sehr schlecht – ich glaube, das habe ich noch nie erlebt. Adam musste viele Stunden zusätzlich arbeiten, nur damit wir genug Essen zum Überleben haben. Wenn er nach dem Tag nach Hause kommt, ist er erschöpft und hat keine Lust mehr, zu reden oder überhaupt viel zu tun.

Ich wünschte, bei alldem hätte ich ihn ermutigen können, aber ich bin selbst kaum durchgekommen. Ich habe einfach nicht mehr so viel Kraft wie früher und fühle mich oft total überfordert mit den Arbeiten im Haus, besonders weil ja noch vier Kinder zu Hause sind.

Alles ist so hektisch – ich weiß oft nicht, wie ich mit Mann, Kindern, Enkeln und Hausarbeit fertig werden und noch Zeit für mich finden soll.

Manchmal bin ich richtig unter Druck, und dann komme ich mit nichts und niemandem hier zurecht. Ich finde es schlecht, wie ich das dann an den Kindern und Adam auslasse. Ich bin einfach so müde.

Adam und ich haben schon so lange keine Zeit mehr miteinander gehabt – nur wir beide. Ich wünschte, wir könnten mal eine Zeit lang von alldem wegkommen. Vielleicht käme ich dann besser zurecht. Es muss unbedingt etwas anders werden.

Es war »einer von diesen Tagen«. Kennen Sie das auch, wenn einfach nichts klappt? Vielleicht haben Sie in *Alexander and the Terrible, Horrible, No Good, Very Bad Day (Alexander und der schreckliche, ekelhafte, sinnlose, sehr schlimme Tag)* von Judith Viorst speziell von diesem Tag gelesen. Für den armen Alexander schien an diesem Tag alles schiefzugehen:

»Ich bin mit Kaugummi im Mund eingeschlafen, und jetzt ist Kaugummi in meinen Haaren, und als ich heute Morgen aufstand, bin ich auf das Skateboard getreten, und dann ist mir der Pullover ins Waschbecken gefallen, während das Wasser lief, und da wusste ich, das wird ein schrecklicher, ekelhafter, sinnloser, sehr schlimmer Tag.«[1]

Und er hatte recht. Alexander hatte einen ekelhaften Tag in der Schule, einen sehr schlimmen Zahnarzttermin und einen sinnlosen Besuch im Schuhgeschäft. Und das war noch nicht alles:

»Zum Abendessen hat es Limabohnen gegeben, und die hasse ich.

Im Fernsehen waren Kuss-Szenen, die finde ich schrecklich.

Mein Badewasser war zu heiß, ich bekam Seife in die Augen. Meine Murmel ist in den Abfluss gefallen, und ich musste den Schlafanzug mit der Eisenbahn anziehen. Ich hasse diesen Schlafanzug.

Als ich schlafen ging, hat Nick das Kopfkissen wieder genommen. Erst hatte er gesagt, ich könnte es behalten, und das Mickymaus-Nachtlicht ist ausgegangen, und ich habe mir auf die Zunge gebissen. Die Katze will bei Anthony schlafen und nicht bei mir. Das war ein schrecklicher, ekelhafter, sinnloser, sehr schlimmer Tag.«[2]

Wer kann es dem frustrierten Jungen verübeln, wenn er am Ende des Tages seufzt: *»Ich glaube, ich wandere nach Australien aus.«*[3]

Alexander ist mit diesem Gefühl nicht allein. Wahrscheinlich haben wir uns alle schon manchmal gewünscht, Gott riefe uns in eine unbewohnte Gegend!

Genau das hat sogar der Psalmdichter mindestens einmal gesagt. Alles schien auf ihn einzustürmen, und er hatte anscheinend das Gefühl, nicht noch mehr aushalten zu können:

Und ich sprach:
O dass ich Flügel hätte wie die Taube;
ich würde davonfliegen, bis ich Ruhe fände! …
Ich wollte zu meinem Zufluchtsort eilen vor dem brausenden Wind,
vor dem Sturm.
Psalm 55,7.9

Als Gott die Erde gerade geschaffen hatte, sah er alles an, was er gemacht hatte, und sagte: »Es ist gut.« Vom kleinsten Molekül bis zur größten Galaxis im All war alles vollkommen geordnet. Alles war in perfekter Harmonie. Es gab weder Verwirrung noch Leid, Streit oder Enttäuschung.

Wie wir gesehen haben, lebten Adam und Eva in einer vollkommenen Umwelt. Ihre erste Heimat könnte den glücklichsten Erdenbürger neidisch machen. Alles funktionierte. Nichts ging kaputt und musste repariert werden. Niemand kam zu spät, niemand war müde oder gereizt. Niemand machte Schulden oder bekam Kopfschmerzen, ganz zu schweigen vom Krankwerden und Sterben. Niemand wurde je gekränkt oder sagte etwas Unhöfliches oder verklagte einen anderen. Man brauchte weder Psychotherapeuten noch Juristen oder Ärzte, nicht einmal den Lebensberater einer Zeitschrift.

Aber all das änderte sich, sobald Eva auf die Lüge des Teufels hörte und danach handelte. Damals hatte die Erde reichlich Früchte getragen, die das Paar essen konnte. Jetzt musste der Mann mit Dornen und Disteln kämpfen, um seine Familie zu versorgen. Kinder zu bekommen, hatte ein freudiges natürliches Erlebnis für die Frau werden sollen. Jetzt musste sie schmerzhafte Geburtswehen aushalten. Außer dem Unkraut und den Wehen erlebten die gefallenen Menschen jetzt auch

- Angst, Scham und Schuld;
- Enttäuschung;
- Streit und Prozesse;
- Tränen und Wutausbrüche;
- Wirbelstürme, Überschwemmungen und Erdbeben;
- Verbrechen und Gewalt;
- Armut, Hunger, Rassismus und Krieg;
- Arthritis, Entzündungen und Krebs.

Das Eindringen des Betrugs in die Welt hatte weitreichende Folgen. Wie ein Tropfen Lebensmittelfarbe, den man in ein Glas Wasser gibt, färbte die Sünde alle Menschen und ihre gesamte Umwelt ein.

Die meisten Menschen leben mit unnötigen Enttäuschungen,

Wut und Verzweiflung, weil sie über ihre Lebensumstände und das Leid, das in dieser gefallenen Welt unvermeidlich ist, getäuscht worden sind.

36. »Wenn ich in anderen Verhältnissen leben würde, wäre ich selbst anders.«

Ich erinnere mich, vor Jahren einmal mit einer jungen Mutter gesprochen zu haben, die ein zweijähriges Kind und einjährige Zwillinge hatte. Sie sagte seufzend: »Ich war nie ein ungeduldiger Mensch – bis ich diese Zwillinge bekam.« Diese Frau glaubte, was die meisten von uns irgendwann geglaubt haben: dass wir wegen unserer Lebensverhältnisse so sind, wie wir sind.

Der Gedanke dahinter ist, dass unsere Situation uns zu dem macht, was wir sind. Vielleicht haben Sie – wie ich – schon einmal gesagt: »Sie hat mich ganz wild gemacht!« Damit sagen wir: »Eigentlich bin ich freundlich, mitfühlend, liebevoll, beherrscht und vom Heiligen Geist erfüllt. *Aber* … unglaublich, was sie gemacht hat …!«

»Ich hätte nicht die Fassung verloren«, behaupten wir, »wenn mein Kind nicht den Trockner mit Wasser gefüllt und die Wohnzimmermöbel mit Butter bestrichen hätte!«

Oder: »Ich hätte keine Eheprobleme, wenn meine Eltern mich nicht beschimpft und mein Selbstwertgefühl zerstört hätten.«

Oder: »Ich wäre gar nicht so bitter, wenn mein Mann nicht mit dieser anderen Frau durchgebrannt wäre.«

Damit sagen wir: »Etwas oder jemand anderes hat mich zu dem gemacht.« Wir meinen, wenn unsere Lebensverhältnisse anders wären – unsere Erziehung, unsere Umwelt, die Menschen um uns –, dann wären wir anders. Wir wären geduldiger, liebevoller, zufriedener, nicht so schwierig im Umgang.

Wenn unsere Verhältnisse uns zu dem machen, was wir sind, dann sind wir alle Opfer. Genau das will der Feind uns glauben machen. Denn wenn wir Opfer sind, sind wir nicht verantwortlich. Wir können nichts dafür, dass wir so sind. Aber Gott sagt, wir *sind* verantwortlich – nicht für das Versagen von anderen, aber für unsere eigenen Reaktionen und unser Verhalten.

Die Wahrheit ist, dass die Umstände uns nicht so gemacht haben, wie wir sind. Sie zeigen nur, wie wir sind. Die aufgebrachte Mutter, die meinte, sie wäre immer geduldig gewesen, bis sie Zwillinge bekam, hat nicht verstanden, dass sie schon immer ein ungeduldiger Mensch war. Sie hatte nur nicht gemerkt, wie ungeduldig sie war, bis Gott entsprechende Umstände herbeiführte, um ihr zu zeigen, wie sie wirklich war – damit er sie ändern konnte.

Der Teufel will uns überzeugen, wir könnten nicht anders werden, wenn nicht die Umstände sich ändern. Das ist das »Wenn-nur«-Spiel:

- Wenn wir nur nicht umziehen müssten ...
- Wenn wir nur näher bei meinen Eltern wohnten ...
- Wenn wir nur ein größeres Haus (mehr Schränke, mehr Stauraum) hätten ...
- Wenn wir nur mehr Geld hätten ...
- Wenn nur mein Mann nicht so lange arbeiten müsste ...
- Wenn ich nur verheiratet wäre ...
- Wenn ich nur nicht verheiratet wäre ...
- Wenn ich nur einen anderen Mann hätte ...
- Wenn wir nur mehr Kinder hätten ...
- Wenn wir nur nicht so viele Kinder hätten ...
- Wenn ich nur dieses Kind nicht verloren hätte ...
- Wenn mein Mann nur mit mir spräche ...
- Wenn mein Mann nur ein leitender Christ wäre ...

Uns wird vorgemacht, wir wären glücklicher, wenn wir in anderen Verhältnissen lebten.

Die Wahrheit ist: Wenn wir mit unseren jetzigen Verhältnissen nicht zufrieden sind, ist es unwahrscheinlich, dass wir unter anderen Umständen zufrieden wären.

Die Schriftstellerin Elizabeth Prentiss, die im 19. Jahrhundert lebte, erfuhr mit über 50 Jahren, dass ihr Mann eine neue Arbeit annehmen würde und dass sie ihr Heim in New York aufgeben und nach Chicago ziehen mussten. Das bedeutete, dass sie alle ihre Freunde zurücklassen musste und dass der Klimawechsel ihre schwache Gesundheit gefährdete. In einem Brief an eine Freundin schrieb sie:

»Wir wollen in dieser Frage auf niemanden hören außer auf Gott. ... Die Erfahrung des letzten Winters hat mir eindringlich gezeigt, dass Orte und Arbeitsstellen so gut wie nichts mit Glück zu tun haben; dass wir in einem Palast todunglücklich und in einer finsteren Höhle überglücklich sein können. ... Vielleicht ist dieser schmerzliche Verlust gerade nötig, um uns zu erinnern, ... dass wir auf der Erde Pilger und Fremde sind.« [4]

George Washingtons Frau Martha äußerte dieselbe Überzeugung in einem Brief an ihre Freundin Mercy Warren:

»Ich bin trotzdem entschlossen, in jeder Lage, in die ich komme, zufrieden und heiter zu sein; denn ich habe auch aus Erfahrung gelernt, dass der größere Teil unseres Glücks oder Unglücks nicht von den Umständen, sondern von unserer Einstellung abhängt. Wo wir auch hinkommen, wir nehmen die Saat für das eine oder das andere in unseren Gedanken mit.«[5]

Der Apostel Paulus hat gelernt, dass er sich unter allen Umständen freuen, zufrieden sein und fruchtbar arbeiten konnte, weil seine Freude und sein Wohlbefinden nicht von seiner jeweiligen Lage, sondern von Gottes stetiger Liebe und Treue und vom Zustand seiner Beziehung zu Gott abhingen. Darum konnte er sagen:

Nicht wegen des Mangels sage ich das; ich habe nämlich gelernt,
mit der Lage zufrieden zu sein, in der ich mich befinde.
Denn ich verstehe mich aufs Armsein, ich verstehe mich aber auch
aufs Reichsein; ich bin mit allem und jedem vertraut,
sowohl satt zu sein als auch zu hungern,
sowohl Überfluss zu haben als auch Mangel zu leiden.
Philipper 4,11.12

Paulus wusste, dass wir unsere Lebensumstände nicht immer kontrollieren können, aber unsere Lebensumstände brauchen uns nicht zu beherrschen.

Die Wahrheit ist: Einem weisen, liebevollen, allmächtigen Gott können wir zutrauen, über alle Umstände in unserem Leben zu bestimmen. Freude, Friede und Stabilität entstehen aus dem Glauben, dass alles, was unser Leben betrifft, zuerst von Gott liebevoll geprüft worden ist und zu einem großen, ewigen Plan gehört, den er in dieser Welt und in unserem Leben durchführt.

37. »Es ist nicht richtig, wenn ich leiden muss«

Viele evangelistische Aktivitäten sind heute darauf ausgerichtet, Menschen permanenten Frieden, Freude, eine Heimat im Himmel und bis dahin ein erfolgreiches Leben zu versprechen, wenn sie nur zu Jesus kommen. In Predigten dieser Art fehlt der Aufruf, Christus konsequent nachzufolgen und sein Kreuz zu tragen. So ist eine Generation von weichlichen, kraftlosen Jüngern aufgewachsen, die die Kämpfe nicht ertragen, denen ein Christ sich stellen muss. Wenn die unvermeidlichen Prüfungen und Schwierigkeiten ihre Hoffnungen zerschlagen, weinen und jammern sie und suchen sofort nach dem schnellsten Ausweg.

Der Teufel überzeugt uns, dass unsere Leiden unverdient oder unnötig sind, und damit erreicht er, dass wir Gottes Willen und Pläne übel nehmen und uns dagegen wehren.

Was Jesus selbst und die Apostel, die mit ihm gingen, gepredigt haben, das war ein Aufruf, »das Kreuz auf sich zu nehmen«. Es war ein Appell, sich zum Kampf zu melden; es war ein Ruf zum Leiden.

Der Apostel Paulus lehrt, dass Leiden für alle Christen ein Grundkurs in Gottes Lehrplan ist: »… dass wir durch viele Bedrängnisse in das Reich Gottes eingehen müssen« (Apostelgeschichte 14,22).

Arthur Mathews arbeitete von 1938 bis 1949 als Missionar in China. Dann übernahmen die Kommunisten die Herrschaft. Als einer der letzten Mitarbeiter der China-Inlandmission verließ er das Land 1953, nachdem man ihn vier Jahre lang mit seiner Frau und Tochter unter Hausarrest gehalten hatte. Seine Schriften zeigen die Entschlossenheit, seine Wünsche zurückzustellen, und die Bereitschaft, Gottes Plan und Absichten auch im Leiden zu akzeptieren:

Wir neigen dazu, die Lebensverhältnisse danach zu beurteilen, wie sie sich auf unsere liebsten Hoffnungen und unser Wohlbefinden auswirken. Danach richten wir dann unsere Entscheidungen und Reaktionen. Wenn ein Problem auftaucht, flüchten wir zu Gott. – Aber nicht, um seine Sicht zu erfahren, sondern um ihn zu bitten, die Schwierigkeit abzuwenden. Unser Eigennutz gewinnt die Oberhand über alles, was Gott durch die Schwierigkeit vielleicht erreichen will.

»Eine Generation, die vor der Wirklichkeit flüchtet, betrachtet Sicherheit, Wohlstand und körperliches Wohlbefinden als Zeichen von Gottes Wohlwollen. Wenn er uns dann Leiden und Schwierigkeiten gibt, verstehen wir seine Hinweise falsch und missdeuten seine Absichten.«[6]

Wenn wir Gottes Wesen und seinen Absichten nicht trauen, wehren wir uns natürlich gegen Leiden. Aber wie uns der puritanische Schriftsteller William Law aus dem 17. Jahrhundert erklärt, müssen wir lernen, Leiden als Weg zur geistlichen Entwicklung und zu einer intensiveren Beziehung zu Gott ohne Groll anzunehmen:

»Nimm jedes innere und äußere Problem, jede Enttäuschung, Schmerz, Unbehagen, Dunkelheit und Verlassenheit mit beiden Händen an als echte Möglichkeit und gottgegebene Gelegenheit, dem Ich abzusterben und in umfassendere Gemeinschaft mit deinem Retter einzutreten, der sich selbst verleugnet und gelitten hat.«[7]

Die Wahrheit ist: Gott interessiert sich viel mehr für unsere geistliche Entwicklung als für unser momentanes kurzlebiges Glück. Er weiß, dass wir nie wirklich glücklich sein können, wenn wir nicht mit ihm verbunden sind.

Die Wahrheit ist, dass man unmöglich als Christ leben kann, ohne zu leiden. Sogar Jesus selbst musste »durch Leiden vollendet« werden (Hebräer 2,10), solange er hier auf der Erde war – obwohl wir uns das nicht erklären können. Und »obwohl er Sohn war, hat er doch an dem, was er litt, den Gehorsam gelernt« (Hebräer 5,8). Wir sagen, wir wollten wie Jesus werden. Doch dann wehren wir uns gegen genau das, was Gott gebrauchen will, um diesen Wunsch zu erfüllen.

Alle Autoren des Neuen Testaments haben gesehen, dass es in unserer Erlösung und geistlichen Entwicklung ein Ziel gibt, das in diesem Leben nicht ohne Leiden erreicht werden kann. Petrus geht sogar so weit zu behaupten, Leiden sei unsere *Berufung* – nicht nur für eine ausgesuchte Gruppe von führenden Christen oder Märtyrern, sondern für jeden lebendigen Christen: »Denn dazu seid ihr berufen, weil auch Christus für uns gelitten und uns ein Vorbild hinterlassen hat, damit ihr seinen Fußstapfen nachfolgt« (1. Petrus 2,21).

Echte Freude ist nicht die Abwesenheit von Schmerz, sondern die Gegenwart des Herrn Jesus *in* den Schmerzen, der uns festhält und zu sich zieht. In diesem Prozess, ob er nun Tage, Wochen, Monate oder Jahre dauert, haben wir sein Versprechen:

Der Gott aller Gnade aber, der uns berufen hat
zu seiner ewigen Herrlichkeit in Christus Jesus,
er selbst möge euch, nachdem ihr eine kurze Zeit gelitten habt,
völlig zubereiten, festigen, stärken, gründen!
1. Petrus 5,10

38. »Meine Lebensumstände werden sich nie ändern – es wird für immer so bleiben«

Diese Lüge hält viele Frauen in Hoffnungslosigkeit und Verzweiflung gefangen.

Die Wahrheit ist: Ihr Schmerz – ob es ein körperliches Leiden, die Erinnerung an erlittenes Unrecht, Eheschwierigkeiten oder der Kummer um ein eigenwilliges Kind ist – kann lange andauern. Aber er wird nicht für immer bleiben. Vielleicht hält er sogar an, solange Sie hier auf der Erde leben. Aber auch das ist nicht für immer.

Die Wahrheit ist: Alles, was in diesem Leben passiert ist, ist von der Ewigkeit aus gesehen nur ein paar Augenblicke lang. Wenn wir bei Gott sind, wird es nur wie eine kleine Atempause – ein Komma im Satz – sein.

Vor ein paar Tagen rief eine Frau an und bat um Rat in einer komplizierten und schmerzlichen Ehesituation. Die Lage war schon so, solange sie denken konnte. Es gab keine Anzeichen für eine künftige Änderung. Im Lauf des Gesprächs berührte es mich tief, dass diese treue, tapfere Frau sagte: »Wenn es unser Leben lang so bleibt, gut. Ich weiß, dass die Zeit kurz und die Ewigkeit lang ist. Irgendwann ist das alles nur noch ein Fünkchen auf einem Radarschirm.« Sie sprach nicht wie jemand, der einfach fatalistisch resigniert hat. Sie wünscht sich sehr, dass die Lage jetzt schon anders wird. Aber sie hat eine Sicht von Zeit und Ewigkeit, die sie befähigt, im »Feuer ihres Leidens« treu zu bleiben.

Eine andere Frau kam vor Jahren nach einer Konferenz zu mir und sagte: »Ich möchte Ihnen danken für das, was Sie über unbedingte Treue zum Partner gesagt haben.« Weiter erzählte sie mir, dass sie seit 40 Jahren mit einem bösartigen Mann verheiratet war. Sie sagte: »In der ganzen Zeit haben mir viele – auch wohlmeinende Christen – geraten, aus dieser Ehe auszubrechen. Aber irgendwie hat Gott mich immer wieder zu dem Versprechen zurückgebracht, das ich gegeben habe, und es kam mir nicht richtig vor wegzugehen.« Nach einer Pause sprach sie weiter: »Ich bin so froh, dass ich gewartet habe. Sehen Sie, vor einem Jahr hat mein Mann sich endlich Christus gestellt, und jetzt ändert Gott ihn wirklich, nach so langer Zeit. Und nicht nur das«, sagte sie leise und mit Tränen in den Augen, »Sie können sich nicht vorstellen, wie unglaublich Gott *mich* durch das Leid verändert hat.«

Das Problem ist, dass wir so auf dieses Leben fixiert sind, dass den meisten von uns 40 Jahre wie eine *Ewigkeit* vorkommen! Wir können uns nicht vorstellen, so lange durchzuhalten. Wenn wir nur sehen könnten, dass 40 Jahre – oder noch mehr – aus der Sicht der Ewigkeit unbedeutend sind!

Auch wenn unser Leid sehr lange dauert, verspricht uns Gott in der Bibel, dass es nicht ewig dauern wird.

Deshalb geben wir nie auf, »... denn unsere Bedrängnis, die *schnell vorübergehend* und leicht ist, verschafft uns eine ewige und über alle Maßen gewichtige Herrlichkeit, da wir nicht auf das Sichtbare sehen, sondern auf das Unsichtbare; *denn was sichtbar ist, das ist zeitlich;* was aber unsichtbar ist, das ist ewig« (2. Korinther 4,16-18; Hervorhebung von mir).

Denn ich bin überzeugt, dass die Leiden der jetzigen Zeit
nicht ins Gewicht fallen gegenüber der Herrlichkeit,
die an uns geoffenbart werden soll.
Römer 8,18

Am Abend kehrt das Weinen ein und am Morgen der Jubel.
Psalm 30,6b

Diese Nacht voll Weinen kann für Sie Monate oder sogar Jahre dauern. Aber wenn Sie Gott gehören, wird sie nicht für immer bleiben. Gott hat genau bestimmt, wie lange Ihr Leid dauern soll. Es wird keinen Augenblick länger dauern, als er es unbedingt braucht, um sein ewiges, vollkommenes Ziel in Ihnen und durch Sie zu erreichen.

Für die Fälle, in denen es in diesem Leben keine Linderung gibt, haben wir buchstäblich Hunderte von Zusagen in der Bibel, dass es eines Tages gar kein Leid mehr geben wird, dass wir sehen werden, was wir jetzt glauben. Dann wird Dunkelheit in Licht verwandelt und unsere Treue wird mit Freude belohnt, die nie aufhört. Das verspricht er uns:

Die Wüste und Einöde wird sich freuen,
und die Steppe wird frohlocken und blühen wie ein Narzissenfeld. …
Und die Erlösten des HERRN werden zurückkehren
und nach Zion kommen mit Jauchzen.
Ewige Freude wird über ihrem Haupt sein;
Wonne und Freude werden sie erlangen,
aber Kummer und Seufzen werden entfliehen!
Jesaja 35,1.10

Ganz gleich, wie stark die finsteren Mächte jetzt und hier erscheinen, das Schlusskapitel steht schon – und Gott gewinnt! Die Wahrheit zu glauben über das, was kommt, gibt uns Hoffnung und macht uns stark genug, bis dahin auszuhalten.

39. »Ich halte das einfach nicht mehr aus«

Der Teufel arbeitet eifrig daran, uns auch diese Lüge glauben zu machen. Er weiß, dass wir als hoffnungslose Besiegte leben, wenn wir diese Lüge glauben. Eine Frau schrieb mir:

> *»Ich habe einjährige Zwillingsjungen, die seit zwei Monaten ständig mit Ohrenentzündungen und Erkältungen zu tun haben und daher immer quengelig und gereizt sind. Ich habe mir selbst, meinem Mann und jedem, der es hören wollte, immer wieder gesagt: »Ich kann es nicht mehr aushalten.« Die Lüge wurde zu einer Prophetie, die sich selbst erfüllte, und ich war total erschöpft. Erst als ich sagte: »Ja, ich kann es aushalten und ich will tun, was ich ihnen schuldig bin«, verlor sich der größte Teil der Spannung und Anstrengung, die ich empfand.«*

Wir alle kennen Zeiten, in denen wir das Gefühl haben, einfach nicht weitermachen zu können: es nicht mehr auszuhalten. Wie auf jedem anderen Gebiet des Betrugs liegt der Schlüssel zum Sieg über diese Lüge darin, ihr die Wahrheit entgegenzusetzen. Unabhängig davon, was unsere Gefühle oder unsere Situation uns suggerieren, sagt die Bibel: »Lass dir an meiner Gnade genügen« (2. Korinther 12,9). Die meisten von uns kennen diesen Vers. Aber wenn es um die widrigen Umstände in unserem Leben geht, glauben ihm doch nur wenige. In Wirklichkeit glauben wir: »Ich kann nicht mehr …

- noch eine schlaflose Nacht mit diesem kranken Kind halte ich nicht durch;
- in dieser Ehe kann ich nicht bleiben;
- ich kann es nicht ertragen, wenn meine Schwiegermutter mich noch einmal kränkt;
- mit drei Teenagern und einer alzheimerkranken Mutter zu Hause schaffe ich es nicht lange …«

Aber ob ich es glauben will oder nicht: Wenn ich sein Kind bin, ist die Wahrheit, dass Gottes Gnade alles ist, was ich brauche. (Das setzt natürlich voraus, dass ich nicht von mir aus Pflichten übernommen habe, die er gar nicht für mich vorgesehen hat. Wenn Gott die Belastung jedoch gegeben hat, kann ich mit seiner Hilfe weitermachen.) Seine Gnade reicht für jeden Augenblick, jeden Umstand, jeden Mangel und jedes Versagen in meinem Leben.

Wenn ich so erschöpft bin, dass ich meine, unmöglich die unerledigten Aufgaben in Angriff nehmen zu können, die noch vor mir liegen, *dann ist seine Gnade alles, was ich brauche.*

Wenn ich Lust hätte, meinen Frust mit bösen Bemerkungen herauszulassen, *ist seine Gnade alles, was ich brauche.*

Wenn ich zum zigsten Mal an diesem Tag meiner Esslust nachgegeben habe, *ist seine Gnade alles, was ich brauche.*

Wenn ich mit meiner Familie Streit bekomme und gereizt oder sogar beleidigt bin, *ist seine Gnade alles, was ich brauche.*

Wenn ich nicht weiß, wohin ich steuern oder wie ich entscheiden soll, *ist seine Gnade alles, was ich brauche.*

Wenn mich am Grab eines geliebten Menschen der ungeheure Schmerz des Verlustes überwältigt, *ist seine Gnade alles, was ich brauche.*

Wofür brauchen Sie Gottes Gnade? Eigenwillige Kinder? Körperliche Schmerzen? Einen lieblosen Ehemann? Leere Bankkonten? Die Anstrengung, drei Kinder ohne Vater aufzuziehen? Wissen Sie nicht, wo die nächste Miete herkommen soll? Sind Sie arbeitslos? Oder umgezogen und kennen keinen Menschen in der neuen Stadt? Spaltet sich Ihre Gemeinde? Sind Sie einsam bis zur Verzweiflung? Mit Schuld belastet? Medikamentenabhängig? Gehen Ihnen die Hormone durch?

Ergänzen Sie selbst. Egal wie Ihre Vergangenheit und Ihre momentane Lage aussehen – *seine Gnade ist alles, was Sie brauchen.* Seine übernatürlichen Möglichkeiten sind da, um Ihrem Mangel zu begegnen – und sei er noch so groß. Das ist die Wahrheit. Und die Wahrheit wird Sie frei machen.

Liebe Mitchristin, Ihr Vater im Himmel wird Sie nie irgendwohin bringen, wo seine Gnade Sie nicht unterstützt. Er wird Ihnen nie so viel aufbürden, dass seine Gnade nicht ausreicht, um es zu tragen. Wenn der Weg vor Ihnen deprimierend lang aussieht, fassen Sie Mut. Schauen Sie nach oben. Schauen Sie nach vorn bis zu dem Tag, wenn alles Leid vorbei ist. Und vergessen Sie nicht: Wenn Sie vor ihm stehen, werden alle Tränen und Schmerzen Ihres ganzen Lebens blass erscheinen im Vergleich mit der Schönheit und Herrlichkeit, die er ausstrahlt. Dann werden Sie zweifellos sagen: »Seine unvorstellbare Gnade hat mich sicher nach Hause gebracht.«

40. »Es geht um mich«

Auf meinem Schreibtisch liegen zwei Anzeigen: eine von einem Papierhandelsunternehmen, die andere von einer großen Einzelhandelskette. Beide Anzeigen tragen die Überschrift: Es geht um Sie.

Die Denkweise hinter diesen Werbekampagnen ist fast so alt wie die Menschheit. Das ist im Prinzip genau das, was die Schlange Eva sagte: »Es geht um *dich*.« Diese Kampagne führt sie seitdem erfolgreich.

Ein Schriftsteller bemerkt: *»Für die meisten Menschen sind die wichtigsten Menschen auf der Welt sie selbst. Ihr Leben besteht aus endlosen Variationen zum Thema ›ich‹.«*[8]

Das stimmt. Trotz aller Diskussionen um schwaches Selbstwertgefühl sind unsere instinktiven Reaktionen auf die Umwelt egozentrisch: Inwiefern betrifft das *mich*? Macht es *mich* glücklich? Warum musste das *mir* passieren? Was denkt sie von *mir*? Jetzt bin *ich* dran. Und was bekomme *ich*? Was *ich* denke, interessiert niemanden. Er hat *mich* verletzt. Ich muss auch Zeit für *mich* haben. *Ich* brauche Freiraum. Er hat kein Gefühl für *meine* Bedürfnisse.

Es reicht uns auch nicht, das Zentrum unserer eigenen Welt zu sein. Wir wollen auch für alle anderen das Zentrum ihrer Welt sein – auch für Gott. Wenn andere sich nicht vor uns verbeugen und sich voll und ganz für unser Glück und die Befriedigung unserer Bedürfnisse einsetzen, sind wir gekränkt und suchen nach anderen Möglichkeiten, unsere egozentrischen Pläne auszuführen.

Man sollte meinen, die Gemeinde sei der Ort, wo sich alles um Gott dreht und nicht um den Menschen. Aber das ist nicht immer so. In seinem Buch *Finding God (Gott finden)* gibt Dr. Larry Crabb eine scharfsichtige Analyse darüber, wie weit die Gemeinde diesem Betrug erlegen ist:

»Es ist zur zentralen Aufgabe der Gemeinde geworden, Menschen zu helfen, sich geliebt und wertvoll zu fühlen. Wir lernen nicht, Gott selbstlos und mit hohem Einsatz zu dienen, sondern unser inneres Kind anzunehmen, unsere Erinnerungen zu heilen, Süchte zu überwinden, unsere Depressionen zu lindern, unser Selbstbild zu verbessern, uns gegen Ansprüche abzugrenzen, Selbsthass durch Selbstliebe zu ersetzen und Scham gegen ein positives Annehmen der eigenen Person auszutauschen.

Schmerzen loszuwerden verbraucht einen immer größeren Teil der Kraft der Gemeinde. Und das ist beunruhigend. …

Wir widmen uns der Aufgabe, den Schmerz zu lindern, den unsere Probleme schaffen, anstatt den Schmerz zu nutzen, um uns intensiver mit dem Wesen und den Absichten Gottes auseinanderzusetzen. Sich besser zu fühlen, ist wichtiger geworden, als Gott zu finden. …

Das Ergebnis ist, dass wir uns fröhlich auf biblischen Aussagen ausruhen, mit denen wir uns geliebt und angenommen fühlen, und Bibelstellen überlesen, die uns weiterführen wollen. Wunderbare Aussagen, dass Gott uns annimmt, uns liebt und erlöst hat und dass wir in Christus neue Geschöpfe sind, verdrehen wir so, dass wir uns damit selbst ehren, anstatt zu erkennen, was diese Aussagen wirklich sind: die überwältigende Offenbarung eines Gottes, der uns so weit entgegenkommt, Menschen zu lieben, die ihn gehasst haben, eines Gottes, dem vor allem und jedem anderen das Recht zukommt, geehrt zu werden.

… Wir haben die Dinge so zurechtgebogen, dass Gott jetzt Anspruch auf Ehre hat, weil er uns *geehrt hat. ›Würdig das Lamm‹ singen wir, nicht als Antwort auf sein unglaubliches Entgegenkommen, sondern weil er uns wiedergegeben hat, was uns am wertvollsten ist: die Fähigkeit, uns selbst zu mögen. Wir sind wichtiger geworden als Gott.«*[9]

Der Apostel Paulus wusste, dass Gott nicht für uns existiert, sondern wir für ihn:

Denn in ihm ist alles erschaffen worden, was im Himmel und was auf Erden ist, das Sichtbare und das Unsichtbare, seien es Throne oder Herrschaften oder Fürstentümer oder Gewalten: Alles ist durch ihn und für ihn geschaffen; und er ist vor allem, und alles hat seinen Bestand in ihm. Und er ist das Haupt des Leibes, der Gemeinde, er, der der Anfang ist, der Erstgeborene aus den Toten, damit er in allem der Erste sei.

Kolosser 1,16-18

Warum konnte Paulus mitten in der Nacht im Keller eines römischen Gefängnisses Gott Loblieder singen? Wie konnte er treu bleiben und »sich allezeit freuen«, als er gesteinigt wurde, Schiffbruch erlitt und von Freunden wie von Feinden verleumdet und abgelehnt wurde? Wie konnte er sich freuen, wenn er hungrig und müde war? Der Schlüssel ist, dass er die Frage gelöst hatte, wozu er lebte. Er lebte nicht zum eigenen Vergnügen oder damit seine Bedürfnisse befriedigt wurden. Von seiner Bekehrung auf der Straße nach Damaskus an hatte er einen brennenden Wunsch: zu Gottes Ehre und Freude zu leben. Das Einzige, was ihm wichtig war, war, Christus zu kennen und anderen bekannt zu machen.

Mein Leben ist mir auch selbst nicht teuer, wenn es gilt,
meinen Lauf mit Freuden zu vollenden und den Dienst,
den ich von dem Herrn Jesus empfangen habe,
nämlich das Evangelium der Gnade Gottes zu bezeugen.
Apostelgeschichte 20,24

Das Entscheidende war für Paulus: »Für mich ist Christus das Leben« (Philipper 1,21). Als das klar war, war alles andere nicht mehr wichtig.

Coram Deo

Coram Deo ist ein lateinischer Ausdruck, der bedeutet: »vor Gottes Augen«. Vor vielen Jahren schickte mir eine Frau ein gerahmtes Stück Papier, auf das sie in Kunstschrift eine kurze Zusammenfassung davon geschrieben hatte, was es heißt, so zu leben, wie unser Schöpfer es für uns geplant hat:

Coram Deo
Das ganze Leben
in Gottes Gegenwart
unter Gottes Herrschaft
und zu Gottes Ehre
leben.

Zum Abschluss dieses Kapitels möchte ich Ihnen drei Frauen vorstellen, die beispielhaft zeigen, was es heißt, *coram Deo* zu leben:

»Cindy« hat mir ihre Geschichte in einem ausführlichen Brief geschrieben. Sie heiratete mit 18 Jahren und hatte mit 21 drei Kinder. Sie war als Kind getauft worden, wusste aber nicht, wie es ist, eine persönliche Beziehung zu Jesus Christus zu haben. Mit etwas über 30, als ihre Mutter in einem Krankenhaus mit Krebs im Koma lag, nahm Cindy eine Gideon-Bibel und flehte Gott an, ihr zu helfen. »Von diesem Augenblick an«, schreibt sie, »war es mein größter Wunsch, Gott kennenzulernen.«

In den nächsten Jahren wurden ihre Ehe und ihr Familienleben immer schwieriger. Sie kamen in einen Teufelskreis von Beschimpfungen und Gewalt; ihre vierzehnjährige Tochter lief von zu Hause weg, und ihre Söhne waren ständig in Schwierigkeiten mit der Schule und mit der Polizei. Einmal verließ Cindy ihren Mann und blieb zwei Wochen weg in der Absicht, sich scheiden zu lassen. Durch eine Reihe von Ereignissen gab Gott ihr neues Mitgefühl für ihren Mann, und sie kam wieder nach Hause.

Während dieser chaotischen Zeit in der Familie besuchte Cindy eine Versammlung in einer nahe gelegenen Gemeinde. Dort hörte sie das Evangelium, dass Gott die Menschen liebt und dass Jesus Christus gestorben ist, um uns zu befreien. Sie ergab sich Jesus und wurde ein neuer Mensch.

Zu Hause wurde es immer schlimmer. Ihre Kinder waren jetzt Teenager und völlig außer Kontrolle. Ihre Tochter lebte ein Jahr lang auf der Straße, nachdem ihr Vater sie eines Tages nicht mehr ins Haus gelassen hatte. Später heiratete die Tochter und bekam fünf Kinder. Jetzt ist sie nach 25 Jahren Ehe in einem Scheidungsprozess. Ihr Vater war nie mehr bereit, mit ihr zu sprechen, und kennt weder seine Enkel noch seine Urenkel.

Ein Sohn wurde unehrenhaft aus der Marine entlassen und musste vier Jahre ins Gefängnis. Er hat seit Jahren keinen Kontakt mehr mit seinem Vater.

Der andere Sohn wurde drogensüchtig und auch unehrenhaft aus der Armee entlassen. Er war in einen Mord in einer Kneipe verwickelt und war 22 Jahre in einer Strafanstalt. Er legte zwar im

Gefängnis ein Glaubensbekenntnis ab, zeigt aber kein Interesse mehr an geistlichen Dingen.

Cindy schließt ihren Brief mit Gedanken über die Probleme in ihrer Familie und über ihre eigene Funktion bei allem, was da vorgeht:

»Hier bei uns gibt es weder Weihnachten noch Erntedankfest (Thanksgiving; familiärer Feiertag in den USA; Anmerkung des Übersetzers). Kann meine Familie irgendwann emotional und geistlich gesund werden? Das weiß nur Gott. Aber Gott gehört mein Leben, und ich glaube, er will mich gebrauchen, damit meine Familie ihn erfahren kann und Licht sieht. Wenn ich ihnen nicht zeige, wie echt und unglaublich stark Gottes Entgegenkommen ist, wer dann? Es wäre so leicht, einfach wegzugehen auf irgendeine Insel, wo Friede und Freude sind. Aber Gott wollte mich hier haben, wo ich bin, damit mein nichtchristlicher Mann und meine Kinder ihn durch mich sehen können. Wie kann ich meinem Mann klarmachen, dass sein Stolz eines Tages weggenommen wird und er sich Christus stellen muss? Wie kann ich meiner Tochter zeigen, dass Gott sie wirklich bedingungslos lieb hat? Wie kann ich meinem ältesten Sohn helfen, der nichts mehr von Gott wissen will, seit er aus dem Gefängnis gekommen ist? Wie kann ich helfen, dass mein Mann sich mit seinem anderen Sohn und seiner Tochter versöhnt? Nur durch Gottes Macht, Weisheit und Liebe. Darum sage ich mit Herz, Geist, Körper und Seele: ›Ja, Herr, egal, was ich tun soll.‹«

Jennie Thompson ist eine junge Frau, deren Mann erst vor Kurzem nach einem zweijährigen schweren Kampf gegen Leukämie zu Gott abberufen wurde. Drei Monate nach Roberts Heimgang drückt die Witwe, die vier Jungen unter acht Jahren hat, eine ungewöhnliche Sicht von Gottes Wesen und seinen Absichten aus:

»Gott hat uns in der ganzen Zeit treu unterstützt. Ich hätte diesen Weg um keinen Preis für mich oder die Kinder gewählt, aber in dieser Lage und durch sie haben wir so viel gelernt, was wir nie auf andere Art hätten lernen können. Gott hat seine Ehre und Herrlichkeit in einer Weise sichtbar gemacht, wie es ohne diese Notlage nie hätte sein

können; darum muss ich ihn für die Notlage loben. Gott engagiert sich nicht dafür, uns ›glücklich‹ zu machen. Seine Sache ist es, die Ehre zu bekommen, die ihm als dem Schöpfer und allmächtigen Gott zusteht. Unser Glück ist das Nebenprodukt davon, dass wir in seinen Willen eingeschlossen sind und ihn tun. Darum und nur darum kann ich am Grab meines besten Freundes, meines Mannes und des Vaters meiner Kinder weinen und trotzdem glücklich sein.«

Im Herbst 1998 spürte meine gute Freundin und langjährige Gebetspartnerin Janiece Grissom zum ersten Mal ein Kribbeln und Taubheitsgefühl in den Händen und dann in den Armen. Anfang 1999 bestätigte ein Neurologe nach vielen Untersuchungen und Arztbesuchen, dass sie an amyotropher Lateralsklerose litt. Janiece war 41 Jahre alt und Mutter von vier Kindern zwischen vier und zwölf Jahren.

Im Lauf der nächsten zehn Monate griff die Krankheit nach und nach auf immer mehr Körperteile über, während Janiece ständig schwächer wurde. In dieser ganzen Zeit wollte sie sich nie intensiver mit ihrer Krankheit und ihren Zukunftsaussichten abgeben, wenn wir am Telefon miteinander sprachen. Immer wenn sie meine Stimme hörte, sagte sie: »Nancy, ich musste viel an dich denken. Um was soll ich für dich beten?«

Im Oktober desselben Jahres besuchte ich Janiece und ihren Mann in ihrem Haus in Little Rock. Inzwischen war sie auf einen Spezialsessel angewiesen. Sie konnte weder Arme noch Beine gebrauchen und nur mit Mühe sprechen, denn ihre Lungenkapazität war auf die Hälfte reduziert. Wieder hat es mich tief bewegt, wie dieses Paar bewusst mit Gott lebte und sich an ihm orientierte, obwohl sie diese verheerende Krankheit erlebten. Ich weiß noch, dass Janiece an diesem Abend immer wieder sagte: »Gott ist so gut zu uns!« Gegen Ende des Abends sammelten sich mehrere von uns um ihren Sessel, beteten zusammen und sangen dann eines ihrer liebsten geistlichen Lieder:

Wie ein Strom von oben, aus der Herrlichkeit ... Friede meines Gottes, stille, tiefe Ruh, alle meine Sorgen, alles deckst du zu.[10]

In der nächsten Woche verschlechterte sich Janieces Zustand rasant. Sie konnte nicht mehr schlucken und musste ins Krankenhaus gebracht und mit einer Sonde ernährt werden. Sie kam nicht mehr nach Hause. Am Abend des 13. Dezember rief ich ihren Mann an, um zu erfahren, wie es ihr ging. Sie hatte kaum noch Kraft und konnte nur flüstern. »Aber«, sagte Tim, »das Unglaubliche ist, dass sie immer noch die meiste Wachzeit mit Beten für andere verbringt.« Nur ein paar Stunden später wurde Janiece zu Gott abberufen.

Janiece Grissom starb, wie sie gelebt hatte: in selbstloser Liebe zu Gott und anderen. Ihre Gedanken drehten sich nie um sie selbst – ihre Gesundheit, ihre Versorgung, ihre Zukunft. Es ging immer um Gott; wichtig war nur, ihn zu ehren, indem sie sich seinen Absichten für sie fügte. Ihr einziger Wunsch war, wie es der Apostel Paulus ausdrückt, dass »Christus hochgepriesen wird an meinem Leib, es sei durch Leben oder durch Tod« (Philipper 1,20).

Die Schriftstellerin und Pastorenfrau Susan Hunt drückt das schön aus:

»Die Geschichte ist die Geschichte der Erlösung. Sie ist viel größer als ich. Ich bin nicht die Hauptperson im Drama der Erlösung. Um mich geht es nicht. Aber weil Gott so gut ist, gehöre ich dazu. Meine Handlung ist ein kleiner Teil des Ganzen. Es ist viel wichtiger, in dieser Geschichte eine kleine Rolle zu spielen, als in meinem eigenen schäbigen Werk als Star aufzutreten. Diese Geschichte umfasst das ganze Weltall und dauert die ganze Ewigkeit. Will ich meine Rolle darin akzeptieren und mit Freude spielen oder suche ich mir die kurzlebige, bedeutungslose Geschichte aus, die gar keinen Sinn ergibt?«[11]

Die Wahrheit ist: Es geht nicht um Sie. Es geht auch nicht um mich. Es geht nur um Gott. Die Wahrheit ändert vielleicht nicht Ihre Situation – aber sie verändert Sie selbst. Die Wahrheit wird Sie frei machen.

Lügen mit der Wahrheit begegnen

Lüge:	Die Wahrheit:
36. Wenn ich in anderen Verhältnissen leben würde, wäre ich selbst anders.	– Meine Situation macht mich nicht so, wie ich bin. Sie zeigt es mir nur. – Wenn ich mit meiner jetzigen Lage nicht zufrieden bin, ist es unwahrscheinlich, dass andere Verhältnisse mir gefallen würden. – Ich kann meine Lebensverhältnisse oft nicht bestimmen; aber sie brauchen mich nicht zu beherrschen. – Jedes Ereignis, das mich betrifft, ist zuerst von Gott liebevoll geprüft worden.
37. Es ist nicht richtig, wenn ich leiden muss.	– Es gibt kein Leben mit Gott ohne Leiden. Manche Früchte eines solchen Lebens können sich ohne Leiden nicht entwickeln. – Wir sind zum Leiden berufen. – Echte Freude ist nicht die Abwesenheit von Schmerz, sondern die Gegenwart von Jesus in den Schmerzen. – Leid ist ein Weg in die Nähe Gottes, ein Durchgang zu einer intensiveren Beziehung zu Gott.
38. Meine Lebensumstände werden sich nie ändern – es wird für immer so bleiben.	– Mein Leiden kann lange dauern, aber es bleibt nicht für immer. – Meine schmerzliche Lage dauert keinen Augenblick länger, als notwendig ist, damit Gott seine ewigen Pläne in mir und durch mich ausführen kann. – Einmal werden aller Schmerz, alles Leid und alle Tränen für immer verschwunden sein.

39. Ich halte das einfach nicht mehr aus.	– Ganz gleich, wie meine Lage und meine Lebensverhältnisse auch sind – seine Gnade ist alles, was ich brauche. – Gott gibt mir nie mehr zu tragen, als ich mit seiner Hilfe schaffen kann.
40. Es geht um mich.	– Gott ist der Anfang, das Ende und das Zentrum aller Dinge. Alles ist durch ihn und für ihn geschaffen worden. Es geht um ihn. – Mein Leben ist nicht notwendig. Ich bin zu seiner Freude und seiner Ehre geschaffen worden.

Zum persönlichen Gebrauch

1. Geben Sie Gott recht.
Welche Lügen über Lebensumstände und Leiden haben Sie geglaubt?

2. Nehmen Sie die Verantwortung an.
Wie hat sich der Glaube an diese Lügen in Ihrer Lebensweise geäußert (z. B. Haltungen, Handeln)?

3. Bestätigen Sie die Wahrheit.
Lesen Sie jede Aussage auf den Seiten 219 und 220 laut. Welche davon müssen Sie im Augenblick besonders beherzigen?
Denken Sie dem Wort Gottes entsprechend um. Lesen Sie die folgenden Stellen laut. Was sagen diese Verse darüber aus, wie wir schwierige oder schmerzliche Situationen aus Gottes Sicht verstehen können?

- Philipper 4,11-13
- Jakobus 1,2-5
- 2. Korinther 4,16-18
- 2. Korinther 12,7-10
- Hebräer 12,2-11
- Offenbarung 21,4-6

4. Handeln Sie der Wahrheit entsprechend.

Welche konkreten Maßnahmen müssen Sie ergreifen, um Ihr Leben an der Wahrheit auszurichten?

5. Bitten Sie Gott, Ihnen zu helfen, nach der Wahrheit zu leben.

Mein guter Hirte, ich danke dir sehr, dass du immer Gott bleibst, immer gut bist und immer an der Macht bleibst, unabhängig davon, was mit mir oder um mich herum passiert. Danke, dass du die Schwierigkeiten und Unannehmlichkeiten gebrauchst, um mich von dir abhängiger zu machen, mich nach deinem Vorbild umzugestalten, meinen Glauben zu stärken und deine Ehre in der Welt sichtbar zu machen. Ich habe unangenehme Ereignisse übel genommen, mich dagegen gewehrt oder bin davor geflohen, anstatt das Kreuz auf mich zu nehmen. Danke, dass du mich nie verlässt und dass mich nichts trifft, was du nicht vorher liebevoll geprüft hast. Hilf mir, mich auf dich zu verlassen, wenn ich nicht sehen kann, wie es weitergehen soll. Mach mich frei von der Sorge um mich selbst und darum, ob meine Lebensumstände mir schaden könnten. Ich möchte, dass meine Reaktion auf Schwierigkeiten und Leiden anderen zeigt, wie groß deine Gnade ist und dass sie allem gewachsen ist. Danke für dein Versprechen, dass einmal alles Leid und alle Schmerzen vorbei sein werden. Bis dahin möchte ich dich treu lieben, dir vertrauen und deine Ehre sichtbar machen. In Jesu Namen. Amen.

Teil 3:

In der Wahrheit leben

Kapitel 10

Lügen mit der Wahrheit begegnen

Wir haben viele verschiedene Lügen betrachtet, die ein großer Teil der Christinnen heute glaubt. Aber wir haben den Lügenvorrat des Feindes bei Weitem nicht ausgeschöpft. Täuschungen lassen sich endlos variieren, und der Satan passt sie unseren natürlichen Neigungen an. Wie ein erfahrener Fischer sucht er den Köder aus, von dem er weiß, dass er die größte Anziehungskraft auf die vorgesehene Beute ausübt: den, den wir höchstwahrscheinlich nicht für schädlich halten. Was wir glauben, interessiert ihn nicht, solange wir nicht Gottes Wahrheit glauben. Diese Wahrheit ist das Einzige, dem er nicht gewachsen ist. Sie lässt sein Reich und seine Herrschaft zerfallen.

Bevor wir zum Schluss noch einmal genau die Wahrheit betrachten, die die Lügen des Teufels widerlegt (Kapitel 11), wollen wir uns die beiden Hauptthesen dieses Buches in Erinnerung rufen:

Lügen zu glauben, macht uns zu Sklaven.

Die Wahrheit ist stark genug, um uns frei zu machen.

Der Weg in die Sklaverei beginnt schon, wenn wir auf die Lügen des Teufels *hören*. Vielleicht denken wir, es würde nicht schaden, sich den rein menschlichen Denkweisen in Film und Fernsehen, in der Musik, den Büchern und Zeitschriften, bei Freunden auszusetzen. Doch dann erkennen wir nicht, wie diese trügerischen Denkmuster unmerklich unser Denken beeinflussen können. Darum verspricht Gott dem Menschen besonderen Segen, »der nicht wandelt nach dem Rat der Gottlosen, noch tritt auf den Weg der Sünder, noch sitzt, wo die Spötter sitzen« (Psalm 1,1).

Wenn wir den Lügen des Teufels Eintritt in unsere Gedanken

gewährt haben, geht es damit weiter, dass wir uns mit diesen Lügen *beschäftigen*. Wenn wir falsche Denkmuster nicht sofort zurückweisen, sondern uns erlauben, sie in unseren Gedanken zu behalten, dann werden wir früher oder später anfangen, sie zu *glauben*. Und wir *handeln* zwangsläufig auch nach dem, was wir glauben.

Wenn wir nach den Lügen *handeln*, die wir glauben, fangen wir an, Verhaltensmuster aufzubauen, die uns am Ende in die Gefangenschaft führen.

»Shondra« berichtet eindrücklich, wie der Glaube an etwas, was nicht wahr ist, uns in der Beziehung zu Gott und zu anderen fesselt:

> *»Der Glaube, Gott liebte mich in Wirklichkeit nicht und hätte mich nicht angenommen und ich sei wertlos, hat mich an Perfektionismus und das Streben nach Anerkennung von Leistungen gefesselt. Gegenüber Gott hatte ich das Gefühl, ich könnte ihm nur gefallen, wenn ich eine vollkommene Christin wäre. Ich glaubte, wenn ich sündigte, würde er mich nicht mehr annehmen. Mein Christenleben empfand ich als Versagen, weil ich wusste, dass ich nicht ohne Sünde war. Mein falsches Denken verurteilte mich und hielt mich gefangen. Mein Stolz zeigte sich in zwei Formen: 1. Ich stritt meine Sünde ab; ich konnte nicht zugeben, dass ich es nicht schaffte, vollkommen zu sein, denn ich wollte doch nicht, dass Gott mich unannehmbar fand. 2. Ich verließ mich auf meine eigenen Versuche, gut zu sein, obwohl meine menschliche Anstrengung immer zum Versagen führte – und damit fühlte ich mich erst recht unannehmbar für Gott. Dieser Teufelskreis: Bemühung – Versagen – Sünde – Schuldgefühl verhinderte, dass ich wirklich Vergebung, Freiheit und Freude an meiner Beziehung zu Gott erlebte. In der Beziehung zu Menschen wollte ich Anerkennung und Annahme finden, indem ich sie zufriedenstellte. Ich versuchte, es allen recht zu machen, und sagte zu allem ›Ja‹. Ich dachte kaum darüber nach, was Gott in meinen persönlichen Beziehungen von mir wollte, denn Menschen immer zufriedenzustellen, war notwendig für mein Selbstwertgefühl. Meine Beziehungen waren von Unehrlichkeit geprägt, weil ich Angst davor hatte, mich mit Menschen auseinanderzusetzen oder sie zu enttäuschen. Ich trug eine Maske, um meine wahren Gefühle zu verbergen und niemanden mit meinen Problemen zu belästigen. Ich fühlte*

mich sehr einsam, weil niemand mich wirklich kannte, und ich wurde bitter und enttäuscht von den Leuten, die mich ›benutzten‹ (obwohl ich sie praktisch dazu aufgefordert hatte). Persönliche Begrenztheit konnte ich überhaupt nicht akzeptieren. Jeden Fehler oder Mangel betrachtete ich als totales Versagen und als Beweis dafür, dass ich wertlos war. Ich setzte mir konsequent zu hohe Ziele und konnte sie natürlich nicht erreichen. Ich verlangte von mir selbst absolute Vollkommenheit, und wenn ich sie nicht erreichen konnte, kritisierte ich mich gnadenlos. Ich war sehr unglücklich. Der selbst geschaffene Druck, unter dem ich lebte, wurde so unerträglich, dass ich mit etwa 35 Jahren Depressionen bekam. Vor ein paar Monaten erkannte ich, dass ich versklavt war und von der Tyrannei der Lügen, die ich glaubte, befreit werden musste. Aber ich zögerte immer noch, Gott um Hilfe anzurufen, denn tief innen war ich überzeugt, er würde mich abweisen, wenn ich zugeben würde, wie schwach und unvollkommen ich war.«

Shondra besuchte eine Konferenz, auf der sie von den Gefahren des Betrugs und von der Macht der Wahrheit hörte. Da war es, als ob ihr innerlich ein Licht aufginge. Zum ersten Mal fing sie an, Hoffnung zu schöpfen:

»Während der Konferenz machte mir der Heilige Geist sehr klar, dass ich Gottes Wort nicht beachtet hatte. Sein Wort ist Wahrheit, und wenn ich die Lügen des Teufels zerstören will, die sich in mir verfestigt haben, muss Gottes Wort mein Leben ganz bestimmen und prägen. Ich glaube wirklich, das ist meine einzige Hoffnung.

Ich komme nicht ohne eine regelmäßige Zeit aus, in der ich mich und mein Denken Gottes Wahrheit aussetze. Ich habe mich verpflichtet, mir jeden Tag Zeit zu nehmen, um Gottes Wahrheit zu lesen und darüber nachzudenken. Ich sehe jetzt, dass ich nur neu denken lernen kann, wenn ich mich immer wieder den Lügen entgegenstelle und sie mit Gottes Wort widerlege. Ich weiß, dass die Bibel übernatürliche Macht hat, und berufe mich auf sein Versprechen, dass die Wahrheit mich frei machen wird!«

Haben Sie beim Lesen dieses Buches einen oder mehrere bestimmte Bereiche erkannt, in denen Sie auf Lügen gehört, sie geglaubt und danach gehandelt haben? Wenn ja, sind Sie wahrscheinlich auf einem oder mehreren Gebieten nicht frei. Dort können Sie vor Gott nicht so handeln, wie Sie wollen. Das können wichtige, tief verwurzelte Probleme sein oder solche, die relativ unwichtig erscheinen. Vielleicht haben Sie da seit Jahren immer wieder versagt und Gott um Befreiung angerufen. Oder Sie haben sie jetzt eben erst erkannt.

Wie auch immer – der Weg aus der Gefangenschaft in die Freiheit erfordert mindestens drei Schritte:

1. den oder die Bereiche der Unfreiheit oder des falschen Verhaltens erkennen;
2. die Lügen erkennen, die der Unfreiheit oder dem falschen Verhalten zugrunde liegen;
3. den Lügen mit der Wahrheit begegnen.

Die Wahrheit hat die Macht, jede Lüge zu überwinden. Das will der Feind uns nicht merken lassen. Solange wir seine Lügen glauben, kann er uns gefangen halten. Aber sobald wir die Wahrheit wissen, sie glauben und danach handeln, gehen die Gefängnistüren auf und wir werden frei.

Die Wahrheit hat die Macht, uns frei zu machen (vgl. Johannes 8,32) und uns vor Gefühlen und Gedanken zu schützen, die uns täuschen wollen. Es gibt Zeiten, da komme ich mir regelrecht belagert vor von Gefühlen oder Gedanken, die bestimmt nicht von Gott sind: wütenden, unvernünftigen, ängstlichen, herrischen oder nachtragenden Gedanken. Dann muss ich schnell bei der Wahrheit Zuflucht suchen. Gott verspricht durch die Bibel: »Er wird dich mit seinen Fittichen decken, und Zuflucht wirst du haben unter seinen Flügeln. *Seine Wahrheit* ist Schirm und Schild« (Psalm 91,4; Luther '84, Hervorhebung von mir).

Die Wahrheit hat die Macht, uns zu reinigen: unseren Geist, unsere Gefühle und Gedanken von Bösem zu befreien. Kurz bevor er zur Kreuzigung ging, hat Jesus seine Jünger noch an die reinigende Kraft seines Wortes erinnert (vgl. Johannes 15,3). Zwei Kapitel weiter ist sein Gebet zum Vater überliefert: »Heilige sie in deiner Wahrheit! Dein Wort ist Wahrheit« (Johannes 17,17). Oft, wenn ich in der Bibel lesen will, bete ich: »Vater, bitte reinige mich mit deinem Wort. Dein Wort ist die Wahrheit. Gebrauche die Wahrheit, um mein Wesen zu reinigen und meine Gedanken zu säubern, bade mich in deinem Wort.«

Den Weg der Wahrheit wählen

Wir müssen lernen, immer wenn der Teufel uns mit Lügen bombardiert, uns selbst die Wahrheit vor Augen zu führen und danach zu handeln – unabhängig davon, was unsere menschliche Vernunft und unsere Gefühle uns sagen.

Wenn ich merke, dass ich dabei bin, der Müdigkeit, der Frustration oder meinen natürlichen Wünschen nachzugeben, oder wenn meine Gedanken und Gefühle voll sind mit Dingen, von denen ich weiß, dass sie nicht wahr sind, dann versuche ich, anzuhalten und die Wahrheit zu erkennen, die diesen Lügen entgegensteht.

Ich sage mir selbst die Wahrheit – manchmal laut und, wenn nötig, auch immer wieder –, bis die Wahrheit die Lügen vertreibt und ersetzt, die ich da geglaubt habe. Ich bitte Gott eindringlich um Hilfe, um nach dem handeln zu können, was ich als wahr erkannt habe. Immer und immer wieder bin ich verblüfft über die Kraft der Wahrheit, meine aufgewühlten Gefühle zu beruhigen und meinen wirren Gedanken wieder Stetigkeit und Vernunft zu verleihen.

Vor einiger Zeit war ich in einer Versammlung, in der ein paar Probleme aufbrachen, die schon lange unter der Decke geschwelt hatten. Im Lauf der Diskussion machte eine Person Bemerkungen über mich, die ich unbegründet und äußerst schädlich fand. Ich war »am Boden zerstört«.

Als ich an diesem Abend nach Hause kam, weinte ich sehr lange. In den folgenden Stunden fing der Feind an, in meinen Gedanken und Gefühlen ein Chaos anzurichten. Ich konnte an nichts anderes denken als daran, wie sehr diese Person sich geirrt hatte und wie tief ich verletzt war. Ich fing an, rachsüchtigen Gedanken Raum zu geben. Andere, frühere Verletzungen, die ich längst vergessen geglaubt hatte, ließ ich wieder aufleben und dachte nur noch daran, wie ich mich rechtfertigen und meine Unschuld beweisen könnte. Meine Gefühle gerieten außer Kontrolle, und ich schlitterte immer weiter in Wut und Selbstmitleid hinein.

Im Rückblick sehe ich jetzt, dass ich gleich auf mehrere Lügen gehört und sie geglaubt hatte – zum Beispiel:

- XY war gemein und wollte mich verletzen.
- Ich verdiene es nicht, so schlecht behandelt zu werden. Es ist nicht richtig, dass ich das durchmachen muss.
- Der andere war zu 100 Prozent schuld. Ich war ganz unschuldig.
- Ich kann XY nicht vergeben.
- Der Schaden kann nicht wiedergutgemacht werden.
- Unsere Beziehung kann nie wiederhergestellt werden.
- XY hat mich wütend gemacht.
- Ich habe das Recht, wütend zu sein.
- Ich habe das Recht, mich zu verteidigen und dafür zu sorgen, dass andere die Wahrheit erfahren.
- Ich kann das nicht durchgehen lassen. Gegen meine Gefühle kann ich nichts tun.

Diese Lügen zu glauben, führte zu stundenlangem innerem Aufruhr und inneren Kämpfen.

Als ich am nächsten Morgen die Bibel aufschlug und da weiterlas, wo ich am Tag vorher aufgehört hatte, waren es das fünfte und sechste Kapitel des Matthäusevangeliums. Da traf mich Gottes Wahrheit mit voller Wucht:

Glückselig sind die Sanftmütigen,
denn sie werden das Land erben! …
Glückselig sind die Barmherzigen,
denn sie werden Barmherzigkeit erlangen! …
Glückselig sind die Friedfertigen,
denn sie werden Söhne Gottes heißen! …
Matthäus 5,5.7.9

Ich aber sage euch: Ihr sollt dem Bösen nicht widerstehen; sondern wenn dich jemand auf deine rechte Backe schlägt, so biete ihm auch die andere dar; … Liebt eure Feinde, segnet, die euch fluchen, tut wohl denen, die euch hassen, und bittet für die, welche euch beleidigen und verfolgen, …
Matthäus 5,39.44

Denn wenn ihr den Menschen ihre Verfehlungen vergebt,
so wird euer himmlischer Vater euch auch vergeben.
Wenn ihr aber den Menschen ihre Verfehlungen nicht vergebt,
so wird euch euer Vater eure Verfehlungen auch nicht vergeben.
Matthäus 6,14.15

Jetzt hatte ich die Wahl. Wollte ich die Lügen weiter glauben, oder wollte ich die Wahrheit annehmen? Da fing der Kampf erst richtig an. Meine Gefühle wollten auf dem Gekränktsein beharren. Ich wollte den Groll pflegen. Ich wollte mich weiter ärgern. Irgendwie wollte ich die Person verletzen, die mich verletzt hatte. Aber eigentlich wusste ich, dass das zur Sklaverei führen würde.

Als ich vor Gott kniete, die offene Bibel vor mir, kämpfte ich mit der Wahrheit. Ich wusste, dass ich vergeben musste. Ich musste die Kränkung und die schuldige Person loslassen. Mein *Gefühl* sagte mir, ich könne unmöglich vergeben. Aber im Innersten wusste ich: Es ging nicht darum, dass ich nicht vergeben *konnte.* Ich *wollte* nicht vergeben. Ich wusste: Wenn ich mich nach der Wahrheit richten wollte, musste ich jedes Recht aufgeben, mit dieser Person quitt zu werden oder ihr Liebe zu entziehen.

Ich fing an, mir selbst die Wahrheit vorzusagen: mir selbst wahrheitsgemäßen Rat zu geben. Ich erinnerte mich an die Folgen, die es hat, wenn man nicht vergeben will. An die Barmherzigkeit, die ich nicht bekommen würde, wenn ich zu anderen nicht barmherzig sein wollte. An all das Gute, das ich bekommen würde, wenn ich bereit wäre, Gottes Anweisungen zu gehorchen.

Ich wusste, ich konnte nicht warten, bis ich *gern* vergeben wollte. Ich musste mich *entscheiden,* Gott zu gehorchen, und meine Gefühle würden irgendwann nachkommen. Da kniete ich, mit immer noch widerstreitenden Gefühlen, und hisste die weiße Fahne der Kapitulation. Im Prinzip sagte ich zu Gott: »Du hast gewonnen.« Ich vertraute mich selbst und das ganze Problem Gott an und erklärte mich bereit, bewusst und willentlich dem Menschen zu vergeben, der mich verletzt hatte. Es war sehr schwer, aber ich war bereit, es »loszulassen«.

Die Erleichterung der Gefühle kam nicht gleich. Eine Zeit lang fühlte ich mich immer noch »angeschlagen«. Manchmal hatte ich

Lust, meinen Wutausbruch neu aufleben zu lassen oder es der Person unauffällig heimzuzahlen. Aber ich nahm Gottes Hilfe in Anspruch, sagte mir selbst immer wieder die Wahrheit vor und entschied mich, danach zu handeln. Aus Gehorsam gegen Gottes Wort suchte ich nach Möglichkeiten, die Beziehung wiederaufzubauen und den Menschen, der mich gekränkt hatte, aktiv zu fördern.

In den nächsten Wochen folgten meine Gefühle nach und nach meinem Willen. Die Wahrheit hatte die Lügen widerlegt. Ich war frei. Später gab Gott mir mehr Einblick in die Anfangssituation. Er machte mir klar, warum ich so reagiert hatte, und zeigte mir ein paar versteckte Fehlhaltungen. Bis dahin hatte ich keine Notwendigkeit gesehen, dies in Angriff zu nehmen. Ich bin dankbar, dass Gott mich so liebt, dass er Umstände herbeigeführt hat, die diese Einstellungen ans Licht brachten. Ich danke ihm, dass er dieses Erlebnis gebraucht hat, um mich Jesus ähnlicher zu machen.

Die verwandelnde Kraft der Wahrheit

Wer die Wahrheit Gottes kennt, sie glaubt und danach handelt, erlebt die Entstehung einer wunderbaren Freiheit von Zwängen. Wie können wir die Wahrheit kennenlernen? Dazu müssen wir beachten, dass Gottes Wahrheit keine Idee oder Weltanschauung ist. Gottes Wahrheit ist eine Person: Jesus Christus. Er hat von sich selbst gesagt: »Ich bin der Weg und *die Wahrheit* und das Leben« (Johannes 14,6; Hervorhebung von mir). Jesus hat den Menschen kein religiöses System angeboten. Er hat sie auf sich selbst hingewiesen. Denen, die ihm nachfolgen wollten, sagt er:

Da sprach Jesus zu den Juden, die an ihn glaubten:
Wenn ihr in meinem Wort bleibt, so seid ihr wahrhaftig meine Jünger,
und ihr werdet die Wahrheit erkennen,
und die Wahrheit wird euch frei machen! …
Wenn euch nun der Sohn frei machen wird, so seid ihr wirklich frei.
Johannes 8,31.32.36

Echte Freiheit findet man in einer lebendigen, wachsenden Beziehung zu Jesus selbst. Jesus (das lebendige Wort Gottes) hat sich in der Bibel (dem geschriebenen Wort Gottes) zu erkennen gegeben. Wenn wir ihn kennenlernen wollen, wenn wir die Wahrheit erfahren wollen, müssen wir sein Wort lesen, studieren und darüber nachdenken. Da gibt es keinen Ersatz und keine Abkürzung. Der Teufel stellt uns immer wieder seine Lügen vor. Damit wir uns gegen seinen Betrug wehren können, müssen unser Wesen und unser Denken von Jesus geprägt und mit seinem Wort vertraut sein.

Aber die Wahrheit zu wissen, reicht noch nicht. Wir müssen uns ihr auch *unterordnen*. Das bedeutet: Wir müssen bereit sein, unser Denken oder unsere Lebensweise in allen Bereichen zu ändern, in denen sie nicht zu Gottes Wort passen. Millionen von bekennenden Christen werden betrogen. Ihre Lebensweise ist einfach nicht biblisch. Ihre Wertvorstellungen, ihr Verhalten, ihre Beziehungen, ihre Entscheidungen und Prioritäten zeigen, dass sie die Lügen des Teufels glauben und eine rein menschliche Denkweise angenommen haben.

Wir können nicht davon ausgehen, dass eine bestimmte Ansicht richtig ist, nur weil alle anderen das denken – oder weil wir es schon immer geglaubt haben – oder weil ein bekannter christlicher Schriftsteller diese Meinung vertritt – oder weil ein wohlwollender Freund oder Seelsorger erklärt, sie sei richtig. Alles, was wir glauben, und alles, was wir tun, muss im Licht der Bibel beurteilt werden. Sie ist für uns die einzige absolute Autorität.

Nach der Wahrheit zu leben, bedeutet, dass wir uns bewusst entscheiden, Täuschungen zurückzuweisen und die Wahrheit anzunehmen. Darum betet der Psalmdichter: »Halte fern von mir den Weg der Lüge und gib mir in Gnaden dein Gesetz. Ich habe erwählt den Weg der Wahrheit, deine Weisungen hab ich vor mich gestellt« (Psalm 119,29-30; Luther '84).

Immer wenn wir die Bibel aufschlagen oder eine Predigt oder Auslegung hören, sollten wir darum bitten, dass Gott uns die Augen öffnet für Gebiete, auf denen wir betrogen worden sind. Dann sollten wir auch bereit sein zu sagen: »Herr, dein Wort ist die Wahrheit. Ich will mich allem unterordnen, was du sagst. Ob es mir gefällt oder nicht, ob ich Lust dazu habe oder nicht, ob ich die Meinung teile oder nicht, ob es Sinn ergibt oder nicht, ich will mich unter die Autorität deines Wortes stellen und gehorchen.« Sobald wir die Wahrheit wissen und uns nach der Wahrheit richten, die wir erkannt haben, will Gott uns gebrauchen, um anderen die Wahrheit nahezubringen.

… damit wir nicht mehr unmündig seien
und uns von jedem Wind einer Lehre bewegen
und umhertreiben lassen durch trügerisches Spiel der Menschen,
mit dem sie uns arglistig verführen.
Lasst uns aber wahrhaftig sein *in der Liebe und wachsen in allen*
Stücken zu dem hin, der das Haupt ist, Christus.
Epheser 4,14.15 (Luther '84; Hervorhebung von mir)

Darum legt die Lüge ab und »redet die Wahrheit,
jeder mit seinem Nächsten«, denn wir sind untereinander Glieder.
Epheser 4,25

Wie ich in der Einleitung erwähnt habe, ist dieses Buch aus dem innigen Wunsch entstanden zu sehen, wie Frauen durch die Wahrheit frei werden. Von dieser Möglichkeit schreibt Jakobus am Schluss seines Briefes:

Brüder, wenn jemand unter euch von der Wahrheit abirrt,
und es führt ihn einer zur Umkehr, so soll er wissen:
Wer einen Sünder von seinem Irrweg zur Umkehr führt,
der wird eine Seele vom Tod erretten und eine Menge Sünden zudecken.
Jakobus 5,19.20

Der Gedanke, »Sünder von ihrem falschen Weg zur Umkehr zu bewegen«, liegt heute den meisten von uns fern. Ein Schlagwort unserer postmodernen Gesellschaft ist »Toleranz«, und das heißt: »Du kannst leben, wie du willst, aber sag mir nicht, was für mich richtig ist; wie ich leben will, geht dich nichts an.« Weil die Täuschung unsere ganze Gesellschaft überschwemmt hat, zögern viele Christen, sich vor anderen für die Wahrheit einzusetzen. Sie haben Angst, als intolerant oder engstirnig abgestempelt zu werden.

Viele Christen zeigen diese Haltung »Leben und leben lassen« nicht nur gegen Nichtchristen, sondern auch gegen andere Christen, die sich nicht nach der Wahrheit richten. Sie wollen keine Unruhe stiften und keinen »Richtgeist« zeigen. Es ist einfacher, die Dinge laufen zu lassen.

Wir müssen aber beachten, dass wir mit Christus und seinem Wort die Wahrheit haben, die uns frei macht. Das ist eine »Gute Nachricht«! Und sie ist lebenswichtig. Nichts anderes kann Menschen, die wir kennen und lieben, aus der Dunkelheit, der Täuschung und dem Tod retten. Wenn sie uns wirklich am Herzen liegen, werden wir engagiert und mit viel Gebet versuchen, sie wieder zu Gottes Denkweise zurückzuführen.

Wir müssen Gottes Wahrheit erfahren, glauben, uns ihr unterwerfen und danach leben – auch wenn das für die Gesellschaft eine Beleidigung ist. Dann müssen wir mutig, überzeugt und liebevoll die Wahrheit weitergeben und versuchen, Menschen von ihrem falschen Weg abzubringen und die, die sich »verirrt« haben, zurückzuführen.

Kapitel 11

Die Wahrheit, die uns frei macht

Während der Arbeit an diesem Buch hat es Zeiten gegeben, in denen ich genau die Lügen geglaubt und danach gehandelt habe, von denen ich gerade schrieb: »Ich habe nicht die Zeit, alles zu tun, was ich tun soll!«; »Heute kann ich mir erlauben, meine Zeit mit Gott zu kürzen«; »Meine Gefühle kann ich nicht kontrollieren«; »Ich benehme mich so, weil ich so müde bin … weil man mich so oft unterbrochen hat … weil ich so viel zu tun habe …«; »Ich halte es nicht mehr aus!«

Wenn es hektisch zuging, die Atmosphäre gespannt war oder ich verletzt war, hat Gott mich immer wieder zur Wahrheit zurückgeführt. Wenn ich auf die Wahrheit höre, darüber nachdenke, sie glaube und mich ihr unterordne, macht Gottes Geist mich frei: Mein Denken und meine Gefühle werden wieder stabil, und ich kann meine Situation aus Gottes Sicht betrachten. Je länger ich mit Gott lebe, umso mehr Hochachtung bekomme ich vor der Macht der Wahrheit!

Wir haben jetzt viele satanische Lügen betrachtet und auch die Wahrheit, die jede von ihnen widerlegt. In diesem Kapitel möchte ich zum Schluss 22 solcher wahren Aussagen beleuchten, die zu glauben und anzunehmen mir für Frauen heute besonders wichtig erscheint. Auf diese Schlüsselaussagen komme ich selbst immer und immer wieder zurück. Sie sind eine solide Grundlage und ein starker Schutz für mein Denken, Handeln und Fühlen. Sie enthalten die Wahrheit, die mich frei macht, und diese Wahrheit wird auch Sie frei machen.

Ich möchte Ihnen empfehlen, dieses Kapitel nicht nur zu überfliegen, sondern sich Zeit zu nehmen und diesen befreienden, lebensverändernden Aussagen nachzuspüren. Lesen Sie jede Aussage laut vor – immer wieder –, bis Ihr Denken sich Gottes Denkweise angepasst hat. Vielleicht möchten Sie diese Liste sogar mit den wichtigsten Bibelstellen, die zu jeder Aussage gehören, auswendig lernen.

1. *Gott ist gut* (Psalm 119,68; 136,1). Wenn die Sonne scheint und Sie Geld auf dem Konto haben, gesund sind und alle Sie wunderbar finden, ist es nicht schwer zu glauben, dass Gott gut ist. Aber wenn Sie Ihre Arbeit verlieren oder ein lieber Angehöriger eine tödliche Krankheit bekommt oder Ihre Gemeinde eine Spaltung mit hässlichen Streitereien durchmacht oder Ihr Mann Ihnen eröffnet, dass er sich von Ihnen trennen will, dann bricht der Feind ein und suggeriert Ihnen Zweifel an Gottes Güte.

Die Wahrheit ist: Ganz gleich, wie unsere Lage ist, was wir fühlen und was wir denken – Gott *ist* gut, und alles, was er tut, ist auch gut.

2. *Gott hat mich lieb und möchte mir das Beste geben* (Römer 8,32.38-39). Gott liebt uns nicht, weil wir liebenswürdig wären, sondern weil er die Liebe ist. Wir können überhaupt nichts tun, um seine Liebe zu erwerben oder zu verdienen. Wir können solche bedingungslose Liebe nicht begreifen. Aber wenn wir an sie glauben und sie annehmen, verändert seine Liebe unser Leben.

Weil Gott gut ist und uns vollkommen liebt, können wir uns darauf verlassen, dass er uns in diesem Leben alle Freude geben will, die er für uns gedacht hat. Er weiß, dass wir solche echte, bleibende Freude und Erfüllung nur bei ihm finden können. Weil er uns so liebt, besteht er darauf, dass wir zu ihm kommen, denn nur da können wir wirklich befriedigt werden.

3. *Durch Christus hat Gott mich ohne Einschränkung angenommen* (Epheser 1,4-6). Vielleicht hat ein Elternteil, ein Partner, ein Freund oder ein Kind Sie abgelehnt. Aber wenn Sie mit Christus leben, sind Sie durch ihn angenommen. Wir brauchen nichts zu leisten, damit wir für ihn annehmbar werden. Wir brauchen nicht alle möglichen geistlichen Kunststücke zu vollführen. Es gibt auch nichts, wodurch wir uns für den vollkommenen Gott annehmbar machen könnten. Aber wir, die versagt und gesündigt haben, verurteilt und unwürdig sind, können gereinigt und ohne Scham

vor Gott stehen und sind für ihn annehmbar. Warum? Weil Jesus – der makellose Sohn Gottes, der nie Unrecht getan hat – für ihn annehmbar ist. Er bringt uns zum Vater.

4. *Gott gibt uns genug* (Psalm 23,1). »Der Herr ist mein Hirte, ich habe alles, was ich brauche.« Diesen Vers kennen Sie wahrscheinlich seit Ihrer frühesten Kindheit. Aber glauben Sie ihn? Glauben Sie wirklich, dass er Ihr Hirte ist? Die Wahrheit ist: Wenn wir mit ihm verbunden sind, haben wir alles, was wir jetzt brauchen, um ruhig und zufrieden zu sein.

5. *Auf Gott kann man sich verlassen* (Jesaja 28,16). Gott hält, was er verspricht. Er hat versprochen, uns nie zu verlassen oder im Stich zu lassen (Hebräer 13,5). Er hat versprochen, dass Menschen, die ihm vertrauen, nie enttäuscht werden. Ab und zu muss ich mich daran erinnern: »Gott hat mich noch kein einziges Mal im Stich gelassen – und auch jetzt fängt er nicht damit an!« Bei dieser wahren Aussage hat »Colleen« nach jahrelangem Suchen und Kämpfen endlich einen Platz zum Ausruhen gefunden:

> *»Erst jetzt fange ich an, wirklich zu glauben, dass man sich auf Gott vollkommen verlassen kann. Ich brauche nicht mehr zu versuchen, diese Welt zu verstehen und meinen Platz in ihr zu finden. Ich kann bei dem ausruhen, dem die Welt gehört, und darauf vertrauen, dass er mich leitet, mir Anweisungen gibt, mich schützt und tröstet und mir Freude gibt.«*

6. *Gott irrt sich nicht* (Jesaja 46,10). Andere Menschen machen manchmal schwerwiegende Fehler, die unser Leben beeinträchtigen. Aber Gott führt immer seine ewigen Pläne durch, und die kann menschliches Versagen nicht vereiteln. Wenn wir mit Christus leben, ist unser Leben in seiner Hand und nichts begegnet uns, was er nicht vorher liebevoll geprüft hat.

Sogar als Hiob unsagbar leiden musste und eine ganze Serie von teuflischen Pfeilen auf ihn abgeschossen wurde, hatte Gott immer noch die Kontrolle. Der Teufel musste sich von Gott die Erlaubnis holen, seinen Diener anzutasten. Gott bestimmt, wie stark der Schmerz wird und wie lange er dauert. Er trifft keine Fehlentscheidungen für das Leben seiner Kinder. Jemand hat einmal gesagt: »Gott will genau das, was wir wollten, wenn wir wüssten, was Gott weiß.« Wenn wir später in der Ewigkeit auf dieses Leben auf der Erde zurückblicken, werden wir unmittelbar sehen, was wir jetzt nur glauben können: Er hat alles gut gemacht.

7. *Gottes Gnade ist alles, was ich brauche* (2. Korinther 12,9). Als Gottes Kind komme ich nie in eine Lage, der seine Gnade nicht gewachsen wäre. Wo das Böse stark ist, ist die Gnade noch viel stärker. Wenn ich schwach bin, ist er stark. Wenn ich nichts habe, hat er alles. Wenn ich keine eigenen Möglichkeiten mehr habe, haben seine Möglichkeiten sich noch gar nicht vermindert.

Die Wahrheit ist, dass seine Gnade für jede Situation ausreicht, die Sie gerade durchmachen. Auch allem, was Sie morgen erleben – oder nächstes Jahr oder in fünfzig Jahren –, wird seine Gnade dann gewachsen sein.

Seine Gnade kann mit den Erinnerungen, den Verletzungen und dem Versagen der härtesten oder der schmutzigsten Vergangenheit fertig werden. Seine Gnade kann lebenslanges Alleinsein oder fünfzig Jahre Ehe mit einem Nichtchristen bewältigen. Seine Gnade schließt genug Kraft für eine Mutter von drei Kleinkindern ein – oder von drei Teenagern. Sie reicht aus für eine Frau, die ihre alten Eltern pflegt, für ein kinderloses Paar, für die Frau in den Wechseljahren, für die Witwe, die von Sozialhilfe lebt, und für die Kranke in einem Pflegeheim.

Wir müssen uns selbst diese Wahrheit vorsagen. Wir müssen sie uns auch gegenseitig sagen. In jedem Alter, in jeder Lage reicht seine Gnade aus. Sie reicht für mich, und sie reicht für Sie.

8. *Durch seinen Tod nimmt Christus mir alle Schuld ab* (1. Johannes 1,7). Kein Unrecht, das ich getan habe oder jemals tun könnte, ist so schwer, dass das allumfassende Opfer Christi am Kreuz es nicht auslöschen könnte. Das soll uns nicht verleiten, das Böse leichter zu nehmen. Im Gegenteil, die Tatsache, dass Jesus Christus seinetwegen sterben musste, sollte unseren falschen Stolz wegnehmen

und uns dazu bewegen, ihm von nun an mithilfe seines Heiligen Geistes zu gehorchen.

Der Dichter des 130. Psalms hat sowohl die Ungeheuerlichkeit seiner Bosheit als auch die noch stärkere Macht der Barmherzigkeit erkannt, die Gott Menschen entgegenbringt, die ihr Unrecht bereuen: »Wenn du, o HERR, Sünden anrechnest, Herr, wer kann bestehen? Aber bei dir ist die Vergebung, damit man dich fürchte« (Psalm 130,3-4).

9. *Der Tod Christi hat Kraft genug, um meinen natürlichen Egoismus zu besiegen* (Römer 6,6-7). Weil Christus gestorben ist und ich mit ihm vereint bin, bin ich jetzt frei von der beherrschenden Macht der Sünde. Ich bin nicht mehr sklavisch an sie gebunden. Wenn ich Böses tue, dann nicht, weil ich es nicht ändern könnte, sondern weil ich freiwillig meinem früheren Beherrscher gehorche. Die Wahrheit ist, dass ich nicht zu sündigen brauche (Römer 6,14).

10. *Meine Vergangenheit braucht mich nicht zu belasten* (1. Korinther 6,9-11). Ich finde die Stelle sehr schön, wo Paulus das einer Gruppe von Christen erklärt, von denen manche eine recht »durchwachsene« Vergangenheit hatten. Er macht sie darauf aufmerksam, dass Sünde wirklich von Gott trennt; aber dann versichert er ihnen, dass durch Christus auch der schlechteste Mensch zu einem neuen Geschöpf wird:

> *Wisst ihr denn nicht, dass Ungerechte das Reich Gottes nicht erben werden? Irrt euch nicht: Weder Unzüchtige noch Götzendiener, weder Ehebrecher noch Weichlinge, noch Knabenschänder, weder Diebe noch Habsüchtige, noch Trunkenbolde, noch Lästerer, noch Räuber werden das Reich Gottes erben.* Und solche sind etliche von euch gewesen; aber ihr seid abgewaschen, *ihr seid geheiligt, ihr seid gerechtfertigt worden in dem Namen des Herrn Jesus und in dem Geist unseres Gottes!*
>
> 1. Korinther 6,9-11 (Hervorhebung von mir)

Vielleicht waren Sie eine Ehebrecherin, eine Mörderin, Alkoholikerin oder lesbisch. Vielleicht haben Sie ein Kind abtreiben lassen oder viele Beziehungen zu Männern gehabt. Vielleicht waren Sie an Begierden, Wut, Essen oder Stolz gebunden. Aber wenn Sie mit Christus leben, sind Sie nicht mehr wie früher. Sie sind nicht dieselbe Person. Sie sind durch das Opfer, das Christus gebracht hat, gereinigt und von Gott für seine Pläne ausgesucht worden. Gott hat Sie für unschuldig erklärt.

»Lisa« schrieb mir nach einer Konferenz, wo dieses Thema behandelt wurde, wie die Wahrheit sie von der Belastung durch ein früheres Versagen befreit hat:

»Wie könnte ich je erklären, dass ich aus egoistischen Gründen abgetrieben habe? Wie kann man sich selbst einen Mord vergeben? Man kann ihn nicht ungeschehen machen. Gott hätte mich zur Strafe unfruchtbar machen können. Er hat es nicht getan. Er hätte meine Kinder mit Krankheiten oder Anfechtungen belasten können. Er hat es nicht getan. Siebenundzwanzig Jahre habe ich in dem Gefühl gelebt, ohne Bestrafung könnte ich meine Schuld nie abtragen. An diesem Wochenende habe ich mein Leben an Gott ausgeliefert und erlebe jetzt seine Vergebung. Ich bin jetzt traurig darüber, aber ich schäme mich nicht mehr. Vor dieser langen Zeit habe ich mein Inneres fest verschlossen: Ich habe geschworen, nie wieder jemanden zu lieben. Jetzt löst Gott diesen Verschluss. Ich kann wieder lieben und mich von anderen lieben lassen. Ich bin nicht mehr gefangen.«

11. *Gottes Wort kann mich führen, lehren und heilen* (Psalm 19,8; 107,20; 119,105). Viele Christen in unserer Generation haben den Glauben verloren, dass Gottes Wort ein Leben grundlegend und auf Dauer verändern, Menschen aus Bindungen befreien und uns Gottes Willen für uns selbst zeigen kann. Man sieht die Bibel als eines von mehreren wertvollen Hilfsmitteln oder als letzte Möglichkeit, wenn man alles andere versucht hat.

Die Wahrheit ist, dass Gottes Wort lebendig und stark ist. Es ist Medizin für die aufgewühlte Seele und Frieden für den belasteten Geist. Es ist »meines Fußes Leuchte und ein Licht auf meinem Weg«. Gleichgültig, was wir brauchen und wie unsere Lage ist, Gottes Wort kann unseren Mangel beheben. Und es kann auch denen, die wir lieben, alles Nötige geben.

Menschen in unserer Umgebung, die verletzt sind und Hilfe brauchen, sind nicht auf unsere Meinungen und Vorschläge angewiesen. Sie müssen erfahren, was Gott sagt. Sie müssen seine Gebote, seine Versprechen und seine Ordnungen kennenlernen. Wenn wir Menschen wirklich helfen wollen, müssen wir sie auf Gottes Wahrheit hinweisen und ihnen liebevoll und mit viel Gebet zeigen, wie sie die Wahrheit auf ihre Lage anwenden können.

12. *Durch die Kraft seines Heiligen Geistes macht Gott mich fähig, alles zu tun, was er mir aufträgt* (1. Thessalonicher 5,24; Philipper 2,13). Gott gibt uns keine Aufgabe, die wir nicht mit seiner Kraft ausführen können, wenn wir uns auf ihn verlassen. Das bedeutet zum Beispiel auch:

- Es gibt *niemanden,* dem wir nicht vergeben könnten (Markus 11,25).
- Es gibt *niemanden,* den wir nicht lieben könnten (Matthäus 5,44).
- Wir *können* in allen Lebenslagen dankbar sein (1. Thessalonicher 5,18).
- Wir *können* mit dem, was wir haben, zufrieden sein (Hebräer 13,5).

Es ist nicht so, dass wir Gott nicht gehorchen *könnten* – dem Vater oder der Mutter nicht vergeben könnten, die uns so tief verletzt haben, den Kollegen am Arbeitsplatz nicht lieben könnten, nicht mitten in schwierigen Umständen danken oder mit unserem Einzimmer-Appartement zufrieden sein könnten.

In Wirklichkeit *wollen* wir nicht vergeben. Wir sind *nicht bereit* zu lieben. Wir *weigern uns,* zu danken und mit dem, was Gott uns gibt, zufrieden zu sein. Gehorsam ist eine Entscheidung, bei der man sich auf Gottes übernatürliche Macht verlässt. Weil der Heilige Geist uns dazu fähig macht, können wir uns *entscheiden* zu vergeben, uns *entscheiden,* ihn andere durch uns lieben zu lassen, *bewusst* in allen Lagen danken und *bewusst* zufrieden sein.

13. *Ich bin vor Gott für mein Verhalten, meine Reaktionen und Entscheidungen verantwortlich* (Hesekiel 18,19-22). Es gehört zu den

befreiendsten Tatsachen, die ich als Teenager erfahren habe, dass Gott mich nicht für das Handeln anderer verantwortlich macht, dass ich aber dafür verantwortlich bin, wie ich darauf reagiere, ob sie mich nun gut oder schlecht behandeln.

Wir können nicht alle Umstände bestimmen, die wir vorfinden: Wir konnten weder die Familie aussuchen, in die wir geboren wurden, noch unser Aussehen im Großen und Ganzen, unsere Erziehung oder viele andere Faktoren, die unser Leben beeinflusst und geprägt haben. Aber weil Gott so gut ist, brauchen wir nicht hilflose Opfer zu sein. Wir können bestimmen, wie wir auf die Umstände reagieren, die er in unserem Leben zugelassen hat.

Wenn wir aufhören, andere Menschen und Lebensverhältnisse für unser unrechtes Verhalten oder für negative Denkmuster verantwortlich zu machen, die uns prägen, wenn wir die Verantwortung für unsere Entscheidungen selbst annehmen, werden wir von dem Gefühl befreit, hilflose Opfer zu sein. Dann sind wir frei, Gott unter allen Umständen zu gehorchen.

14. *Was ich säe, werde ich auch ernten* (Galater 6,7-8). Je älter ich werde, desto bewusster wird mir das Gesetz des Säens und Erntens für mich selbst. Praktisch alle Abläufe in meinem heutigen Leben sind Früchte – gute oder schlechte – von Entscheidungen, die ich vor Jahren getroffen habe. Als junges Mädchen hatte ich keine Ahnung, wie wichtig diese scheinbar bedeutungslosen Entscheidungen werden würden: welche Bücher ich gelesen habe, mit was für Menschen ich umgegangen bin, wie ich auf Autorität reagiert und wie ich meine Freizeit verbracht habe, meine Studiengewohnheiten. Heute ernte ich, was ich mit diesen und zahllosen anderen Entscheidungen gesät habe.

Genauso werden die Entscheidungen, die wir heute fällen, Folgen für später haben – nicht nur für uns selbst, sondern auch für andere über mehrere Generationen. Jede egoistische, böse oder lässige Entscheidung, die ich heute treffe, ist eine Aussaat, die ein Vielfaches an Ernte einbringen wird. Und jeder Gehorsamsschritt ist eine Aussaat, die ein Vielfaches an Segen für mich und für die einbringen wird, die ich liebe. Die Ernte kommt selten gleich. Aber sie kommt.

15. *Der Weg zu echter Freude ist, nicht mehr selbst bestimmen zu wollen* (Matthäus 16,25). Wie wir gesehen haben, ist es eine Folge des Sündenfalls, dass wir als Frauen den Drang haben, alles zu beherrschen. Auf tausend raffinierte und weniger raffinierte Arten versuchen wir, die Kontrolle über andere und über unser Umfeld auszuüben. Aber so sehr wir es auch versuchen, wir können nichts bestimmen. Trotzdem versuchen wir es, manipulieren, machen uns Sorgen und verhalten uns herrschsüchtig – alles in dem vergeblichen Versuch, zu bestimmen, was wir ohnehin nicht bestimmen können.

Die einzige Möglichkeit, wirklich Freiheit und Frieden zu erleben, ist, die Zügel abzugeben: alle Kontrolle Gott zu überlassen und zu glauben, dass wir ihm alles anvertrauen können, was uns betrifft. Erst letzte Woche musste ich gegen Groll ankämpfen, weil ein Kollege mich enttäuscht hatte. Wie wir Frauen es leicht tun, grübelte ich über die Situation nach – immer und immer wieder. Als ich erkannte, dass das eigentlich ein Kampf darum war, bestimmen zu können, rief ich eine gute Freundin an und bat sie, für mich zu beten. Als wir schon auflegen wollten, sagte sie: »Nancy, ich weiß nicht recht, wie ich das sagen soll, aber denk daran: *Du bist nicht Gott.*« – Autsch!

Warum ist es so schwer, Gott Gott sein zu lassen? Warum ist es so schwer, ihm die Steuerung des Weltalls zu überlassen? Die Wahrheit ist: Er bestimmt alles. Er hat uns lieb. Er schläft nicht über der Arbeit ein und übersieht auch nichts. Wenn wir uns weigern, die Kontrolle abzugeben, versuchen wir eigentlich, Gott die Arbeit wegzunehmen. Der Weg zur Freiheit ist, alle Kontrolle über unser eigenes Leben, unsere Familie und alle Umstände unseres Lebens abzugeben. Erst dann sehen wir, wie er tut, was nur er tun kann.

16. *Die größte Freiheit, die es für mich geben kann, erreiche ich durch Unterordnung unter gottgegebene Autoritäten* (Epheser 5,21). Wenn wir uns gegen die Autorität wehren, werden wir anfälliger für die Angriffe des Teufels und für Sünde, so wie Eva gegen das Gebot verstieß, als sie trotz der Autorität ihres Mannes eigenständig handelte. Wenn wir andererseits bereitwillig unseren Platz unter der

Autorität einnehmen, die Gott bestimmt hat, stehen wir unter Gottes besonderem Schutz. Wir lassen ihm Freiraum, um an den uns übergeordneten Personen zu arbeiten. Wir zeigen allen Menschen, wie schön die Ordnung ist, die Gott geschaffen hat. Wir bestätigen sein Recht, das ganze Weltall zu regieren. Die Versuche des Teufels, Gott zu entthronen, werden vereitelt. Wir arbeiten mit Gott am Aufbau seiner Herrschaft.

17. *Nach Gottes Willen gibt es die äußerst wichtige Berufung zur Ehefrau und Mutter* (Titus 2,4-5). Wenn wir herausfinden, wozu Gott uns geschaffen hat, und dann diese Schöpfungsabsicht für uns akzeptieren, erfahren wir echte Freude und Erfüllung. Gott hat die Frau als Hilfe für ihren Mann geschaffen, sie so geschaffen, dass sie Leben gebären und erhalten kann. Ehe und Mutterschaft hat Gott für sehr viele Frauen vorgesehen.

Gottes Aufgaben für eine verheiratete Frau liegen in der Regel in erster Linie in der Familie. Paulus hat Titus beauftragt, darauf zu achten, dass die jüngeren Frauen in der Gemeinde von den älteren Frauen lernten,

... ihre Männer und ihre Kinder zu lieben,
besonnen zu sein, keusch, häuslich, gütig,
und sich ihren Männern unterzuordnen,
damit das Wort Gottes nicht verlästert wird.
Titus 2,4-5

Für eine Ehefrau und Mutter hat keine Karriere, keine Beziehung, keine andere Aufgabe Vorrang. Eine Arbeitsstelle außer Haus bietet vielleicht zunächst mehr Anerkennung und schafft schnell mehr sichtbare Ergebnisse. Sie kann auch für einen Wohlstand sorgen, der sonst nicht möglich wäre. Aber ein Heim zu bieten, gemeinsam mit einem Mann Gott in dieser Welt zu ehren, das Leben von Kindern zu pflegen und zu fördern, die nächste Generation anzuleiten und zu prägen, sich selbst zurückzustellen und sein Leben für andere herzugeben – ist eine hohe Berufung und große Freude.

18. *Persönliche Verbundenheit mit Gott ist wichtiger als momentanes Glück* (Epheser 5,26-27). Im Gegensatz zur landläufigen Meinung ist Glück jetzt und hier nicht das höchste Gut. Wir haben auch kein Anrecht darauf.

Gott hat uns nicht gerettet, um uns in einem rein irdischen Sinn glücklich zu machen, sondern »um uns von aller Gesetzlosigkeit zu erlösen und für sich selbst ein Volk zum besonderen Eigentum zu reinigen, das eifrig ist, gute Werke zu tun« (Titus 2,14). Jesus hat seine Heimat im Himmel verlassen, ist auf diese Erde gekommen und hat sein Leben hergegeben, damit wir frei werden, für den zu leben, der uns zu seiner Freude geschaffen hat – und nicht, um zu unserem eigenen Vergnügen leben zu können.

Wenn wir mit Gott leben wollen, heißt das manchmal, dass wir auf unsere ungestörte persönliche Bequemlichkeit verzichten müssen. Aber alles, was wir aufgeben, ist zeitlich begrenzt und nicht zu vergleichen mit der Freude und Erfüllung, die wir in der Ewigkeit erleben werden. Nur wenn wir versuchen, unsere Beziehung zu Gott zu vertiefen, können wir wirklich glücklich werden.

19. *Gott ist es wichtiger, mich zu ändern und sein Wesen sichtbar zu machen, als meine Probleme zu lösen* (Römer 8,29). Wenn wir Probleme haben, verlangen wir aus natürlichem Instinkt nach Lösungen. Wenn wir Gottes Pläne und sein Handeln für uns nicht annehmen, werden wir ganz davon eingenommen, einen Ausweg aus unseren Problemen zu finden. Dann verlieren wir die Hoffnung und werden zornig, wenn Gott unsere Pläne nicht unterstützt.

Die Wahrheit ist, dass Gott nicht immer dazu da ist, unsere Probleme zu lösen. Nicht dass es ihn nicht interessierte, was uns betrifft. Er fühlt bestimmt mit uns. Aber alles, was uns wichtig ist, müssen wir dem unterordnen, was ihm am wichtigsten ist.

Ihm ist es am wichtigsten, dass in jedem Geschöpf sein vollkommenes Wesen erkennbar wird. Sein Plan ist, alles Notwendige zu tun, um uns sein Bild aufzuprägen. Manche von den Problemen, die uns am meisten plagen, hat er in Wirklichkeit dazu gedacht, sein wesentliches Ziel in unserem Leben zu erfüllen. Wenn wir eine Möglichkeit verlangen, von diesem unmöglichen

Chef oder aus dieser Finanzlage wegzukommen, diese Krankheit oder die chaotische Ehe loszuwerden, kann es sein, dass wir damit etwas Besseres ausschlagen, was er für uns erreichen will. Es ist dumm und kurzsichtig, sich gegen Probleme zu wehren, durch die er gerade beabsichtigt, uns nach seinem Sohn zu formen.

20. *Man kann nicht mit Gott leben, ohne zu leiden* (1. Petrus 5,10). Leid bekommt ein ganz anderes Gesicht, wenn wir erkennen, dass es ein wesentliches Mittel ist, das Gott gebraucht, um das Wesen von Jesus in uns zu entwickeln. Dieser Prozess der »Heiligung« setzt ein, wenn wir unser Leiden annehmen, anstatt vor ihm zu fliehen oder es übel zu nehmen.

Beim Propheten Jeremia finden wir ein lebhaftes Bild dessen, was passiert, wenn wir nicht zulassen, dass Leid seine klärende Aufgabe in uns erfüllt:

Moab ist von seiner Jugend an sorglos gewesen, und ungestört lag es auf seinen Hefen; es ist niemals von einem Gefäß ins andere gegossen worden, es ist auch nie in die Gefangenschaft gewandert; deswegen ist sein Geschmack ihm geblieben und sein Geruch hat sich nicht verändert.
Jeremia 48,11

Bei der Weinherstellung zu Jeremias Zeiten wurde der Traubensaft in einen Weinschlauch gegossen und mehrere Wochen liegen gelassen, bis die bitteren Bestandteile sich als Bodensatz absetzten. Dann wurde er in einen anderen Schlauch umgeschüttet, damit sich noch mehr absetzen konnte. Dieser Vorgang wurde mehrfach wiederholt, bis alle festen Bestandteile entfernt waren und der Wein klar und süß war.

Die Geschichte der Moabiter war relativ friedlich und ungestört gewesen. Sie hatten den Klärungsprozess, von einem Leid zum anderen »gegossen« zu werden, nicht mitgemacht. So war der bittere Bodensatz der Bosheit im Volk »geblieben«. Leid ist Gottes Art, uns von einem Gefäß ins andere zu gießen – also uns aus der Ruhe zu bringen –, damit der Bodensatz von Egoismus und Bosheit ausgeschieden werden kann, bis nur noch der reine, süße Wein seines Geistes übrig bleibt.

21. *Mein Leiden wird nicht ewig dauern* (2. Korinther 4,17-18). Wenn es aussieht, als stünden wir dauernd im Kreuzfeuer oder würden immer wieder »von einem Gefäß ins andere gegossen«, dann sagt uns unser Gefühl, das würde immer so weitergehen. Dann müssen wir uns selbst an die Wahrheit erinnern: Irgendwann kommt das Ende. Es geht nicht immer so weiter.

Alles Leid ist beabsichtigt und hat ein Ziel. Gott verfolgt mit unserem Leid einen bestimmten Zweck. Er weiß genau, wie schwer es sein und wie lange es dauern kann, um seine Absicht zu erreichen. Er erlaubt nicht, dass unser Leid länger dauert oder härter wird als nötig, um seine Absicht auszuführen.

Gott hat versprochen: Eines Tages wird »der Tod ... nicht mehr sein, weder Leid noch Geschrei noch Schmerz wird mehr sein ...« (Offenbarung 21,4). Darum, liebe Mitchristin, wenn Sie in tiefer Trauer sind und keine Hoffnung zu sehen ist, fassen Sie Mut. Schauen Sie nach oben, danken Sie Gott, halten Sie durch, denn Sie sollen wissen, dass es nicht mehr lange dauert, bis Ihr Glaube belohnt wird und Sie den sehen, der versprochen hat, bis zum Ende bei Ihnen zu sein.

22. *Es geht nicht um mich; es geht in allem um Gott* (Kolosser 1,16-18; Offenbarung 4,11)! Ich muss oft daran erinnert werden, dass die Welt nicht dazu geschaffen ist, sich um mich zu drehen. Das ganze Weltall – auch Sie und ich – wurde geschaffen, damit es sich um den Einen dreht, der der Höchste ist und alles beherrscht.

Gottes ewige Pläne und Ziele sind viel wichtiger als das, was wir sehen und was unser Denken in Anspruch nimmt. Mein Bankkonto, meine Wehwehchen, meine gekränkten Gefühle, meine Bedürfnisse und Wünsche – das alles verblasst zur Bedeutungslosigkeit, wenn ich daran denke, dass es nicht um mich geht, sondern in allem um ihn.

Wenn wir lernen wollen, in Gottes Sinn auf unsere Lebensumstände zu reagieren, müssen wir zuerst die Grundfrage klären: Was ist mein Lebensziel? Wenn es unser Ziel ist, glücklich oder anerkannt oder geliebt zu werden, dann wird alles, was unser Wohlbefinden gefährdet, zum Feind; es steht ja unserem Ziel im Weg.

Wenn wir andererseits Gott zustimmen, dass wir zu seiner Freude und seiner Ehre da sind, dann können wir alles, was uns begegnet, als Teil seines freien Willens und seines Plans annehmen. Dann werden wir »Härten« nicht übel nehmen, uns nicht dagegen wehren oder sie abweisen, sondern sie als Freunde begrüßen, die Gott geschickt hat, um uns Jesus ähnlich zu machen und seine Vollkommenheit anderen zu zeigen. Dann können wir ihm ins Gesicht schauen und sagen: »Es geht nicht um mich. Es geht um dich. Wenn es dir recht ist, ist es mir recht. Wichtig ist nur, dass du geehrt wirst.«

Nachwort

Liebes Tagebuch,

heute ist Kenan, einer von unseren Urenkeln, mit seiner Frau und zwei Töchtern vorbeigekommen, um uns frisches Obst und Gemüse aus ihrem Garten zu bringen. Unsere Verwandten sind so gut zu uns, besonders jetzt, wo wir älter sind und körperlich nicht mehr so kräftig.

Meine Augen werden immer schlechter. Trotzdem glaube ich, manches fange ich jetzt erst an, richtig zu sehen. Damals, als ich jung war und gute Augen hatte, war ich so blind. Ich habe nicht gesehen, wie dumm es war, der Schlange zu glauben. Ich habe nicht gesehen, wie viel Kummer uns diese eine falsche Entscheidung bringen würde. Ich habe nicht gesehen, wie unsere Kinder darunter leiden würden. Ich weiß zwar, dass Gott Adam die letzte Verantwortung für unser erstes Unrecht gegeben hat und für den Fluch, der daraus folgte, aber dass ich den Lügen der Schlange stattgegeben habe, belastet mich immer noch.

Damals konnte ich nur eins sehen: Da war etwas, was ich unbedingt haben wollte – ich dachte, das würde ich brauchen. Ich habe bekommen, was ich wollte, aber ich hätte mir nie vorstellen können, was das alles mit sich brachte. Dieser eine Augenblick des Nachgebens hat uns so viel Schmerz und Reue gekostet.

Erst jetzt, nach jahrelanger Flucht und Verstecken und Verletztheit, fange ich an zu sehen, wie sehr Gott uns liebt und dass er schon immer das Beste für uns wollte. Jetzt sehe ich genau, dass seine Ordnungen richtig sind und warum es so wichtig ist, auf ihn zu hören und sich nach ihm zu richten. Ich wünschte, ich hätte nicht so viel Zeit damit verschwendet, Dinge zu glauben, die gar nicht stimmen.

Wenn ich zurückdenke, wundere ich mich, wie mitfühlend Gott uns behandelt hat. Nach dem schrecklichen Tag damals hätte er uns für immer abschreiben können. Aber er hat nie aufgehört, den Kontakt mit uns zu pflegen. Als wir unsere beiden Söhne verloren hatten, hat Gott uns Seth gegeben – und dann noch vier Kinder. Besonders Seth ist ein Zeichen, dass Gott so viel gutgemacht und uns neue Freude gegeben hat.

Gott hat sogar versprochen, dass irgendwann wieder ein Sohn kommen wird. Den wird die Schlange auch angreifen und verwunden wie uns. Aber dann wird der Sohn zurückschlagen und die Schlange endgültig besiegen und töten.

Ich als Frau habe damals, vor so langer Zeit, zusammen mit meinem Mann diese Verlorenheit über uns alle gebracht. Den Schaden, den ich da angerichtet habe, kann ich nie wiedergutmachen. Aber Gott hat gesagt, er will, dass eine Frau diesen Sohn zur Welt bringt. Das ist eine Begnadigung! Durch ihn sollen alle Folgen meines Ungehorsams rückgängig gemacht werden. Ich habe mich Gottes Willen widersetzt, aber er hat mich nicht fallen lassen. Er hat dafür vorgesorgt, dass mir vergeben werden kann. Und er hat doch noch einen Plan, wie er mich einsetzen und brauchbar machen will. Gott ist wahrhaftig ein Erlöser.

Ich weiß nicht, wann und wie das alles in Erfüllung geht, was er gesagt hat. Aber ich weiß jetzt, dass ich glaube, was er sagt. Die Zeit, die ich noch hier auf der Erde zu leben habe, will ich nutzen, um bei der Wahrheit zu bleiben, ihm zu gehorchen und die, die ich liebe, auch dazu anzuspornen. Nur einmal eine Lüge zu glauben, hat mich und meine Familie ins Unglück gestürzt. Aber jetzt hat seine Wahrheit mich frei gemacht.

Anmerkungen

Kapitel 1: Die Wahrheit ... oder die Folgen

1 *Smooth Stones Taken from Ancient Books*, zusammengestellt von Charles H. Spurgeon. Morgan, Pa.: Soli Deo Gloria 1996, S. 93.

Kapitel 2: Lügen über Gott

1 Aus der Einleitung zu: *The Unselfishness of God*, zitiert aus: *Safe Within Your Love: A Forty-Day Journey in the Company of Hannah W. Smith*. Devotional Readings Arranged and Paraphrased by David Hazard. Minneapolis: Bethany 1992, S. 147.

2 Hannah Whitall Smith: *God Is Enough*, hrsg. von Melvin E. Dieter und Hallie A. Dieter. Grand Rapids: Francis Asbury, Zondervan 1986, S. 240-241.

3 Hannah Whitall Smith, zitiert aus: *Daily Strength for Daily Needs*, zusammengestellt von Mary W. Tileston. Boston: Little, Brown 1899, S. 333.

4 Smith, *God Is Enough*, 21, S. 26.

Kapitel 3: Lügen über uns selbst

1 »Meg Ryan: What She Really Thinks of Herself«, *Ladies' Home Journal* Juli 1999, S. 98.

2 W. E. Vine: *The Expanded Vine's Expository Dictionary of New Testament Words*, hrsg. von John R. Kohlenberger III mit James A. Swanson. Minneapolis: Bethany 1984, S. 751.

Kapitel 4: Lügen über die Sünde

1 Amy Bloom: *Self*, April 1999, S. 40.

2 *The Valley of Vision: A Collection of Puritan Prayers and Devotions*, hrsg. von Arthur Bennett. Carlisle, Pa.: Banner of Truth 1975, S. 70, 79.

3 John Alexander: »And That's That: Sin, Salvation, and Woody Allen«, *The Other Side*, Januar-Februar 1993, S. 55.

4 *The Valley of Vision*, S. 76.

Kapitel 5: Lügen über Prioritäten

1 Dorothy Patterson: »The High Calling of Wife and Mother in Biblical Perspective«, *Recovering Biblical Manhood and Womanhood: A Response to Evangelical Feminism,* hrsg. von John Piper und Wayne Grudem. Wheaton, Ill.: Crossway 1991, S. 365. Das Buch ist auch auf Deutsch erhältlich: *Zweimal einmalig – eine biblische Studie. Die Rolle von Mann und Frau in der Bibel,* Friedberg: 3L 2008.

2 »An Interview with Kate Hepburn«, *Ladies' Home Journal* März 1977, S. 54.

3 »Joanne and Paul: Their Lives Together and Apart«, *Ladies' Home Journal* Juli 1975, S. 62.

4 Patterson, *»The High Calling of Wife and Mother in Biblical Perspective«*, S. 375.

Kapitel 6: Lügen über die Ehe

1 Mary A. Kassian: *The Feminist Gospel: The Movement to Unite Feminism with the Church.* Wheaton, Ill.: Crossway 1992, S. 82.

2 Nancy Leigh DeMoss: »Devotion to Family«, in: *A Mother's Legacy: Wisdom from Mothers to Daughters,* zusammengestellt und kommentiert von Barbara Rainey und Ashley Rainey Escue. Nashville: Thomas Nelson 2000, S. 106-107.

3 *Southern Baptist Convention:* »Baptist Faith and Message«, überarbeitet Juni 1998, Artikel XVIII.

4 Susan Hunt: *The True Woman: The Beauty and Strength of a Godly Woman.* Wheaton, Ill.: Crossway 1997, 218, S. 223.

5 Eine ausführliche Studie über die Folgen des Sündenfalls für die Rollen der Geschlechter finden Sie in Raymond C. Ortlund Jr.: »Male-Female Equality and Male Headship: Genesis 1-3«, in: *Recovering Biblical Manhood and Womanhood: A Response to Evangelical Feminism,* hrsg. von John Piper und Wayne Grudem. Wheaton, Ill.: Crossway 1991, S. 95-112. Das Buch ist auch auf Deutsch erhältlich: *Zweimal einmalig – eine biblische Studie. Die Rolle von Mann und Frau in der Bibel,* Friedberg: 3L 2008.

6 Elizabeth Rice Handford: *Me? Obey Him? The Obedient Wife and God's Way of Happiness and Blessing in the Home.* Murfreesboro, Tenn.: Sword of the Lord 1994, S. 75-76.

Kapitel 7: Lügen über Kinder

1 Shulamith Firestone: *The Dialectic of Sex: The Case for Feminist Revolution.* New York: William Morrow 1970, S. 81.
2 *The Works of Jonathan Edwards,* kommentiert von Sereno E. Dwith; revidiert von Edward Hickman, 2 Bände. Carlisle, Pa.: The Banner of Truth Trust 1976, z: 1:xiv.

Kapitel 8: Lügen über Gefühle

1 Hannah Whitall Smith: *God Is Enough,* hrsg. von Melvin E. Dieter und Hallie A. Dieter. Grand Rapids: Francis Asbury, Zondervan 1986, S. 52-53.
2 Franz von Sales in: *Daily Strength for Daily Needs,* hrsg. von Mary W. Tileston. Boston: Little, Brown 1899, S. 29.
3 D. Martyn Lloyd-Jones: *Spiritual Depression: Its Causes and Cure.* Grand Rapids: Eerdmans 1986, S. 21. Auf Deutsch: *Geistliche Krisen und Depressionen. Ursachen und Überwindung,* Liebenzeller.

Kapitel 9: Lügen über unsere Lebensumstände

1 Judith Viorst: *Alexander and the Terrible, Horrible, No Good, Very Bad Day.* New York: Atheneum; Simon & Schuster 1972.
2 Ebd.
3 Ebd.
4 George Lewis Prentiss: *More Love to Thee: The Life and Letters of Elizabeth Prentiss,* Amityville, N.Y.: Calvary 1994, S. 374.
5 Harry C. Green und Mary W. Green: »The Pioneer Mothers of America«, 1912, zitiert aus: *The Christian History of the American Revolution: Consider and Ponder,* zusammengestellt von Verna M. Hall. San Francisco: Foundation of American Christian Education 1988, S. 76.
6 R. Arthur Mathews: *Ready for Battle: 31 Studies in Christian Discipleship.* Wheaton, Ill.: Harold Shaw 1993, 123, S. 71.
7 William Law, zitiert aus: *Daily Strength for Daily Needs,* hrsg. von Mary W. Tileston. Boston, Little, Brown 1899, S. 17.
8 Hannah Whitall Smith: *God Is Enough,* hrsg. von Melvin E. Dieter und Hallie A. Dieter. Grand Rapids, Francis Asbury, Zondervan, 1986, S. 132.

9 Larry Crabb: *Finding God.* Grand Rapids: Zondervan 1993, S. 17-18.

10 Frances R. Havergal: »Like a River Glorious«, deutsch in: *Jesu Name nie verklinget* Bd. I, Nr. 169. Holzgerlingen: Hänssler 1966.

11 Susan Hunt: *The True Woman.* Wheaton, Ill.: Crossway 1997, S. 75.

Ney Bailey

Glaube ist kein Gefühl

160 Seiten, Taschenbuch
ISBN 978-3-89397-571-6

Unsere Gefühle und Gottes Wort stimmen nicht immer überein. Ney Bailey versucht aufzudecken, warum das so ist und wie sich der Konflikt lösen lässt. Sie bietet sehr praktische Hilfe an, ganz gleich, an welchem Abschnitt des Weges mit Gott sich jemand befindet.

Dies ist ein sehr persönliches, interessantes und flüssig geschriebenes Buch. Es verbindet Tragisches, Humorvolles und Dramatisches auf eine Weise, dass der Leser gefesselt bleibt. Dieses Buch kann man immer wieder lesen und auch andere darauf aufmerksam machen.